Heilende Trauer

James van Praagh

Heilende Trauer

Verlust und Tod überwinden durch
mediale Kontakte mit Verstorbenen

Aus dem Amerikanischen
von Elisabeth Liebl

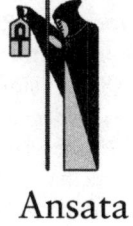

Ansata

Das vorliegende Buch ist sorgfältig erarbeitet worden. Dennoch erfolgen alle Angaben ohne Gewähr. Weder Autor noch Verlag können für eventuelle Nachteile oder Schäden, die aus den im Buch gemachten praktischen Hinweisen resultieren, eine Haftung übernehmen.

Die Originalausgabe erschien 2000 unter dem Titel »Healing Grief« in Amerika im Verlag Dutton.

Ansata Verlag
Ansata ist ein Verlag des Verlagshauses
Ullstein Heyne List GmbH & Co. KG

ISBN 3-7787-7240-6

Redaktion: Martina Klose
Einbandgestaltung: RESSARTS, Hamburg, unter Verwendung
eines Motivs der Bildagentur photonica
Gesetzt aus der Sabon bei
Franzis print & media GmbH, München
Druck und Bindung: GGP Media, Pößneck

Ich widme dieses Buch allen Menschen, die einen Verlust erlitten haben, der ihr Leben ganz und gar veränderte. Ich wünsche mir sehr, dass die Worte auf den folgenden Seiten Ihnen helfen mögen, Ihre inneren Stürme zu überwinden und ein strahlendes Morgen anzusteuern.

Inhalt

Einführung

Viele Jahre lang wird mir nun schon die Gnade zuteil, dass ich den Menschen als Mittler ihrer Lieben dienen darf, die in die andere Welt gegangen sind. Im Rückblick will mir scheinen, dass diese einzigartigen Begegnungen mit der spirituellen Welt und die Lernschritte meines eigenen Lebens nur die Vorbereitung für dieses Buch waren, das Sie jetzt in Händen halten. Die lichtvollen Einsichten, die mir von denen offenbart wurden, die uns an die Gestade der spirituellen Welt vorausgegangen sind, möchte ich mit Ihnen teilen. Möge Ihnen dieses Buch helfen, die Wunden zu heilen, die Trauer und Verlust in Ihrem Leben hinterlassen haben.

Ich bin kein Experte auf dem Gebiet der Psychologie oder Verlustbewältigung, doch ich bin überzeugt, dass die therapeutischen Ratschläge in diesem Buch für jeden hilfreich sind. Der Mensch braucht so etwas wie ein grundlegendes psychologisches Erklärungsmodell für seine Erfahrungen, mit dem er arbeiten kann. Wie ich an den Prozess des Trauerns herangehe, das ist stark von meinen Erfahrungen mit der spirituellen Welt geprägt. Alles, was ich hier schreibe, ist auf diesem Hintergrund zu sehen.

Ich habe einen Großteil meines Lebens als Medium gearbeitet und wurde dadurch Zeuge vieler tragischer Momente. Unzählige Stunden habe ich dem leisen Flüstern gelauscht, das zwischen der materiellen Welt und den feineren ätherischen Reichen des Geistes hin- und herwandert. Ich durfte miterleben, wie die goldenen Worte des Geistes, die von Licht und

Weisheit künden, sogar Herzen aus Stein erweichten und den Trauernden neues Leben schenkten. Nun möchte ich diese Erfahrungen mit Ihnen teilen in der Hoffnung, dass Sie Ihr Herz der Erkenntnis öffnen, dass das Leben ewig ist. Es hat keinen Sinn, wenn Sie für den Rest Ihres irdischen Daseins blind vor Trauer und Schmerz durchs Leben gehen. Ich wünsche mir aus tiefster Seele, dass diese Sicht der Dinge Ihnen auf Ihrer spirituellen Reise neue Einblicke eröffnen, inneren Frieden und einen neuen Lebenssinn schenken möge.

Das Buch besteht aus vier Teilen und gibt Ihnen eine Vielzahl von Ratschlägen, wie Sie auf positive Weise mit Verlust und Trauer umgehen können. In Teil I, »Der Prozess«, geht es um die Phasen der Trauer, die Art, wie wir trauern, und um das, was auf uns zukommt, wenn wir diesen Prozess durchlaufen. Teil II, »Wenn jemand stirbt, den wir lieben«, beschäftigt sich mit dem Tod von geliebten Menschen – Eltern, Partnern, Kindern, Großeltern, Geschwistern und Freunden. Wie Ihnen sind auch mir tragische Verluste nicht erspart geblieben, und ich werde ebenso über meine eigenen Erfahrungen im Umgang mit Tod, Verlust und Trauer sprechen wie über die Erfahrungen derjenigen, die in ihren dunkelsten Stunden meine Hilfe gesucht haben. Hier finden Sie auch verschiedene Überlebensregeln, die Ihnen helfen werden, in dieser Situation das für Sie Heilsame zu tun und Ihnen die Kraft zum Weiterleben geben. Thema von Teil III, »Verluste anderer Art«, sind Erfahrungen, die auf den ersten Blick keinen so markanten Einschnitt darstellen, wie der Tod es ist – es geht um Scheidung, Midlife-Crisis; darum, was geschieht, wenn eine lebensbedrohliche Krankheit diagnostiziert wurde, wenn man seine Wohnung oder seinen Arbeitsplatz verliert oder ein Haustier stirbt. Es ist uns vielleicht nicht bewusst, dass Ereignisse wie diese sehr wohl Trauer in uns auslösen. In solchen Situationen treten wir im Leben häufig auf der Stelle, weil wir unsere Gefühle im Moment des Verlustes nicht ausgelebt haben. In Teil IV, »Ein neues Leben«, stelle ich Ihnen in Kapitel 9 Übungen und Meditationen vor, mit deren Hilfe Sie ungelöste Probleme bearbeiten können. Diese sollen Sie im Umgang mit unerwünschten Emotionen wie Schuldgefühlen, Wut und Depression unterstützen. In Kapitel 10 finden Sie häufig gestellte Fragen zur geistigen Welt und zum Trauerprozess als solchem und Antworten darauf.

Die Pfade des Daseins sind voller überraschender Wendungen. Auf meiner Lebensreise habe ich erkannt, wie wichtig es ist, hin und wieder innezuhalten und bestimmte Ereignisse noch einmal vor dem geistigen Auge zu betrachten. Diese Augenblicke machen uns zu etwas Besonderem. Wenn ich die Vergangenheit noch einmal Revue passieren lasse, dann interessiert mich vor allem, ob ich diesen Moment voll gelebt, voll erfahren habe. So kann ich die Entscheidungen, die ich getroffen habe, überprüfen und erkenne, welcher besondere Wert in jedem dieser Momente liegt. Und das hat mich zu der Erkenntnis geführt, dass mein Leben das Ergebnis der Entscheidungen ist, die ich in ebendiesen Situationen getroffen habe. Diese Wendepunkte waren meine Lehrer auf den verschlungenen Pfaden zur spirituellen Weisheit.

Wenn Sie die hier gesammelten Erfahrungsberichte lesen, werden Sie erkennen, dass der Verlust eines geliebten Menschen bei aller Trauer und allem Schmerz die Chance bietet, sich der Fülle des Lebens zu öffnen. Wenn Sie diesen Gedankengang innerlich nachvollziehen, werden Sie sich der »besonderen Momente« in Ihrem Leben bewusst und werden keinen davon missen wollen.

Ein solcher Moment beginnt jetzt ...

TEIL I

Der Prozess

1

Trauer und Verlust

*W*o wir auch leben, welche Sprache wir auch sprechen mögen, wir Menschen teilen eine gemeinsame Erfahrung: Es ist unser Schicksal, dass wir Menschen oder Dinge verlieren, die unserem Herzen nahe stehen. Dieser Verlust kann uns ohne Vorwarnung aus heiterem Himmel treffen. Oder er kündigt sich an, ohne dass wir etwas dagegen unternehmen könnten. Jede Erfahrung von Verlust erweckt in uns bestimmte Gefühle oder Erinnerungen. Für die einen scheinen solche Erfahrungen ohne weitergehende Bedeutung zu sein, bei anderen hingegen verändert eine solche Erfahrung den Lauf ihres Lebens für immer. Wenn sich jemand oder etwas aus unserem Leben verabschiedet, erfahren wir eine Vielfalt von körperlichen, emotionalen und spirituellen Empfindungen, die unter dem Namen »Trauer« zusammengefasst werden. Im Wörterbuch lesen wir zum Thema »Trauer«: tiefer seelischer Schmerz über einen Verlust oder ein Unglück.

Aber warum gibt es überhaupt eine Empfindung wie Trauer und warum müssen wir sie durchleben? Trauer erfüllt einen überaus wichtigen Zweck in der menschlichen Seele. Sie ist unsere Reaktion auf einen Verlust. In ihr drückt sich unser grundlegendes Gefühl der Unsicherheit aus. Unsere Angst vor dem Verlassenwerden, unsere Verletzlichkeit steigen an die Oberfläche und zwingen uns zur Auseinandersetzung. Die fest gefügte Welt, auf die wir unser Glaubenssystem, unsere Ziele, unseren ganzen Lebensentwurf gegründet haben, ist plötzlich außer Kontrolle geraten. Wir sind verängstigt und fühlen uns ausgeliefert. Der Großteil der Menschen verdrängt solche negativen Emotionen lieber, doch sind sie für unser Wohlbefinden letztlich genauso wichtig wie unsere positiven Gefühle. Um ganz Mensch zu sein, brauchen wir den positiven wie den negativen Aspekt der Erfahrung. Mitunter heißt es sogar, dass wir unsere positiven Gefühle ohne die Erfahrung negativer Emotionen gar nicht richtig würdigen könnten. Darum ist es so wichtig, dass wir uns leidvollen Erfahrungen stellen und sie durchleben, denn nur so können wir innere Stärke und Selbstvertrauen aufbauen. Das Schlimmste, was wir in einem solchen Fall tun können, ist, diese Gefühle nicht wahrhaben zu wollen und zu verdrängen. Auf diese Weise blockieren wir lediglich unser spirituelles Wachstum.

Ein weiterer Punkt, den wir uns merken sollten, ist, dass Kummer keine Krankheit ist, von der wir uns wieder erholen müssen. Kummer ist nicht einfach eine isolierte Störung, sondern ein vielschichtiges körperliches und seelisches Phänomen. Niemand kann letztlich sagen, wie viel Trauer wir brauchen, bis unser Bedürfnis, »Trauer zu tragen«, sich erschöpft hat. Auf keinen Fall sollten Sie sich irgendeinem äußeren Druck beugen, was die Art und Weise angeht, wie Sie trauern, denn hier gibt es kein »richtig« oder »falsch«. Aber es gibt heilsame, konstruktive Möglichkeiten, den Trauerprozess zu durchleben, ebenso wie ungesunde und schädliche, die das Ausmaß des Leidens nur noch vergrößern.

Immer wenn ein geliebter Mensch stirbt, geht mit ihm auch ein kleines Stück unserer Hoffnung auf eine bessere Zukunft. Ein lebendiges menschliches Wesen wurde aus unserer Mitte gerissen. Mit einem raschen Streich wird das Band zwischen zwei Menschen zerschnitten. Wir fühlen uns zum Narren gehalten, zornig, traurig und verwirrt. Das Herz schmerzt uns, wenn wir an all das denken, was ungetan und ungesagt blieb. Wir fragen uns vielleicht, warum ein unschuldiges, junges Leben ausgelöscht wird, während irgendein Tunichtgut weiter auf dieser Erde umherlaufen darf. Wenn wir um unsere Verstorbenen trauern, dann ist das nichts, was wir mit dem Verstand erledigen können. Wir müssen lernen, unsere Gefühle zu verstehen und mit der Situation Frieden zu schließen. Sogar wenn eine Person des öffentlichen Lebens stirbt, durchlaufen wir einen Trauerprozess. Wichtig dabei ist, inwieweit wir persönlich Anteil an diesem Menschen genommen haben. Als John F. Kennedy jr. starb, beweinten viele Menschen seinen Tod, obwohl sie ihn nicht kannten. Sein Tod weckte Erinnerungen an seinen Vater, seinen Onkel, seine Mutter; an eine Zeit, in der das Leben noch einfacher zu sein schien. In solchen Augenblicken betrauern wir den Verlust dessen, was hätte sein können, besonders dann, wenn wir das Gefühl haben, dass uns das Leben allzu schnell durch die Finger rinnt. Wir fühlen auch, wie zerbrechlich unser eigenes Leben ist, da wir nicht wissen, wann unsere letzte Stunde schlägt. Der Tod ängstigt uns. Wir verstehen ihn nicht, und so trauern wir immer auch gleichzeitig um unsere eigene Sterblichkeit.

Sprechen Sie über Ihren Kummer

Unsere erste Reaktion auf jede Art von Verlusterfahrung ist gewöhnlich ein tiefer Schock. Wir wollen nicht wahrhaben, was passiert ist. Nach einiger Zeit begreifen wir, dass wir etwas unwiederbringlich verloren haben. Dann empfinden wir Trauer, Zorn, Einsamkeit, Schuldgefühle, Verzweiflung – ein ganzes Spektrum von Emotionen und körperlichen Problemen. Manchmal glauben wir, dass unsere Trauer nie mehr enden wird, dass wir in einen finsteren Abgrund gestürzt sind, aus dem es kein Entkommen gibt. Wir werden häufig mit Verlust und Trauer konfrontiert, gewöhnlich aber sind wir nicht darauf vorbereitet und wissen nicht, wie wir mit solchen Erfahrungen umgehen sollen. Wir sind es nicht gewohnt, über unseren Kummer zu sprechen. Stattdessen verschließen wir unsere Gedanken und Gefühle in uns. Wir tun alles Erdenkliche, um unseren Schmerz zu leugnen und ihn so schnell wie möglich loszuwerden. Im nächsten Schritt versuchen wir, unserem Problem mit Vernunft beizukommen: »Wenn ich nicht dran denke, vergeht es von selbst.« Unsere Gesellschaft bietet sehr wenig

Hilfe, wenn es darum geht zu verstehen, welche tief greifenden Auswirkungen der Tod eines geliebten Menschen auf uns hat. Wir lassen dem Einzelnen nicht einmal genügend Zeit, sich den Schmerz, die Trauer und die Verwirrung in seinem Inneren einzugestehen.

Weil unsere Gesellschaft Tod und Verlust ausklammert, statt sich diesen Erfahrungen zu stellen und Methoden zu entwickeln, um damit umzugehen, haben wir nicht gelernt, wie man trauert. Sind wir dann plötzlich mit Tod oder tödlicher Krankheit konfrontiert, so sehen wir uns außer Stande, mit dieser Situation fertig zu werden. Der gewaltige Schmerz, den wir plötzlich verspüren, verführt uns dazu, dass wir ihm aus dem Weg zu gehen und die Tatsache des Verlustes zu leugnen versuchen. Haben wir uns jedoch mit der Trauer und den Emotionen, die mit ihr verbunden sind, auseinander gesetzt, dann sind wir vorbereitet und können mit Trauer auf eine positive und weniger von Angst bestimmte Weise umgehen.

Trauern ist ein natürlicher Prozess, der zum Leben gehört. Das heißt zuerst und vor allem, dass er Zeit braucht. Wir müssen uns gestatten, ihn zu durchleben und abzuschließen. Normalerweise neigen wir dazu, möglichst schnell und ohne Aufwand wieder zur Tagesordnung überzugehen, statt uns selbst die Möglichkeit zu geben, die Klagemauer zu durchbrechen und das Gebäude unseres Lebens mit neuer Hoffnung auf neuen Fundamenten zu errichten. Doch wie können wir mit unserem Kummer fertig werden, wenn wir nicht verstehen, was in uns vorgeht? Ich hoffe aus tiefstem Herzen, Ihnen dabei zur Seite stehen zu können, indem ich Ihnen von den Erfahrungen anderer Trauernder berichte. Ich werde Ihnen Wege zeigen, wie Sie Ihre Trauer unter einem spirituellen Aspekt sehen lernen, sodass Sie aus dieser Zeit der Verwirrung und des Schmerzes mit einer völlig neuen Lebenseinstellung hervorgehen. Dieser Wandel Ihrer innersten Haltung wird aus Ihnen einen geheilten und liebevollen Menschen machen. Sie werden Einsichten über sich und Ihre Mitmenschen erlangen, aus denen heraus Sie die nötigen Schritte zu einem glücklicheren und erfüllteren Leben unternehmen können.

Der Trauer entgehen Sie nur, wenn Sie sich dem Leben und

der Liebe verschließen. Trauern ist etwas zutiefst Menschliches. Es ist der Schlüssel, um das enorme seelische Leid und die Ungewissheit zu lindern, die wir in solchen Zeiten empfinden. Im Trauerprozess erfährt jeder unterschiedliche Abstufungen von Schmerz und Kummer. Diese Gefühle sind natürlich und normal. Auf heilsame Weise zu trauern bedeutet, dass wir die Verantwortung für unser Leben übernehmen. Um nach einem Verlust das Leben auf sinnvolle Weise fortsetzen zu können, müssen wir uns erlauben zu trauern.

Einem geliebten Menschen Lebewohl zu sagen ist einer der ersten wichtigen Schritte, mit denen wir uns eingestehen, dass wir einen Verlust erlitten haben. Viele Menschen weigern sich, diesen Schritt zu vollziehen, weil sie glauben, dass dieser Mensch dann gänzlich aus ihrem Leben verschwindet und sie keine Gelegenheit mehr haben werden, mit ihm oder ihr noch einmal zu sprechen. Der Abschied aber macht uns deutlich, dass dieser Mensch nur auf der materiellen Ebene nicht mehr bei uns ist. Unser Geist muss einen Schlusspunkt setzen können. Daher hat jede Kultur bestimmte Rituale entwickelt, um sich von ihren Toten zu verabschieden: Wir gehen zur Beerdigung oder besuchen einen Gedenkgottesdienst, zünden Kerzen an oder sprechen Gebete für die Verstorbenen, denn wir Menschen brauchen solche Rituale. Viele Geistwesen haben mich wissen lassen, dass sie sehr glücklich darüber waren, ihre ganze Familie beim Begräbnis zu sehen. Die Seelen der Verstorbenen sind bei der Beerdigung gewöhnlich zugegen. Diese Art von Ritualen hilft den Hinterbliebenen, wieder Fuß zu fassen. Den Geistwesen erleichtern sie die Erkenntnis, dass sie die Ebene der Materie verlassen haben. Wichtig ist nicht, wie wir uns von einem Verstorbenen verabschieden – in einer offiziellen Totenfeier oder in der Stille unseres Herzens –, sondern dass wir uns von ihm verabschieden. Wir trösten uns mit dem Wissen, dass der geliebte Mensch weiterhin um uns ist. Wir können zu ihm sprechen, und er wird uns hören. Wir sollten uns auch erinnern, dass sich das Leben ständig verändert und *nichts für immer verloren ist*. Das Gewesene verwandelt sich lediglich in etwas Neues.

Grundsätzlich müssen wir nach jeder Art von Verlust einen

Schlusspunkt setzen. Wir müssen lernen, all den Umständen Lebewohl zu sagen, die nicht mehr zu unserem Leben gehören. Abschied von etwas zu nehmen ist nie leicht, doch meist unumgänglich. Es gibt immer wieder Augenblicke im Leben, wo wir ein Kapitel abschließen und geistig einen Schlussstrich ziehen müssen. Den damit verbundenen Kummer müssen wir zulassen, damit wir ihn spüren können. Wir sollten akzeptieren, dass wir etwas verloren haben. Erst dann kann der Heilungsprozess einsetzen. Wenn wir nicht trauern, bleiben wir an diesem Punkt stehen und schleppen dieses ungelöste Problem künftig als seelischen Ballast mit durchs Leben. Verarbeiten wir unseren Kummer nicht, wird er unser ganzes weiteres Leben beeinflussen und allem, was wir tun und erfahren, seinen Stempel aufdrücken. Wenn wir unsere Empfindungen unterdrücken, verlagern wir unseren Schmerz lediglich in eine tiefere Schicht. Dann verlieren wir die Fähigkeit, das Leben in seiner ganzen Fülle zu genießen. Wir leben nicht mehr, sondern fristen armselig unser Dasein.

Aus spiritueller Sicht

Legen wir unsere leibliche Hülle ab, um in die geistigen Reiche einzugehen, so stoßen wir die Tür zum ewigen Leben auf. Hier entdecken wir, dass wir geistige Wesen sind, die Erfahrungen in der Menschenwelt gesammelt haben. Wenn Sie die Erfahrungsberichte in diesem Buch lesen, werden Sie entdecken, dass wir auf dieser Erde sind, um uns geistig zu entwickeln. Zu diesem Zweck treffen wir, bevor wir in einem menschlichen Körper geboren werden, bestimmte Entscheidungen, die uns mit Umständen konfrontieren, welche unser Wachstum erst möglich machen. Manche dieser Umstände können schmerzvoll sein: unser Kind stirbt; unser Partner lässt sich scheiden; wir werden krank, sind behindert; wir verlieren unser Haus, unseren Besitz. Manche Erfahrungen sind vielleicht weniger schmerzvoll, doch trotzdem belastend: unsere

Kinder werden erwachsen und gehen aus dem Haus; wir sind alt und einsam oder konnten unser Ziel, unseren Lebenstraum nicht verwirklichen. Diese Lektionen sind Teil des Lernprozesses, den unsere Seele für sich entworfen hat. Wir dürfen nicht vergessen, dass wir in ein spirituelles Geschehen eingebunden sind, nicht nur in bestimmte körperliche Verfallsprozesse. Wir spielen unsere Rolle, um uns auf die nächste Stufe unserer spirituellen Entwicklung vorzubereiten. Vielleicht müssen wir eine karmische Verpflichtung einem anderen Menschen gegenüber einlösen. Vielleicht müssen wir unsere Ansichten über den Sinn unseres Lebens ändern oder lernen, unseren Zorn in den Griff zu bekommen, Selbstvertrauen und Selbstachtung zu entwickeln. Oder wir haben uns entschlossen, unsere persönlichen Bedürfnisse denen eines anderen Menschen unterzuordnen. Was auch ihre Beweggründe im Einzelnen sein mögen, die Seele trifft selbst die Entscheidung, welche Erfahrungen sie auf der Erde machen möchte. Wenn wir das im Hinterkopf behalten, werden wir schließlich zu der Einsicht gelangen, dass das Leben ein dauerndes Werden und Vergehen ist, dass wir den physischen Plan immer wieder betreten und verlassen. Dieses Leben ist nur eines von vielen auf unserer spirituellen Reise. Dass wir gerade hier und gerade jetzt leben, hat seinen Grund und dient einem bestimmten Zweck. Geben Sie Ihrer Seele Gelegenheit, an Ihrer Trauer zu wachsen.

Im folgenden Kapitel geht es um die verschiedenen Phasen des Trauerprozesses. Sie werden sehen, dass seine Gesetze ausnahmslos für alle gelten. Wir haben stets die Wahl, ob wir mit Zuversicht einen Schritt nach vorn tun oder in unserem Kummer stecken bleiben wollen.

2

Der Trauerprozess

$\mathcal{E}$ine aussagekräftige Bilanz unseres Lebens können wir nur ziehen, wenn wir die Erfahrungen betrachten, die wir hier auf Erden gesammelt haben. Das Leben ist ein Kaleidoskop von Ereignissen, die wir durch die Filter unseres emotionalen, körperlichen, geistigen und spirituellen Selbst wahrnehmen. Sinn und Zweck unseres Daseins ist, dass wir lernen, diese verschiedenen Facetten unserer selbst zu würdigen. Wenn wir die Wechselfälle des Lebens recht zu nutzen verstehen, wachsen wir in der Erkenntnis, dass wir in Wirklichkeit liebevolle, spirituelle Wesen sind.

Ein ebenso wichtiger wie schmerzvoller Teil der Lebenserfahrung ist die Trauer, die natürliche Reaktion auf einen Verlust. Trauer gehört unvermeidlich zum Leben. Das Ausmaß an Schmerz und Leid, das mit der Trauer einhergeht, hängt ab von der Schwere des Verlusts und unserer persönlichen Beziehung zu dem, was wir verloren haben – sei es ein Mensch, der uns nahe stand, ein bestimmter Lebensabschnitt oder unser Haustier. Wie tief wir betroffen sind und auf welche Art und Weise wir auf die Verlusterfahrung reagieren, ist von Mensch zu Mensch verschieden.

In meinem ersten Buch *Und der Himmel tat sich auf* habe ich detailliert gezeigt, wie wir zunächst auf einen Verlust reagieren. An diese Ausführungen möchte ich hier anknüpfen und sie um die verschiedenen Stufen des Trauerprozesses erweitern.

Die Phasen des Trauerprozesses

Wenn Sie sich mit den verschiedenen Phasen im Trauerprozess, wie sie hier beschrieben werden, auseinander setzen und sie als Wegweiser nutzen, dann sollten Sie dabei stets daran denken, dass all das ein völlig natürlicher Vorgang ist. Wir erfahren diese Stufen der Trauer auf die unterschiedlichste Art und Weise und zu den unterschiedlichsten Zeitpunkten. Es gibt keine festen Regeln oder Vorschriften, was die jeweiligen Empfindungen bzw. Phasen angeht. So kann ein Mensch zum Beispiel in einer bestimmten Phase stecken bleiben und nicht im Stande sein, zur nächsten überzugehen. Gar nicht so selten überlagern sich auch mehrere Phasen oder man erfährt sie in einer anderen Abfolge als hier beschrieben. Jeder Mensch hat seinen eigenen »Trauerrhythmus«, nach dem er sich richten muss und wird daher die einzelnen Phasen auf seine individuelle Art erleben. Hier heilt allein Geduld und die Einsicht, dass Trauern ein Prozess ist. Unser Lebensweg formt sich ständig neu. Wir sollten nicht erwarten, dass sich die Dinge über Nacht erledigen.

Viele Menschen trauern allein, andere aber brauchen Hilfe, weil sie von sich aus nicht mit dem Schmerz fertig werden. Freunde, Familienmitglieder oder ein Therapeut können wichtige Mitwirkende im Heilungsprozess sein. Dieser äußere Beistand kann Ihnen die Kraft geben weiterzumachen, ihm können Sie Ihr Herz ausschütten. Oft braucht ein Mensch in einer solchen Situation einfach jemanden, mit dem er reden kann. Diskussionen oder gute Ratschläge sind hier völlig fehl am Platze. Leihen Sie dem anderen einfach Ihr Ohr. Dieses Zuhören gibt dem Trauernden die Möglichkeit, seinen Schmerz auszudrücken, ganz egal, welche Art von Verlust er erlitten hat. Egal ob es um den Tod des Ehegatten oder eine Kündigung geht, der Trauernde durchläuft dabei ein und denselben Prozess. Und wie sehr ein Verlust uns unter die Haut geht, hängt allein davon ab, wie schmerzlich wir ihn empfinden.

SCHOCK

Die erste Reaktion auf ein Verlusterlebnis ist absolute Ungläubigkeit. Wir sind in den seltensten Fällen auf ein derartiges Ereignis vorbereitet ... In unserem Leben wird das Unterste zuoberst gekehrt; wir haben keine Kontrolle mehr. Ob es sich um einen plötzlichen Todesfall handelt oder um die absehbare Folge einer langwierigen Krankheit, der Schock, den uns die Unwiderruflichkeit des Verlustes versetzt, bleibt der gleiche. Selbst die scheinbar unempfindlichsten Menschen können unter dem Druck einer Todesnachricht zusammenbrechen. Der seelische Schmerz ist so groß, dass wir glauben, unter den Trümmern eines Hauses begraben zu sein.

In dieser ersten Phase des Trauerns können wir einfach nicht verstehen, was passiert ist. Wir sind wie betäubt, starr, fassen einfach nicht, dass es wahr sein soll. Ähnlich wie bei der körperlichen Schockreaktion nach einem schweren Unfall blockt der Geist alle Empfindungen ab, um mit dem extremen seelischen Druck fertig zu werden. Gebetsmühlenartig wiederholen wir im Geist Sätze wie: »Ich kann es nicht glauben« oder »Er kann nicht tot sein« bzw. »Nein, das ist nicht wahr«. In dieser Situation ist es für Sie wichtig zu wissen, dass dies eine ganz normale Reaktion ist. Sie sind nicht dabei, verrückt zu werden. Dieser Schockzustand dauert manchmal nur ein paar Stunden, manchmal aber auch ein paar Monate. Immer wieder sagt man sich: »Das kann unmöglich wahr sein« und hat den Eindruck, in einem Albtraum aufgewacht zu sein. Das Gefühl der Lähmung geht vorüber, der Schockzustand im Allgemeinen aber kann sich durchaus einige Zeit hinziehen.

Unter Schock handeln wir oft mechanisch wie Roboter, als wären nicht wir in diesem Körper. Wir verlieren den Sinn für unsere alltäglichen Pflichten. Häufig lässt uns auch das Gedächtnis im Stich. Sogar Kleinigkeiten, die wir früher mühelos behalten konnten, verkriechen sich nun in irgendwelche unauslotbaren Winkel des Gedächtnisses. Wir verlegen alles Mögliche, vergessen Einzelheiten. Menschen reden mit uns, aber wir hören nicht, was sie sagen. Wir sind außer Stande, Pläne für den nächsten Tag zu machen, von der Zukunft ganz zu schweigen. Es ist, als bewegten wir uns in Zeitlupe durch die Welt. Diese Reaktionen sind typisch für Menschen, die unter einem starken Schock stehen. Die Schockreaktion ist eine Art seelischer Selbstverteidigung. Wenn wir in einer Situation nicht in der Lage sind, mit der seelischen Belastung fertig zu werden, hilft uns der Schockzustand, die ersten Tage nach dem traumatischen Erlebnis einigermaßen heil zu überstehen. Er schützt uns davor, das volle Ausmaß des durch Tod oder veränderte Lebensumstände verursachten Schmerzes wirklich wahrzunehmen. Wenn Schock und Lähmung dann allmählich nachlassen, erkennen wir, dass unser Verlust Wirklichkeit ist. Doch noch immer sagen wir uns: »Ich kann es einfach nicht glauben«, weil wir es mit einer völlig veränderten Situation zu tun haben und uns erst an den neuen Lebensmodus gewöhnen müssen.

NICHT-WAHRHABEN-WOLLEN

Der Schock und das Ableugnen der Tatsachen sind zwei eng miteinander verknüpfte Reaktionsmuster, die sich meist gleichzeitig zeigen. Das Nicht-wahrhaben-Wollen ist wie die Schockreaktion ein Schutzwall, den wir zwischen uns und den Tatsachen errichten. Verschließen wir unsere Augen vor der Wirklichkeit, müssen wir uns nicht mit unseren Gefühlen in dieser veränderten Situation auseinander setzen. Wir hängen so sehr an den Menschen in unserem Leben, an unseren alten Gewohnheiten und Lebensumständen, dass wir jede Veränderung ablehnen und leugnen, dass die Dinge sich verändern. Je länger wir uns aber vor dem Verlust verstecken, desto länger werden Trauer und Kummer dauern, da wir sie auf diese Weise verdrängen.

Auch im Nicht-wahrhaben-Wollen der Tatsachen gibt es Abstufungen, je nachdem, in welchem Verhältnis wir zu dem stehen, was wir verloren haben. Wir werden unseren Verlust so lange leugnen, bis wir fähig sind, ihn anzunehmen und uns der Trauer zu stellen. Menschen, die in der Phase des Leugnens stecken bleiben, suchen sich Mittel und Wege, ihren Schmerz zu betäuben, meist mit Hilfe von Alkohol oder Drogen. Im Falle einer Scheidung stürzen sich manche direkt in eine neue Beziehung, ohne sich die erforderliche Zeit zu nehmen, sich innerlich von der alten zu verabschieden. Sie kommen über die Phase des Nicht-wahrhaben-Wollens nicht hinaus, weil sie sich mit ihrer Trauer und ihrem Trennungsschmerz nicht befassen wollen.

Werden wir mit schmerzlichen Situationen konfrontiert, weicht unser Gehirn häufig in ablenkende Fantasien aus. Auch das ist eine Möglichkeit, dem Schmerz auszuweichen. Wir reden uns ein, dass sich die Sache von selbst regelt: Wenn wir kein Aufhebens darum machen, wird alles so werden wie früher. Wir gaukeln uns einfach etwas vor. Doch früher oder später müssen wir unsere Seifenblasen platzen lassen, wenn wir zu einem sinnerfüllten Leben zurückkehren wollen. Je länger wir den Tatsachen aus dem Weg gehen, desto mehr werden unsere Fantasien zum Selbstbetrug. An diesem Punkt greift dann meist die Wirklichkeit korrigierend ein.

Es ist mir völlig bewusst, dass wir in einer Gesellschaft leben, die sich auf Wunschdenken und Wirklichkeitsflucht gründet. Die Augen zu schließen scheint für so viele Menschen ein angemessenes Mittel zu sein, mit den unerfreulichen Aspekten der Welt fertig zu werden. Wir wollen nicht über sie nachdenken und sie schon gar nicht am eigenen Leib erfahren. Wir wollen uns nicht hilflos und verzweifelt fühlen. Das sind keine salonfähigen Themen. Davon will niemand etwas hören. Wenn sich unser Leben dramatisch ändert, sind wir plötzlich ganz auf uns selbst gestellt: Niemand hat uns gesagt, wie wir auf so eine Situation reagieren werden, was wir fühlen oder tun können. Immer geht es nur darum, keine Zeichen von Schwäche oder Verwundbarkeit zu zeigen. Und auf keinen Fall zu weinen – um Himmels willen! Derartige Charakterschwächen wirken einfach nur abstoßend und peinlich. Unsere Gesellschaft akzeptiert solches Verhalten nicht, und wir wollen uns ihr nicht so nackt und bloß zeigen, wenn es uns eben nicht gut geht. Daher ist es nicht verwunderlich, dass wir Schmerz und Kummer lieber leugnen, als sie zu durchleben.

Wollen wir aber die Tatsachen nicht wahrhaben, dann verbergen wir unseren Schmerz und tun so, als sei alles normal. Doch wir müssen unseren Schmerz fühlen, wenn er heilen soll.

Wenn wir uns dem Schmerz verschließen, verbannen wir auch Liebe und Freude aus unserem Leben. Wir müssen all unsere Empfindungen zulassen, die angenehmen wie die unangenehmen, wenn wir ohne Umwege den Pfad betreten wollen, der zur Heilung unseres Kummers führt. Nimmt das Nicht-wahrhaben-Wollen gar solche Ausmaße an, dass der oder die Betreffende sich weigert, den Tatsachen ins Auge zu sehen und sich den veränderten Umständen anzupassen, dann ist therapeutische Hilfe unverzichtbar. Einem Menschen, der sich vollständig abkapselt, kann nur noch ein geschulter Therapeut helfen.

VERHANDELN

Sobald klar ist, dass ein geliebter Mensch sterben wird, beginnen wir häufig, mit Gott zu verhandeln. Wir versprechen, uns zu bessern, wenn er als Gegenleistung dafür das Leben dieses Menschen verschont: »Ich werde mit dem Rauchen aufhören« heißt es dann oder »Von jetzt ab werde ich jeden Sonntag in die Kirche gehen«. Doch auch nach der Verlusterfahrung hoffen wir noch zu verhandeln. Auf diese Weise versuchen wir, Kontrolle über die Situation zu erlangen. Auch das ist ein ausgeprägter Selbstschutzmechanismus. Ich habe schon mit Menschen gearbeitet, bei denen der Schock über einen Todesfall und das anschließende Nicht-wahrhaben-Wollen so tief gingen, dass sie ihr Leben weiterführten, als sei nichts geschehen. Sie blendeten die Wirklichkeit vollkommen aus. Eine Frau zum Beispiel kochte für ihren Mann weiterhin täglich das Abendessen und wartete darauf, dass er heimkäme. Sie sprach sogar mit ihm, als sei er mit ihr im Zimmer. Eine andere Frau wartete darauf, dass ihr totes Kind zur Tür hereinkäme. Jedes Mal, wenn das Telefon oder die Türglocke zu hören war, lief sie hin in der Hoffnung, es sei ihr Kind. Sie redete sich ein, dass man ihr Kind bei der Identifizierung verwechselt habe und es bald nach Hause kommen würde. Sie glaubte fest, dass Gott ihrem Kind eine zweite Chance geben würde.

Menschen verhandeln meist dann, wenn sie nicht dabei waren, als die geliebte Person starb, oder wenn sie nicht zur Beerdigung kommen konnten. Da sie den Tod sozusagen nicht »mit eigenen Augen« gesehen haben, glauben sie nicht, dass dieser Mensch tot ist. Sie hatten keine Gelegenheit, Lebewohl zu sagen.

Auch im Falle einer Scheidung oder Kündigung verlegen wir uns aufs Verhandeln. Wir legen vor Gott ein Gelübde ab, dass wir uns auf eine bestimmte Art verhalten, wenn er das Ereignis ungeschehen macht oder das drohende Unglück auf wundersame Weise abwendet. Doch so schlimm der Schicksalsschlag auch sein mag, das Rad der Zeit lässt sich nicht mehr zurückdrehen. Verhandeln ist wie das Nicht-wahrhaben-Wollen ein Versuch, der Wirklichkeit auszuweichen. Viele Menschen hoffen auf ein Wunder und wollen mit Gott handeln in der Hoffnung, dass das Schicksal irgendwie noch einmal das Steuer herumreißt und alles wieder wie früher wird. Manchmal ist der Schock, den uns der Tod eines Nahestehenden versetzt, zu groß, sodass wir ihn nicht ertragen können. Dann greifen wir zu diesen Bewältigungsstrategien.

Verhandeln macht es uns zeitweise leichter, uns an die neue Situation zu gewöhnen. Diese Phase in der Bewältigung der Trauer ist bis zu einem gewissen Grad in Ordnung. Dauert sie aber zu lange, so wird sie zum Hindernis auf dem Weg zur Heilung und inneren Entwicklung. Ich kenne Fälle, in denen die Betreffenden über Jahre hinweg immer wieder in diese Phase verfielen. Bleiben wir jedoch in der Phase des Nicht-wahrhaben-Wollens oder des Verhandelns stecken, so verlieren wir allmählich den Kontakt zur wirklichen Welt um uns herum. Es ist unsere Aufgabe als Mensch, aktiv an allen Bereichen des Lebens teilzunehmen – auf körperlicher, geistiger und emotionaler Ebene ebenso wie auf spiritueller.

ZORN

Denken Sie an eine Situation zurück, in der Sie das Gefühl hatten, Ihre Probleme nicht lösen zu können, was auch immer Sie versuchten. Fühlten Sie sich machtlos? Hatten Sie den Eindruck, alles entgleite Ihnen oder eine fremde Macht stelle sich Ihnen entgegen? Machtlosigkeit und mangelnde Kontrolle über die Situation lösen in uns gewöhnlich Wut aus. Daher ist es auch ganz normal, dass man Zorn empfindet, wenn ein geliebter Mensch stirbt, denn der Tod ist eines der wenigen Ereignisse im Leben, über die wir keine Kontrolle haben.

Zuerst richtet sich die Wut gegen all jene, die Sie für verantwortlich halten: Sie sind wütend auf den Verstorbenen, weil er Sie allein gelassen hat. Ehepartner werfen dem jeweils anderen vor, an der Scheidung Schuld zu tragen. Oder Sie sind wütend auf Ihren Chef, weil er Sie gefeuert hat. Immer wieder hallt in Ihnen dieser eine Satz nach: »Wie konntest du mir das nur antun?« Dann ist Gott an der Reihe, gegen den Sie sich empören, weil er einen so schlechten Zeitpunkt ausgewählt hat. Sie fühlen sich als hilfloses Opfer böser Mächte, die Sie bestrafen wollen: »Wie konnte Gott mir diesen Menschen nehmen?«; »Wie konnte er mich nur in eine solche Situation bringen?« Und schließlich empfinden Sie noch eine heftige Wut auf sich selbst: »Ich hätte es besser wissen müssen. Wie habe ich mich nur in diese Situation gebracht?«

Ich habe bei meiner Arbeit als Medium sehr viele Menschen kennen gelernt, die zornig waren, weil ein geliebter Mensch gestorben war. Häufig fühlten sie sich sehr verlassen: »Er hat mir dieses ganze Chaos hinterlassen, und ich kann sehen, wie ich damit fertig werde« oder »Sie hatte kein Recht, mich allein zu lassen«. Manchmal hat der Zorn auch etwas mit Geldproblemen zu tun, vor allem dann, wenn der Verstorbene das Finanzielle geregelt hat. Auch die Ärzte im Krankenhaus werden angeklagt, weil sie sich zu seinen Lebzeiten nicht besser um den Verstorbenen gekümmert haben. Und am Ende bleibt immer auch ein Rest Selbstvorwürfe: »Ich habe ihr nie gesagt, wie sehr ich sie liebe« oder »Ich habe viel zu viel gejammert, als er noch am Leben war«. Solcher Ärger zeigt sich auf mannigfaltige Weise. Häufig kommt es zu richtigen Wutausbrüchen. Leider wendet sich der Zorn mitunter auch nach innen, wo er Niedergeschlagenheit und Verzweiflung auslöst.

Wut kann lange anhalten, bei manchen Menschen ein ganzes Leben. Eine Zeit lang wütend zu sein ist ganz in Ordnung, weil es normal ist. Auch wenn es kein schönes Gefühl ist, so gehört es doch zum Prozess des Trauerns. Wir haben das Recht, wütend zu sein. Wichtig ist nur, dass wir diese Gefühle nicht in uns hineinfressen. Dem Ärger Luft zu machen ist ein wesentlicher Schritt zur Heilung. Manche Menschen glauben, nicht wütend sein zu dürfen, und unterdrücken ihren Zorn. Doch wenn wir das tun, bleibt die Wut in unserem Körper und macht sich früher oder später als Krankheit oder anderweitige Behinderung bemerkbar. Denken Sie daran: Ihr Körper kann nur hervorbringen, was Sie ihm geben. Wenn er Ärger und Selbstvorwürfe verdauen muss, bringt er sie in anderen Lebensbereichen wieder zum Vorschein. Unterdrückte Gefühle beeinträchtigen unsere Beziehungen zu anderen Menschen, unsere Arbeits- und Konzentrationsfähigkeit und damit letztlich unseren Erfolg. Wenn Sie sehr deprimiert sind, müssen Sie vielleicht sogar Medikamente einnehmen, um sich besser zu fühlen. Eines Tages aber wachen Sie dann auf und begreifen nicht, warum Ihr Leben so ein Scherbenhaufen ist. Sind Sie dann in der Lage, Ihren Schicksalsfaden bis an den kritischen Punkt zurückzuverfolgen, werden Sie vielleicht feststellen, dass Sie Ihren Gefühlen in einer Situation, der Sie ohnmächtig gegenüber standen, keinen Ausdruck verliehen haben.

Ärger ist ein Gefühl, das sich im Kontakt mit anderen Menschen recht deutlich bemerkbar macht. Wir spüren sofort, ob jemand wütend ist. Gerade in meiner Arbeit wird das schnell erkennbar. Plötzlich schreit jemand einen anderen an, scheinbar ohne Grund. Meist ist dieser Mensch sich nicht einmal im Klaren darüber, dass dahinter ein tief empfundener Schmerz steht. Je stärker ein Mensch gewöhnlich seine Gefühle unterdrückt, umso wahrscheinlicher ist es, dass er irgendwann einmal explodiert. Leider zieht das mitunter Furchtbares nach sich. Besonders häufig findet man dieses Verhalten bei Teenagern, die einen Freund verloren haben: Wenn sie nicht gelernt haben, mit Wut umzugehen, kommt es immer wieder mal zu Gewaltausbrüchen. Es ist also wichtig, dass wirklich alle, auch Kinder und Jugendliche, ihre Gefühle offen ausdrücken können. Nicht verarbeitete Trauer kann gerade bei männlichen Jugendlichen zu schlimmen Gewalttaten führen.

Im Allgemeinen aber ist es für uns gut, wenn wir lernen, unseren Ärger auszudrücken, ohne uns selbst oder andere dabei zu verletzen. Denn es gibt ungefährliche Möglichkeiten, seine Wut herauszulassen. Wenn wir diese Energie aus dem Körper schaffen wollen, sollten wir Sport treiben oder uns anderen körperlichen Aktivitäten widmen. Wenn Sie auf jemanden wütend sind, können Sie das auch sagen, ohne gleich hochzugehen wie eine Rakete. Oder Sie suchen einen abgelegenen Ort auf und schreien sich mal so richtig die Seele aus dem Leib. Ich bleibe zum Dampf-Ablassen gern in meinen vier Wänden. Wir müssen unseren Ärger herauslassen, weil er sonst zu Gewalt wird. Und wie diese wirkt, sehen wir jeden Tag in den Nachrichten. Lassen wir aber unsere Wut los, so fühlen wir uns unmittelbar erleichtert. Wir haben »unser Herz erleichtert«.

Sind Sie einmal Opfer eines Wutausbruchs eines anderen Menschen, dann machen Sie sich klar, dass dahinter meist ein großer Schmerz steht. Sie geben ihm oder ihr nur die Gelegenheit, Dampf abzulassen. Sich mit der Wut eines anderen Menschen auseinander setzen zu müssen ist für die meisten von uns beängstigend, vor allem, wenn wir nicht wissen, wie wir mit unseren eigenen Gefühlen umgehen sollen. Denken Sie daran: Sie müssen sich nicht verteidigen. Meist verschärft sich dadurch der Konflikt noch. Ich persönlich zähle in einem solchen Fall immer erst einmal bis zehn. Das nimmt die emotionale Energie aus der Situation. Ich gewinne Zeit, um meine Gedanken und Gefühle unter Kontrolle zu bringen, und kann so besser reagieren.

SCHULDGEFÜHLE

Auch das ist eine sehr häufige Reaktion auf einen Verlust. Die meisten Menschen machen sich nur nicht klar, dass Schuldgefühle Teil des Trauerprozesses sind. Manchmal ist man einfach der festen Ansicht, seine Pflicht nicht erfüllt oder etwas falsch gemacht zu haben. Dann kommen die Selbstvorwürfe. Wenn Eltern ein Kind verlieren, fühlen sie sich häufig verantwortlich für seinen Tod. Das mag unrealistisch sein, für die Eltern aber ist es die nackte Wahrheit, und so leiden sie meist sehr unter ihren Schuldgefühlen. Bei einer Veranstaltung in Phoenix, im Bundesstaat Arizona, habe ich einmal Readings für verschiedene Eltern gemacht, die ein Kind verloren hatten. (Ein Reading ist eine Sitzung, bei der ich Kontakt mit der Geistwelt aufnehme, meist für andere Menschen.) Im ersten Fall nun starb ein Mädchen bei einem Autounfall, im zweiten kam ein Jugendlicher mit seinem Motorrad zu Tode. In beiden Fällen fühlte der Vater sich für den Tod des Kindes verantwortlich und hatte das Gefühl, er hätte es vor den Gefahren des Verkehrs eindringlicher warnen müssen.

Aufgabe der Eltern ist es, ihre Kinder zu beschützen. Daher haben sie meist das Gefühl, ihr nicht gerecht geworden zu sein, wenn dem Kind etwas passiert. Damals glaubten beide Väter, einen Fehler gemacht zu haben. Doch als die Kinder im Reading zu ihren Vätern sprachen, versicherten beide, dass sie nichts hätten tun können, um das Geschehen zu verhindern. »Der Unfall wäre auch passiert, wenn du mich gewarnt hättest«, sagte das Mädchen zu seinem Vater. »Ich musste diese Erfahrung machen. Du hättest gar nichts dagegen unternehmen können.« Dazu kommt meist noch, dass Eltern davon ausgehen, dass sie vor ihren Kindern sterben. Das scheint logisch, doch wir sollten nicht vergessen, dass wir auf einer spirituellen Reise sind und Leben nicht auf die materielle Welt beschränkt ist. Es hat also wenig Sinn, wenn Eltern den Tod ihres Kindes als persönliche Fehlleistung betrachten. Ihre Schuldgefühle bringen sie dazu, sich wertlos zu fühlen, der Verdammnis geweiht.

Wenn Sie an der Tragödie, die zu dem Todesfall geführt hat, irgendwie beteiligt waren, dann leiden Sie vermutlich noch stärker unter Ihrer vermeintlichen Schuld. In der Psychologie weiß man um diese »Schuldgefühle der Überlebenden«. Sie stellen sich zum Beispiel ein, wenn der Beifahrer eines Wagens bei einem Unfall stirbt, während der Fahrer überlebt. Bei Flugzeugabstürzen, Schießereien, Bombenattentaten sind die Schuldgefühle der Überlebenden besonders intensiv. Die Zurückgebliebenen quälen sich mit Fragen wie: »Warum saß ich nicht auf diesem Sitz?« oder »Ich habe doch schon so lange gelebt, warum hat es mich nicht getroffen?« und »Sie war so ein guter Mensch; es wäre besser gewesen, ich wäre an ihrer Stelle gestorben«. Die Überlebenden fühlen sich schuldig, weil der andere starb, während sie noch am Leben sind. Dazu kommt noch der Druck von Seiten der Familie des Verstorbenen, die dem Überlebenden meist unbewusst dasselbe vorwirft. Bei einem plötzlichen Tod unserer Lieben bleibt vieles unausgesprochen. So kann es vorkommen, dass wir uns Sorgen machen, weil wir uns für frühere »Untaten« nicht entschuldigt haben. Oder wir fühlen uns schuldig, weil wir ein Versprechen nicht gehalten haben. Hätten wir uns doch mit dem Verstorbenen versöhnt! Wir quälen uns mit »Hätte ich nur dies getan oder jenes gelassen«. Häufig sorgen wir uns um unbedeutende Kleinigkeiten: »Er hat doch immer so gern Schokoladeneis gegessen. Warum habe ich ihm nicht öfter eines mitgebracht?« Irgendwie verbinden wir das Schoko-Eis mit einem längeren Leben. Wir sind sicher, dass dem Verstorbenen das Ende erträglicher geworden wäre, hätte er mehr von seinem Lieblingseis bekommen. Achten Sie darauf, dass Sie mit Ihren Gedanken keine Schuldgefühle heranzüchten. Behalten Sie die Motive hinter Ihren Gedanken immer genau im Blick.

Viele Menschen fühlen sich auch schuldig, weil sie nicht anwesend waren, als der geliebte Mensch starb. Dies ist ein Thema, das in den Readings immer wieder auftaucht. Doch die Seele entscheidet sich in den meisten Fällen, dann von uns zu gehen, wenn niemand da ist. Dass ein Geistwesen einen anderen Menschen tadelt, weil dieser in seiner Sterbestunde nicht bei ihm war, kommt eigentlich nie vor. Der Tod geschieht sozusagen aus freiem Willen. Er ist kein Unfall, der passiert, wenn wir dem Sterbenden den Rücken kehren. Daher ist es absolut sinnlos, sich darüber Gedanken zu machen.

Manchmal empfinden die Angehörigen Erleichterung, wenn »es« vorüber ist, oder sie sind aus einem anderen Grund froh. Dann fühlen sie sich natürlich schuldig: »Ich sollte nicht froh sein. Mir hätte so etwas Gutes gar nicht passieren dürfen. Ich bin es nicht wert.« Diese Art von Selbstkritik beschädigt letztlich nur unsere Selbstachtung, was sich noch lange Zeit negativ auf unser Leben auswirkt.

Bei einem Todesfall oder in einer anderen schlimmen Situation kommt es häufig zu Selbstvorwürfen. Wir raufen uns die Haare. Wir verfluchen unsere Unzulänglichkeit und wiederholen dauernd, was wir hätten tun oder lassen sollen. Wir fühlen uns schuldig, weil wir glauben, wenn wir dies oder jenes getan hätten, wäre alles anders gekommen. Wir suchen Gründe dafür, weshalb der geliebte Mensch starb, warum wir unser Haus verloren oder Krebs bekommen haben. So finden wir scheinbar rationale Begründungen, um uns die Schuld zu geben. Dann können wir uns bestrafen, weil wir das Ganze ja hätten verhindern können. Das ist das Gefährliche am Schuldgefühl.

Unter solchen Umständen ist es äußerst wichtig, dass wir ehrlich und aufrichtig über die Situation nachdenken: Schaffen wir uns unrealistische Szenarien und identifizieren wir uns stärker damit als nötig? Können wir weitermachen? Oder ist die Zeit gekommen, eine Beziehung bzw. eine Situation definitiv loszulassen? Diese Entscheidung müssen wir treffen, ohne uns von Tadel oder Selbstvorwürfen beeinflussen zu lassen. Wenn Sie sich schuldig fühlen für etwas, das in der Vergangenheit geschehen ist, ändern Sie gar nichts. Sie verhindern nur, dass Ihr Herz heilt. Versuchen Sie lieber, die Situation zu sehen, wie sie sich im Augenblick darstellt. Fragen Sie sich: »Was kann ich daraus lernen? Wie wird sich mein Leben verändern? Werde ich so zu einem mitfühlenderen Menschen?« Stellen Sie sich am Ende die Frage, ob Ihr Erleben anderen Menschen helfen kann. Wenn ja, dann sollten Sie Ihr Leben wieder in die Hand nehmen, statt sich in Schuldgefühlen zu suhlen.

TRAURIGKEIT UND DEPRESSION

Traurigkeit ist das am häufigsten auftauchende Gefühl nach einem Verlust. Wir erfahren die tiefsten Tiefen der Verzweiflung. Wir fühlen uns am Boden zerstört. Wir kapseln uns ab und wollen keinen Menschen mehr sehen. Wir wählen die Einsamkeit, um uns allein und hilflos fühlen zu können. Und wir geben uns ganz der Depression hin. Das ist eine der schlimms-

ten Phasen, und sie kann lange dauern. Traurigkeit und Niedergeschlagenheit sind unsere ständigen Begleiter im Trauerprozess. Stück für Stück wird uns bewusst, dass wird den Menschen, den wir verloren haben, sei es nun ein Ehepartner,
Angehöriger oder Freund bzw. ein Kind, nie wieder sehen oder
hören werden. Körperlich wird dieser Mensch nie wieder präsent sein. Und wir fragen uns: »Wie soll ich das überleben?«
Dasselbe gilt für den Verlust des Heims, des Arbeitsplatzes oder
eines Haustiers. Auch wenn wir eine lebensbedrohliche Krankheit bekommen, erfüllen uns Traurigkeit und Schwermut. Wir
erkennen, dass unser Leben sich unwiderruflich verändert hat.
Alles, was wir mochten, was uns so sehr vertraut war, ist nun
verschwunden. Es ist schwierig, in die leere Wohnung zurück-
zukommen und allein zu leben. Oder sich plötzlich um den
allein gebliebenen Elternteil kümmern zu müssen. Wir fragen
uns, wie das Leben nur so grausam sein kann. Wir haben das
Gefühl zu ertrinken, und niemand ist da, der uns einen Ret-
tungsring zuwirft. Unsere eigene Sterblichkeit wird uns
bewusst. Wir setzen uns mit unseren Wünschen, mit der
Zukunft auseinander: »Hat das Leben überhaupt noch Sinn?«
und »Wozu bin ich eigentlich da?« Wir sind sozusagen »ster-
bensmüde«, und können das Leben doch nicht ändern. Das
alles sind Anzeichen für eine Depression, und wir sollten lernen, sie zu erkennen. Dann sind wir auch in der Lage, damit
fertig zu werden. Eine leichte Depression während des Trauerprozesses ist völlig normal: Sie weist darauf hin, dass Sie den
Verlust verarbeiten.

Haben wir aber keine wirkliche geistige Verankerung, dann
kann die Depression leicht unser ganzes Leben bestimmen. Nur
ein spirituelles Verständnis der Vorgänge um Leben und Tod
erlaubt uns, den Verlust bewusst zu bewältigen. Daher ist nun
die Zeit gekommen, unsere spirituelle Identität zu entdecken.
Im Kapitel 9, »In Einklang mit uns selbst«, finden Sie Meditationen und Übungen, die Ihnen helfen werden, sich auf Ihr
Innenleben zu konzentrieren.

Dauern die Depressionen zu lange an, werden sie gefährlich.
Dann zieht der Mensch sich vollkommen von der Welt zurück
oder lebt wie ein Zombie, ein lebender Leichnam. Wie alle

Emotionen im Trauerprozess verhindert auch die Depression, wenn sie überhand nimmt, dass wir uns aktiv am Leben beteiligen. Von einer Heilung sind wir in diesem Zustand weit entfernt. Eine ungesund lange und tiefe Form der Trauer schadet unserer inneren Entwicklung. Wir müssen uns klar machen, dass wir noch am Leben sind. Wir haben eine Aufgabe zu erfüllen, der wir uns nicht entziehen dürfen. Gott macht keine Fehler. Eine schwere Depression zeichnet sich ab, wenn folgende Punkte erfüllt sind:

- Sie verlieren das Interesse an den Dingen, die früher Ihr Leben ausmachten.
- Sie essen und schlafen nicht mehr richtig.
- Sie leiden unter unerklärlichen Weinkrämpfen.
- Sie haben das Bedürfnis, ständig allein zu sein.
- Sie ziehen sich von allen anderen Menschen zurück.
- Sie fühlen sich absolut hilflos und haben keine Hoffnung mehr.
- Sie denken an Selbstmord.

Leider ist es für schwer depressive Menschen sehr schwierig, um Hilfe zu bitten. Versuchen Sie, wenigstens zu einer Person Kontakt zu halten. Wenn Sie merken, dass ein anderer Mensch in Depression versinkt, sprechen Sie ihn immer wieder an.

DIE KÖRPERLICHE SEITE DER TRAUER

Auch Angst gehört zum Prozess des Trauerns, obwohl wir darauf meist nicht eingestellt sind, weil Traurigkeit unsere Tage füllt. Doch eine Zukunft ohne Partner oder Freund macht uns gewöhnlich Angst. Und wenn wir unseren Arbeitsplatz oder gar unser Zuhause verloren haben, reagieren wir darauf häufig mit Furcht vor dem Risiko oder sogar mit Angst vor der Dunkelheit. Das Leben ist wie ein Spiegel. Es wirft uns zurück, was wir ihm zeigen. Ängste aber machen sich im Körper durch eine Reihe körperlicher Beschwerden bemerkbar:

- Appetitlosigkeit
- Schwindel, Ohnmachtsanfälle
- Herzrasen
- Gedächtnisverlust und Konzentrationsprobleme
- Schlaflosigkeit
- Kopfschmerzen
- trockener Mund
- Magenkrämpfe
- Verdauungsprobleme
- schweißnasse Handflächen
- Schluckbeschwerden
- Muskelschmerzen

Natürlich reagiert auch unser Körper auf das traumatische Erlebnis, dem wir ausgesetzt sind. Angstgefühle sind während des Trauerns eine ganz normale Empfindung: Wir sind unsicher und verwirrt, Panik ergreift Besitz von uns. All das ist normal. Schließlich machen wir eine schwierige Zeit durch. Einmal rief mich eine Frau an und bat um ein Reading. Sie konnte das Haus seit dem Tod ihres Mannes nicht mehr verlassen. Sie hatte mit achtzehn Jahren geheiratet und war danach nur einen einzigen Tag von ihrem Mann getrennt gewesen, bis er nach dreißig Jahren Ehe starb. Ihr Selbstwertgefühl war so eng mit ihrem Mann verbunden, dass sie das Gefühl hatte, keine eigene Identität mehr zu haben. Ihr Leben als Ehefrau, Partnerin und Liebende war vorbei, und so fragte sie sich: »Wer bin ich eigentlich?«

In diesem verwirrenden Zustand entwickelte sie eine heftige Agoraphobie – sie konnte nicht mehr aus dem Haus gehen, ohne Panikanfälle zu bekommen. Außerdem litt sie unter Schlaf- und Essstörungen. Da sie vor Angst keinen Schritt nach draußen tun konnte, musste sie ihren Beruf aufgeben, was enorme finanzielle Probleme mit sich brachte. Diese Symptome dauerten etwa ein Jahr an, während sie den Verlust ihres geliebten Gatten betrauerte. Mit Hilfe ihrer Freunde und Kinder gewann sie Stück um Stück ihr Selbstvertrauen zurück. Ihre Angst verschwand allmählich. Heute arbeitet sie wieder und es geht ihr deutlich besser.

Machen Sie sich klar, dass Ihre körperlichen Symptome Teil Ihres emotionalen Zustands sind. Beides ist nicht voneinander zu trennen. Das Flattern im Bauch, der trockene Mund, die Schlaflosigkeit etc. sind Ausdruck Ihrer Traurigkeit, Ihrer Angst, Ihrer Schuldgefühle, aus denen der Prozess des Trauerns besteht. Wenn wir ein Kind verloren haben, steigt unsere Angst um die anderen Kinder. Verlieren wir unsere Arbeit, dann schleicht sich die Furcht ein, dass wir vielleicht die Miete nicht mehr bezahlen können und Freunde und Nachbarn verlieren. Diese düsteren Ausblicke erweisen sich in den meisten Fällen als unbegründet. Leider scheinen sie uns in der Situation als höchst wahrscheinlich.

Je offener wir unsere Gefühle in den verschiedenen Phasen des Trauerprozesses ausdrücken, desto schneller werden wir Erleichterung verspüren. Lassen Sie Ihren Tränen ruhig freien Lauf und seien Sie sich sicher: Es hilft wirklich! Sprechen Sie mit Ihren Nachbarn, mit Ihren Freunden. So verlieren Sie Ihren Wirklichkeitsbezug nicht und bleiben auf dem Boden der Tatsachen. Auch diese Gefühle werden vorübergehen. Und Sie sind keineswegs dabei, verrückt zu werden.

ANNEHMEN

Akzeptanz ist das Ziel des Trauervorgangs. Wenn wir dieses Stadium erreichen, haben wir gelernt, die Situation so anzunehmen, wie sie ist. Wir müssen unseren Verlust akzeptieren. Nur so können unsere Wunden heilen, und wir sind in der Lage, uns wieder dem Leben zuzuwenden. Akzeptieren heißt ja nicht, dass wir das Geschehene toll finden müssen oder dass wir keine Trauer mehr empfinden. Verlust und Trauer bleiben bestehen. Hin und wieder werden wir sogar in Depressionen, Schuldgefühle und die anderen Phasen des Prozesses zurückfallen. Der Trauervorgang hört ja nie völlig auf. Und es gibt dafür einfach keine allgemein gültige Zeitdauer.

Annehmen bedeutet zu der Einsicht zu gelangen, dass das Leben uns immer wieder in Situationen bringen wird, die wir nicht kontrollieren oder verändern können. Dann sehen wir das Leben, die Menschen und Geschehnisse, aus einem neuen Blickwinkel. Wir haben – hoffentlich – neue Einsichten gewonnen, mit denen wir uns und anderen in Zukunft helfen können. Wenn wir unseren Verlust akzeptieren, heißt das, dass wir auf dem Weg der Heilung sind. Wir können unser Leben nun neu einschätzen und uns fragen: Was habe ich durch dieses Erlebnis gelernt? Welche Möglichkeiten hat es mir eröffnet? Habe ich mich dadurch verändert?

Dann können wir erneut in die Zukunft investieren. Wir akzeptieren, dass wir einen geliebten Menschen verloren haben oder dass unser Leben sich verändert hat, ohne dadurch Traurigkeit und Schmerz verleugnen zu wollen, und wenden uns wieder dem Leben zu.

Vielleicht ändern wir, was wir bisher getan haben. Wir verkaufen unser Haus und ziehen um. Oder wir gehen wieder zur Universität bzw. lernen einen neuen Beruf. Vielleicht trennen wir uns von Freunden und Bekannten, die einen negativen Einfluss auf uns haben. Vielleicht arbeiten wir ehrenamtlich in einer Selbsthilfegruppe für Menschen, die einen ähnlichen Verlust erlitten haben wie wir. Oder wir gehen öfter spazieren und nehmen Kontakt zur Natur auf. – Was auch immer wir zu tun beschließen, wir werden feststellen, dass der Verlust uns neue Möglichkeiten eröffnet. Das Leben wird vielleicht nicht mehr so, wie es einmal war, doch es gibt immer noch genug für uns zu tun, solange wir hier auf Erden »die Schulbank drücken«.

Haben Sie Fortschritte gemacht?

Während des Trauerprozesses ist es durchaus möglich, dass wir überreagieren. Je nachdem, wie wir gegessen und geschlafen haben, ob wir im Beruf gerade Erfolg haben oder unter starkem Stress stehen, glauben wir im einen Augenblick, das alles nicht mehr aushalten zu können, im nächsten fühlen wir uns wie taub. Es mag Zeiten geben, in denen wir Hilfe von außen brauchen. Freunde, Nachbarn, Verwandte oder eine Selbsthilfegruppe sind in solchen Augenblicken von unschätzbarem Wert. Denken Sie daran: Eine neue Einstellung entwickelt sich nicht über Nacht. Versuchen Sie, sich ein Netz von Helfern aufzubauen, die Sie unterstützen, wenn die Nacht am dunkelsten ist. Je isolierter Sie sind, desto schwieriger ist die Trauer und desto langsamer geht der Heilungsprozess vonstatten. Macht sich selbstzerstörerisches Verhalten breit, dann kümmern Sie sich bitte um professionelle Hilfe. Nicht verarbeitete Trauer kann die unterschiedlichsten Formen annehmen: Alkohol- und Drogenmissbrauch, chronische Gesundheitsprobleme wie Magengeschwüre und Kopfschmerzen, zwanghafte Verhaltensmuster wie zum Beispiel Kaufsucht oder übermäßiges Essen, Gewalttätigkeit, Albträume und Selbstmordgedanken. Sollten Sie solche Probleme über längere Zeit haben, ist es unabdingbar, dass Sie einen Therapeuten aufsuchen. Oder einen Arzt, Pfarrer, Rabbi etc. Die meisten Krankenhäuser oder Kirchengemeinden kennen gute Seelsorger bzw. Anlaufstellen für Therapien. Manchmal ist es am besten, in eine Gruppe zu gehen, weil man von anderen Menschen mit denselben Schwierigkeiten sehr viel lernen kann. Mittlerweile findet man auch im Internet Adressen für Menschen, die Hilfe in Verlustsituationen suchen (siehe unter »Tipps und Hinweise« am Ende dieses Buches). Jeder von uns braucht Hilfe, um wieder ins Leben zurückzufinden.

Die in den folgenden Kapiteln vorgestellten Fälle werden Ihnen zeigen, dass jeder Mensch anders trauert. Doch wo Sie jetzt auch immer stehen mögen, ich hoffe sehr, dass die heilsamen Worte, die uns die geistigen Reiche in den Readings zuteil werden lassen und die schon so vielen Menschen geholfen haben, auch Ihnen das geben, was Sie jetzt brauchen. Die Geistwelt lässt uns wissen, dass das Leben nach dem Tod weitergeht. Sie lässt uns an der Liebe und Weisheit des Universums teilhaben. Die Botschaften der geistigen Reiche haben schon so manches Leben für immer verändert. Verwirrung und Schmerz wurden so zum Ausgangspunkt einer neuen Entwicklung. Wenn wir den Tod nicht mehr fürchten, können wir das Leben erst richtig genießen. Viele Menschen haben gelernt, den Tod ihrer Lieben als Gelegenheit zu sehen, sich zu entwickeln und die Illusion aufzugeben, dass man alles unter Kontrolle hat. Andere haben die Erkenntnis gewonnen, dass Veränderung unvermeidlich ist. Sie haben gelernt, diese zu nutzen und ihr Leben neu auszurichten. Wenn wir den Gottesfunken in uns entfachen, können wir andere unterstützen, sich selbst zu helfen. Und genau dazu möchte ich Sie einladen: Helfen Sie sich selbst! Ich finde, das Material spricht für sich selbst. In der Trauerarbeit werden Sie wachsen und eine neue Ebene der Entwicklung erreichen. Denken Sie daran: Wir haben die Wahl – immer. Meine Kommunikation mit der »anderen« Seite des Lebens lehrt mich, wie wichtig es ist, sich für die Liebe zu entscheiden. Liebe, die Vergebung ist – für uns und für alle Menschen.

Das Strichlein

Reden hörte ich von einem Mann,
dessen Worte kamen am Grab seiner Liebsten gut an.
Er sprach über den Grabstein und all die Jahr',
über das, was zwischen den Zahlen war:

Zuerst, so meinte er, stünde der Tag des Werdens.
Am Ende schreibe man das Datum des Sterbens.
Doch was in seinen Augen letztlich zähle,
das sei das Strichlein, mit dem man beides vermähle.

Dieses Strichlein stünde für all die Zeit
ihres Erdenlebens – groß und weit.
Jetzt wüssten nur die, die sie einst schätzten,
was das Strichlein berge an gelebten Schätzen.

Denn am Ende zählt nicht, was wir haben,
ein Haus, eine Jacht und einen Wagen.
Was wirklich zählt, ist, wie wir leben
und unser Strichlein der Liebe hingeben.

Streng also ruhig dein Köpfchen an:
Gibt es etwas, das du noch nicht getan ...
und so gern wolltest! Du weißt doch nicht,
ob dein Lebensstrich schon in der Mitte abbricht.

Würden wir doch fragen und innehalten,
nach dem Wahren unser Leben gestalten.
Würden wir begreifen, wie der Mitmensch sich fühlt,
wäre schnell unser Mütchen gekühlt.

Schluss mit dem Ärger, mit dem Zorn, dem Hass.
Liebe und Achtung geben dem Leben sein Maß.
Wenn wir doch anderen ihr Leben ließen,
würde Freundschaft zwischen uns allen fließen.

Wertschätzung für den Menschen neben uns,
ein Lächeln ist doch keine so schwierige Kunst.
Denn das Strichlein könnte, denk immer daran,
längst angekommen sein am Ende der Bahn.

Und wenn dann einer am Grab steht und spricht
über unseres Lebens Sicht,
dann wären wir stolz auf das, was er sagt
und was unser Strichlein ihm mitteilen mag.

Linda M. Ellis

TEIL II

Wenn jemand stirbt, den wir lieben

3

Ein Sterbefall in der Familie

*W*enn ein Elternteil stirbt, geht ein Stück von uns mit ihm. Wir sind zutiefst erschüttert. Zunächst reagieren wir mit Verwirrung und Unsicherheit, ist doch mit seinem Tod ein Teil unseres Schutzwalls gefallen. Wir fühlen uns als Waisenkinder, ganz uns selbst überlassen. Wenn unser Vater oder unsere Mutter stirbt, ist das aus vielerlei Gründen schwierig für uns. Am meisten aber belastet uns an ihrem Tod, dass er uns an unsere eigene Sterblichkeit erinnert.

Je nachdem, in welchem Verhältnis wir zu dem oder der Verstorbenen gestanden haben, ob wir uns gut mit ihm bzw. ihr verstanden haben oder nicht, trauern wir nicht nur um den Elternteil, sondern auch um unser verlorenes Selbst. Unsere Eltern sind die Menschen, die unser Leben als Erste prägen. Sie sind es, die uns als Erste die Welt zeigen. Tatsächlich sind unsere Eltern unsere erste große Liebe. Als Kinder sind wir vollkommen auf sie angewiesen. Keines unserer Bedürfnisse, keinen unserer Wünsche können wir uns allein, ohne unsere Eltern erfüllen. In ihrer Obhut fühlen wir uns sicher. Sie sind unser Schutzschild gegen die negativen Einflüsse der unbekannten Welt um uns herum. Meist sind sie auch unsere größten Fans: Sie ermutigen uns das Beste zu geben, auch wenn wir uns so richtig schlecht fühlen. Unsere Eltern sind häufig die einzigen Menschen, auf die wir uns verlassen können, wenn das Leben uns einen seiner bösen Streiche spielt. Ein Großteil »unserer« Welt beruht auf den Ansichten unserer Eltern, und ob wir es nun wollen oder nicht: Einige Aspekte unserer Eltern sind tief in unserer Seele verwurzelt. Wir identifizieren uns mit unseren Eltern. Daher sind wir auch so fassungslos, wenn wir einen Elternteil verlieren – so als stünden wir nackt auf einer uns völlig unbekannten Straße und rechts und links flitzten die Autos vorbei. Wir stehen auf einer Kreuzung, einem Scheideweg, und wir haben keine Ahnung, welchen Weg wir nehmen sollen. Unser Schutz, unser Zuhause, unser Heiligtum ist für immer verschwunden. Und wir selbst haben uns unwiderruflich verändert.

Wenn unsere Eltern noch am Leben sind, schieben wir den Gedanken an ihren Tod meist weit von uns weg. Wir denken nicht darüber nach, wird sich das Ganze doch in einer sehr, sehr fernen Zukunft abspielen. Unbewusst glauben wir, unsere Eltern seien unsterblich, als seien sie Götter. Oder wir stellen uns vor, dass es nur natürlich ist, alt zu werden und zu sterben, der »Recyclingprozess der Natur« sozusagen. Wir reden uns selbst ein, dass wir schon bereit sein werden, wenn es erst so weit ist. Aber stimmt das wirklich? Meine persönlichen Erfahrungen sollen Ihnen zeigen, dass wir nie auf den Tod eines Elternteils vorbereitet sind, ganz egal, unter welchen Umständen er eintritt.

Der rote Faden

Viele der Readings, die ich in den letzten Jahren durchgeführt habe, hatten den Tod eines Elternteils zum Anlass. Die emotionale Reaktion darauf und die Art zu trauern ist individuell stark verschieden, doch es zieht sich so etwas wie ein roter Faden durch die Trauererfahrung der Menschen, die einen oder beide Elternteile verloren haben. Häufig sind es emotionale Probleme, die ungeklärt blieben, Dinge, die der oder die Trauernde seit der Kindheit vor anderen verborgen hat. In der Folge kommt es nicht selten zu Schuldgefühlen, wenn ein Elternteil stirbt, die sich in Selbstvorwürfen wie folgenden äußern:

» *Ich hätte Paps sagen sollen, dass ich ihn liebe.*«
» *Warum habe ich Mama nicht gesagt, dass es mir Leid tut, solange sie noch lebte?*«
» *Warum habe ich meine Mutter nicht häufiger besucht oder angerufen?*«
» *Wenn ich besser aufgepasst hätte, hätte ich ihren Tod vielleicht verhindern können.*«

Wie das zweite Reading in diesem Kapitel uns zeigen wird, führen viele Menschen ihr ganzes Leben im Schatten ihrer Eltern. Wenn diese dann sterben, bleiben häufig Gefühle von Bitterkeit und Einsamkeit zurück. Manchmal droht die Verzweiflung die Hinterbliebenen zu überwältigen: »Wie konntest du mich nur allein lassen?« Es gibt Menschen, die ihre kranken Eltern jahrelang pflegen. Nach deren Tod haben sie Angst, wieder ein eigenes Leben zu leben. Sie werden depressiv und können für sich keinen Neuanfang finden.

Auch Schuldzuweisungen sind recht häufig. Wir machen alle möglichen Menschen oder Ereignisse verantwortlich: den Arzt, die Geschwister, den überlebenden Elternteil. Wir fühlen uns so machtlos, dass wir nur noch um uns schlagen. Irgendetwas oder irgendjemandem müssen wir ja die Schuld geben. Wir sind zwar erwachsen, gerade in diesem Moment aber fühlen wir uns wie ein Kind: »Warum habe ich bloß nichts getan?«; »Wie konntest du so etwas sagen?«; »Du hättest dies oder jenes tun müssen!«

Wir sind wütend, fühlen uns betrogen und stecken voller Vorwürfe. Wir sind zornig auf uns, auf den toten Elternteil oder die Welt im Allgemeinen. Vielleicht durchleben wir auch erneut traumatische Erfahrungen, die mit diesem Elternteil zusammenhängen – Missbrauch, Gewalt, Verlassenwerden. »Wie konntest du mir so etwas bloß antun? Ich hasse dich. Du hast mein Leben ruiniert. Ich bin froh, dass du endlich tot bist.« Trotzdem müssen wir einen Weg finden, mit diesem Zorn umzugehen, ohne uns selbst und anderen zu schaden. Auch hier sollten wir den Weg zu einer Selbsthilfegruppe oder einem Therapeuten nicht scheuen.

Es gibt auch viele Eltern, die die besten Freunde ihrer Kinder waren. Sie waren Vertraute, unser »Testpublikum« sozusagen – wie das dritte Reading zeigt. Jetzt, wo wir sie verloren haben, fühlen wir uns, als sei uns die rechte Hand abgefallen. Wir sind traurig, einsam und deprimiert. »Mit wem soll ich denn jetzt über meine Probleme sprechen? Wer wird mir zuhören? Niemand kann mir so viel Liebe geben.« Existiert eine so starke Bindung zu den Eltern, weint man viel. Man tut sich selbst Leid und verspürt den Wunsch, sich von der Welt zurückzuziehen. Doch kann diese Trauer auch so tief gehen, dass der Hinterbliebene körperlich krank wird.

Wie bereits gesagt, kann der Tod der Eltern uns an einen Wendepunkt in unserem Leben führen. Wenn wir an solch einem Scheideweg stehen, sollten wir uns fragen: »Was habe ich von Mutter bzw. Vater gelernt? Möchte ich mein Leben jetzt verändern, wo er oder sie tot ist? Was wünsche ich mir wirklich im Leben?« Vielleicht wünschen Sie sich, Ihren Eltern für das, was sie Ihnen angetan haben, verzeihen zu können? Oder möchten Sie sich entschuldigen? Vielleicht nutzen Sie diese Gelegenheit, um anderen Familienmitgliedern näher zu kommen und Meinungsverschiedenheiten auszuräumen. Möglicherweise aber lernen Sie auch einen Aspekt Ihrer selbst kennen, der Ihnen verborgen blieb, solange Ihre Eltern noch am Leben waren. Der Tod Ihres Vaters bzw. Ihrer Mutter mag Ihnen die Welt in einem anderen Licht erscheinen lassen.

Denn auch wenn jetzt das Band zwischen Ihnen und Ihren Eltern definitiv durchtrennt wurde und Sie im Moment sehr darunter leiden, werden Sie diese Zeit überstehen. – All das gehört zum Prozess des Trauerns. So kann gerade jetzt der richtige Moment sein, um eine wichtige Entscheidung zu treffen, die Ihrem Leben eine völlig neue Richtung gibt.

Gewöhnlich überlebt man seine Eltern. Ihr Tod macht uns traurig, wir fühlen uns einsam und verletzt, und doch läuft der Trauerprozess individuell sehr verschieden ab. Mein Wunsch ist es, dass alle »verlassenen Kinder« begreifen, dass ihre Eltern in ihren Herzen immer lebendig sein werden.

Mama ist tot!

Meine Mutter und ich hatten eine ganze besondere Beziehung. Ich war das Jüngste von vier Kindern und wurde nicht müde, sie daran zu erinnern, dass der Letztgeborene in einer Familie immer zu kurz kommt. Ich sagte oft, dass – als ich zur Welt kam – für mich nur noch die Reste übrig geblieben waren: Spielzeug, Kleider und Liebe zum »Auftragen«. Natürlich stimmte das nicht, aber mir war alles recht, um ihre Aufmerksamkeit zu bekommen. Während meiner Kindheit war Mutter so etwas wie mein Felsen von Gibraltar. Mein Vater auch, aber auf andere Weise, weil er ja doch meist bei der Arbeit war. Für mich war er mehr der Versorger, das Rückgrat der Familie.

Meine ersten Erinnerungen an Mama reichen in die Zeit zurück, als sie mich in den Kindergarten brachte. Ich hielt ihre Hand fest und zeterte, dass ich nicht gehen wolle, weil sie mir so fehle. Die anderen Kinder, so sagte ich ihr, seien nicht so nett wie sie. Doch sie lachte nur und drückte meine Hand. Als Kind war ich recht klein geraten; die Größeren ärgerten mich immer. Sie aber sagte: »Sag mir nur, wer dich ärgert. Dann kann er aber was erleben!« Diesen Ausdruck liebte ich. Er erinnerte mich an ihre irische Heimat und ihr Temperament. Schon als kleiner Junge war meine Mutter für mich Spielkameradin und Beschützerin zugleich.

Heute wundern sich die Menschen häufig über meinen Sinn für Humor. Sie sagen mir immer wieder, wie sehr sie mein Lachen mögen. Es ist ein Geschenk meiner Mutter. Sie hatte einen unglaublichen Humor, und ihr Lachen war so ansteckend. Sie konnte jeden zum Lachen bringen, vor allem wenn sie den Akzent der Iren nachahmte. Sie zwinkerte mit den Augen wie ein Wichtel. Ich schätze mich glücklich, ein wenig von diesem koboldhaften Charme geerbt zu haben.

Im Sommer 1980 brach Mutters fröhliches Lachen ab. Eines Nachmittags saß sie auf dem Sofa und konnte weder sprechen noch sich bewegen. Meine Geschwister und ich riefen sofort meinen Vater bei der Arbeit an. Er sagte uns, wir sollten sie ins Krankenhaus bringen. Also riefen wir die Sanitäter, und diese brachten sie in die Notaufnahme. Alle zusammen saßen wir im Wartesaal bis zum nächsten Morgen, während die Ärzte unsere Mutter einer Reihe von Tests unterzogen. Dann teilte man uns das Ergebnis mit. Sie hatte einen schweren Schlaganfall erlitten. Ihre linke Seite war vollkommen gelähmt, sie konnte nicht mehr sprechen. Diese Frau, die mit ihrem Lachen einen ganzen Saal hatte erhellen können, war nun zum Schweigen verurteilt.

Es traf uns hart. In den nächsten Tagen sprachen wir mit Dutzenden von Ärzten und Spezialisten: Würde sie je wieder sprechen können? Und gehen? Wie lange konnte sie noch leben? – Niemand hatte Antworten für uns. Zumindest nicht die, die wir uns wünschten. Tage wurden zu Wochen, und meine Mutter erholte sich nur ganz langsam. Nach zwei Monaten konnte sie ein paar Schritte machen, die rechte Hand heben und ein wenig zwinkern. Jeder, der selbst einen Schlaganfall erlitten oder das bei jemand anderem miterlebt hat, weiß, wie schmerzhaft es ist, wenn eine einst lebendige, kraftvolle Persönlichkeit sich plötzlich nicht mehr bewegen kann. Meine Familie und ich fühlten uns vollkommen hilflos. Wir wussten einfach nicht, was wir tun sollten. Eine meiner ersten Reaktionen war, Gott die Schuld für ihr Leiden zu geben. Sie ist eine so gläubige Katholikin gewesen, dass sie jeden Morgen einen langen Fußmarsch auf sich genommen hat, um zur Kirche gehen zu können. Wie konnte Gott einer frommen und gläubigen Frau so etwas antun? – Vielleicht hatte er ja einen Fehler gemacht.

Zwei Jahre, nachdem meine Mutter diesen Schlaganfall erlitten hatte, ging ich nach Los Angeles, wo ich aushilfsweise für den Fernsehsender *Embassy Television* arbeitete. Norman Lear war der Produktionschef und machte Familienshows, die damals im Fernsehen sehr beliebt waren. Als ich hörte, dass er jemanden für das Büro von *People for the American Way* suchte – einer gemeinnützigen Organisation, die er und andere gegründet hatten –, gab es für mich kein Halten mehr. Damals wollte ich unbedingt als Drehbuchautor beim Fernsehen Karriere machen und glaubte, meinem Traum ein Stück näher zu sein, wenn ich diese Stelle bekäme. Weit gefehlt. Meine Arbeit hatte nichts mit Fernsehproduktionen zu tun. Ich war Assistent eines Sachbearbeiters, öffnete seine Post, machte Aufstellungen über eingegangene Spenden und bereitete Empfänge vor. Wie die meisten Assistenten verbrachte ich meine Tage damit, auf die Post oder Bank zu gehen und den anderen ihr Mittagessen zu holen. Aber ich mochte meinen Job, und wenn ich heute so zurückblicke, erkenne ich, dass er mich etwas Unschätzbares lehrte. Als ich anfing, wusste ich eigentlich nicht so recht, welche Ziele diese Organisation verfolgte. Bald aber wurde mir klar, dass *People for the American Way* vor allem gegen Vorurteile und Ignoranz kämpfte. Während ich die Briefe studierte, die dort jeden Tag eingingen, erkannte ich, dass sehr viele Menschen Religion missbrauchen. Uns flatterten »Aufklärungsschriften« ins Haus, die gegen Abtreibung als Mord und Homosexualität als teuflische Verirrung ins Feld zogen. Und es wurde verlangt, dass es in der Schule Bibelunterricht geben solle. In meinen Augen war das reiner Faschismus, der sich das Mäntelchen amerikanischer Interessen umhängte. Da »meine« Organisation für Demokratie, eine pluralistische Gesellschaft und freie Meinungsäußerung eintrat, war ich zufrieden und liebte meinen Job umso mehr.

Während ich so Tag um Tag im Büro zubrachte, träumte ich häufig mit offenen Augen von meiner Familie im Osten. Ich hatte sie schon vor einiger Zeit verlassen, fragte mich aber immer noch, ob es richtig war, in Los Angeles zu leben und Drehbuchautor werden zu wollen. Vielleicht wäre es ja besser, alles hinzuschmeißen und mir in New York Arbeit zu suchen? Am schlimmsten war es an den Tagen, an denen ein Mitglied meiner Familie Geburtstag hatte ... und ich konnte nicht dabei sein. Ich wusste, dass meine Nichten und Neffen jeden Tag älter wurden. Sie wuchsen auf, ohne dass ich Teil ihres Lebens war. Würden sie ihren Onkel Jamie denn überhaupt erkennen, wenn er zu Besuch käme? Ich sah sie ja nur zu Weihnachten, wenn ich meine jährliche Pilgerreise nach Hause unternahm. Nicht ein Tag verging, ohne dass ich an meine Familie dachte, vor allem weil meine Mutter so krank war. Bis heute ertappe ich mich bei dem Gedanken, dass ich vielleicht etwas für sie hätte tun können, wenn ich im Osten geblieben wäre.

Bei einem dieser Weihnachtsfeste mit meiner Familie sah ich meine Mutter zum letzten Mal, zwei Jahre, nachdem ich nach Kalifornien gegangen war. Damals war sie schon in einem sehr guten Pflegeheim untergebracht. Mein Vater und mein Bruder Michael hatten sie nach dem Weihnachtsfest ins Heim zurückgebracht. Ich sagte ihr Auf Wiedersehen, denn ich wollte mit der Nachmittagsmaschine nach Los Angeles zurück. Ich sah ihr tief in die kristallblauen Augen und spürte, dass sie mir unbedingt etwas sagen wollte. Zu meinem Unbehagen verstand ich sofort, was es war. Ich entschuldigte mich und verließ den Raum. Ich saß im Flur und weinte mir die Augen aus, denn ich wusste, dass ich sie eben zum letzten Mal gesehen hatte. Ich hatte ihren Schmerz gespürt. Sie war es müde, ihren alten Körper weiter mit sich herumzuschleppen. Für einen so lebhaften Menschen wie sie musste es mehr als traurig sein, so unvermittelt zur Untätigkeit gezwungen zu sein. Mir war klar, dass sie nicht mehr leben wollte. An den Flug nach Los Angeles kann ich mich kaum noch erinnern. Ich weiß nur, dass ich von diesem Augenblick an alle Wesen in der Geistwelt bat, ihr zu einem schnellen und schmerzlosen Übergang zu verhelfen. Tief im Herzen hoffte ich, dass mein Gebet Gehör finden würde.

Den schicksalhaften Tag ihres Todes werde ich mein Leben lang nicht vergessen. Am Dienstag, den 28. Februar, wachte ich mit einem merkwürdigen Gefühl in der Magengrube auf. Um halb eins mittags rief meine Schwester Lynn an. Den Aufschrei des Entsetzens, der mich durch das Telefon erreichte, habe ich heute noch im Ohr: »Jamie, Mama ist tot!« Ich dachte wirklich, ich wäre auf diesen Augenblick vorbereitet. Schließlich wusste ich, dass meine Mutter sterben wollte. Ich hatte darum gebetet, dass die Geistwelt ihren Schmerz lindern würde, wenn ihre Zeit gekommen sein sollte. Doch als ich das Wort »tot« hörte, reagierte ich vollkommen anders, als ich je geglaubt hätte. Ich war in einem totalen Schockzustand. Ich sagte etwas zu meiner Vorgesetzten, die ihre Arme um mich legte und mich tröstete. Ich verließ das Büro und ging wie in

Trance in die fünf Blocks entfernte katholische Kirche. Dort zündete ich für Mama eine Kerze an und betete für einen friedvollen Übergang. Irgendwie schaffte ich es, nach Hause zu kommen und eine Reisetasche zu packen. Bei der Beerdigung war ich sichtlich erschüttert. Als der Priester seine Laudatio auf meine Mutter hielt, musste ich immer wieder denken: »Er muss von jemand anderem sprechen. Sie kann einfach nicht tot sein.« Der ganze Tag ist in meiner Erinnerung wie von Nebel getrübt. Ich weiß nicht mehr, wie ich von einem Ort zum anderen gelangt war, mit wem ich gesprochen oder was ich getan hatte. Ich konnte einfach nicht glauben, dass meine Mutter nicht mehr unter uns war, ihre Witze machte, die Menschen zum Lachen brachte und mir zuzwinkerte. An diesem Tag schien alles irgendwie verschwommen. Das war nicht nur der Schock; ich weigerte mich einfach, das Geschehene zu glauben.

Zu jener Zeit hatte ich gerade erst angefangen, selbst Kontakte mit der Geistwelt aufzunehmen. Vier Monate nach dem Tod meiner Mutter fragte mich mein neuer Freund und Lehrer, das Medium Brian E. Hurst, ob ich mit ihr sprechen wolle, er könne sie auf der anderen Seite erreichen. Obwohl ich wusste, dass sie auf der körperlichen Ebene nie mehr zurückkehren würde, tröstete mich allein der Gedanke, dass sie in einer anderen Form immer noch am Leben war und vom Himmel aus über mich wachte.

Häufig werde ich gefragt, ob ich für mich selbst Readings machen könne. – Nein. Das kann ich nicht. Lassen Sie mich das erklären. Ich spüre zwar die geistige Gegenwart eines meiner Lieben im Raum, aber leider bin ich zu sehr mit meinen Emotionen beschäftigt, und so kann ich nie genau feststellen, ob das, was ich erfahre, mein Wunschdenken ist oder wirklich eine Botschaft aus der anderen Welt. Ich kann also nicht sagen, ob das, was meine Mutter mir übermittelt, einfach das ist, was ich hören möchte, oder ob sie mir eine eigene Botschaft zuteil werden lässt.

Als ich zu Brian ging, nahm ich meinen Vater mit, der gerade bei mir zu Besuch war. Wir konnten den Beginn der Séance kaum erwarten. Ich war äußerst gespannt darauf, meine

Mutter mit der Stimme eines unbeteiligten Mediums sprechen zu hören, das von ihr überhaupt nichts wusste. Brian schloss die Augen, sprach ein Gebet und begann.

»Hier ist jemand«, begann er. Doch leider war es nicht meine Mutter, sondern die Mutter meines Vaters. Brian gab meinem Vater ein paar sehr genaue Beschreibungen der Straße, in der sie gelebt hatten. Er sagte ihm auch, mit welcher U-Bahn sie gewöhnlich zur Arbeit gefahren war. Dann rief er plötzlich aus: »Jean. Eine Dame sagt mir gerade, dass Jean nun hier ist.«

Es war meine Mutter! Ich war so aufgeregt, dass ich kaum atmen konnte. Gleichzeitig wusste ich nicht recht, wie mir geschah. Ein Teil von mir konnte nicht glauben, was hier passierte, ein anderer war überglücklich.

»Sie ist mit ihren Schwestern Mary und Betty zusammen«, sagte Brian.

»Ja, das sind ihre Schwestern«, antwortete ich. Ich war so froh. Meine Mutter war hier. Wir spürten alle ihre Präsenz. Mein Vater saß wie erschlagen auf seinem Stuhl.

»Jamie. Sie nennt dich Jamie«, fuhr Brian fort.

»Ja. Das stimmt«, gab ich zurück.

»Deine Mutter hat ein wundervolles Lachen. Jeder liebt sie deswegen. Sie bringt auch drüben alle zum Lachen.«

Ich konnte kaum glauben, was er mir da sagte. Ja, sie ist eine Frau gewesen, die allem eine komische Seite abgewinnen konnte. Und die Leute lachten nur allzu gern mit ihr.

Dann begann Brian plötzlich zu weinen. Gleichzeitig signalisierte er mir, dass er okay sei. »Deine Mutter bittet mich, dir für deine Gebete zu danken, James. Sie sagt, dass ihr das sehr geholfen habe. Und sie lässt dich wissen, dass sie wieder gehen und sprechen kann. Sie hat wirklich sehr viel Humor ... Sie meint, dass sie keine fünf Minuten den Mund halten kann.«

Genau! Ich war ja so erleichtert, dass sie wieder in Ordnung war, dass sie von neuem zu dem Menschen geworden war, den ich gekannt und geliebt hatte.

Dann wurde Brian ganz still. »Jean sagt, dass ein Priester bei ihr sei. Ein katholischer Priester, den sie in ihrer Jugend gekannt habe – ein gewisser Vater James O'Reilly.«

Nun war die Reihe an meinem Vater sich zu wundern. Diese Information ließ ihn nahezu sprachlos zurück.»Mein Gott!«, rief er.»Der alte Priester, zu dem sie immer gegangen ist, als wir uns kennen lernten.«

Das Reading ging weiter und Brian beschrieb genauestens einige Details aus dem gemeinsamen Leben meines Vaters und meiner Mutter. Am Ende dieser Sitzung sah Brian mich überrascht an und sagte etwas, woran ich mich heute noch Wort für Wort erinnere:

»James. Deine Mutter möchte dich wissen lassen, dass du eines Tages berühmt sein und vielen Menschen helfen wirst.«

Damals konnte ich mit dieser Information nicht viel anfangen. Ich dachte, dass ich vielleicht ein bekannter Drehbuchschreiber wie Norman Lear werden würde und auch so eine Organisation gründen würde wie er. Dass ich anderen als Medium helfen konnte, war mir noch nicht einmal ansatzweise bewusst.

»Deine Mutter teilt dir mit, dass sie deine Führerin ist.«

Das erleichterte mich sehr.

Brian fuhr fort:»Und sie will dich wissen lassen, dass sie auch weiterhin über dich wachen wird.«

Ich kann das Gefühl, das dieser Satz in mir auslöste, nur so beschreiben: Mir war, als streichle jemand mein Herz. Mehr war dazu nicht zu sagen. Ich wusste nun, dass meine Mutter immer bei mir sein würde.

Ein ganz individueller Prozess

Niemand ist auf den Tod seiner Eltern je wirklich vorbereitet. Möglicherweise glauben wir, die Ausnahme von dieser Regel zu sein. Aber das stimmt nicht. Was ich durchlebte, als meine Mutter starb, ist normal: Zuerst kommt der Schock, dann das Nicht-wahrhaben-Wollen. Ich weiß noch genau, wie zornig ich auf Gott war, weil »Er« es zugelassen hatte. Wenn ich aber heute zurückblicke, erkenne ich, dass der Tod meiner Mutter bei mir eine enorme Entwicklung in Gang gesetzt hat. Ich lern-

55

te, dass das Ende der physischen Existenz nicht das Ende des Lebens ist. Der Schmerz, den ich dabei empfand, war sehr real. Er kostete mich viel, doch Stück für Stück gewann ich danach meine Kraft zurück, Tag um Tag. Mit der Zeit verging der Kummer, und meine Wunden heilten.

Der Trauerprozess kennt keine Regeln. Jeder von uns geht mit einer Verlusterfahrung anders um. Doch gibt es ein Sprichwort, das auch für einen Trauerfall gilt: *Wenn eine Tür sich schließt, geht eine andere auf.* Wenn wir sehen können, dass der Tod wie eine sich schließende Tür ist, ziehen wir auch Trost aus der Vorstellung, dass sich in ebendiesem Augenblick eine andere Tür öffnen wird.

Mittlerweile arbeite ich schon seit mehreren Jahren als Medium und nehme praktisch täglich Kontakt zur Geistwelt auf. Und doch überrascht es mich immer wieder, wie der Kontakt zur anderen Welt das Leben eines Menschen verändert, wenn ich für ihn ein Reading mache und ihm gleichsam die Tür öffne. Die Furcht vor dem Tod schwindet, und das Leben bekommt eine völlig neue Dimension. Die meisten Menschen allerdings haben nie Kontakt zu einem Medium oder zur Geistwelt. Aber das ist auch nicht nötig. Man kann sich der eigenen Spiritualität auch auf anderem Wege bewusst werden – durch Meditation oder Gebet beispielsweise. Spiritualität ist unser Geburtsrecht. Wir sind zuerst und vor allem spirituelle Wesen, auch wenn das letztlich nicht so ganz einfach zu begreifen ist. Wir sind geistige Wesen, die in einer materiellen Welt und in einem physischen Körper leben. Doch wenn wir erst einmal anerkennen, dass wir eigentlich Geist sind, finden wir in der Geistwelt eine reiche Quelle der Hilfe und Unterstützung.

Trauer ist eine gute Möglichkeit, zu wachsen, zu verstehen und uns selbst zu erforschen. Tränen waschen die Fenster unserer Seele rein. Manchmal glauben wir, unser Herz sei gebrochen und könne nie wieder heil werden. Doch wenn es gebrochen ist, dringt auch mehr Seelenlicht ein. Die große Lektion des Todes hat nichts mit Vorwürfen, Schuld oder Wut zu tun. Der Tod lehrt uns die Liebe. Eine Tür schließt sich, damit eine andere sich öffnen kann. Die Trauer soll uns als spirituelles

Werkzeug dienen, das uns zu mehr Freude, Produktivität und Sinn im Leben verhilft. Deshalb möchte ich Ihnen an dieser Stelle noch einige Erfahrungen von Menschen vorstellen, die ebendiesen Weg gegangen sind. Sie haben den Tod eines nahe stehenden Menschen als Gelegenheit zum Wachstum angenommen, nehmen jetzt mehr am Leben teil und sind für die Gemeinschaft nützlicher geworden. Wie viel Mut, Glauben und Stärke Menschen in Extremsituationen aufbringen, erfüllt mich immer wieder mit Ehrfurcht. Wir gewinnen an Größe, wenn wir durch das Fegefeuer des menschlichen Herzens gehen, um jenseits davon geläutert aufzutauchen – mit einem klareren Verständnis für das Leben selbst. Lässt der Schmerz jemals wieder nach? – Das liegt ganz am Einzelnen. Manchmal weist uns der Schmerz den Weg zum Wachstum. Dann werden wir nicht seine Gefangenen. Ich bitte daher jeden Einzelnen von Ihnen darum, den Tod als Pforte zu einem höheren Leben anzusehen, wie meine Mutter es mich lehrte. Hätte ich mich in der Trauer um sie verloren, hätten sich mir die spirituellen Dimensionen vielleicht nie erschlossen. Und ich wäre heute nicht in der Lage, so vielen Menschen über ihren Schmerz um den Tod eines lieben Menschen hinwegzuhelfen. Das Königreich des Himmels steht jedem offen. Denn wie einer der großen Meister dieser Erde einst sagte: Klopfet an, so wird euch aufgetan.

Peggys Mutter

Das folgende Reading war für mich damals wirklich erschütternd. Die Frau, um die es ging, war voller Selbstverachtung, Ärger, Schuldgefühle und Bitterkeit. Zunächst wollte ich das Folgende gar nicht veröffentlichen, doch sie selbst bat mich schließlich darum, da sie dieses Erlebnis als den Wendepunkt in ihrem Leben betrachtete, an dem ihre Heilung einsetzte. Und sie hatte das Gefühl, ihr Erlebnis könne anderen Menschen, denen es ähnlich ergeht, vielleicht helfen. Also stimmte ich zu. Ich lernte Peggy bei einem meiner Workshops kennen. Ihre Freundin Natalie hatte sie zum Mitmachen überredet. Etwa die Hälfte der Readings war vorüber, als ich eine weißhaarige Geistfrau sah, die hinter einer ziemlich übergewichtigen Dame stand. Die Frau mit den weißen Haaren sah ein bisschen schlampig aus. Sie hatte ihre Hände auf die Schultern der Dame gelegt und schüttelte sie so, dass ihr Kopf von einer Seite zur anderen flog.

Diese Szene erweckte mein Interesse und so fragte ich die Dame vor mir:»Darf ich mit Ihnen arbeiten und Ihnen eine Botschaft aus der Geistwelt übermitteln?«

Entsetzt sah sie mich an:»Mit mir? Sie wollen mit mir sprechen?«

Ich nickte. Ihre Freundin ermutigte sie, und so stand sie auf. In diesem Moment wusste ich von ihr noch gar nichts. Der Geist hinter ihr war zur Seite geglitten und sah mich misstrauisch an. Ich hatte das deutliche Gefühl, etwas falsch gemacht zu haben.

»Neben Ihnen steht eine Frau. Sie ist etwa 1,68 Meter groß. Ihr weißes Haar ist streng zurückgekämmt. Sie trägt ihre Brille an einer Kette um den Hals. Sie steht rechts von Ihnen, das heißt, es ist entweder Ihre Mutter oder eine Verwandte aus ihrer mütterlichen Linie. Können Sie damit etwas anfangen?«, fragte ich.

Die Frau hob ganz langsam den Kopf und flüsterte:»Ja, wahrscheinlich schon.«

Ich bat sie, das Mikrofon näher an ihren Mund zu halten, während ich versuchte, Botschaften von der strengen Gestalt an ihrer Seite aufzunehmen.

»Sagt Ihnen der Name Addie oder Adelaide etwas?«

»Ja, das ist meine Mutter.«

»Ihre Mutter schrie ziemlich viel, nicht wahr? Sie brüllt gerade in mein Ohr. Ich versuche ihr gedanklich mitzuteilen, dass ich sie gut hören kann und sie nicht zu schreien braucht. Sind Sie Lehrerin?«, fragte ich weiter.

Kleinlaut antwortete sie:»Ja.«

»War Ihre Mutter auch Lehrerin?«

»Ja, aber nur in Teilzeit. Ich hingegen sollte immer in Vollzeit arbeiten.«

»Ich möchte ja nicht unhöflich sein, aber Ihre Mutter ist wirklich ziemlich grob zu mir. Sie ist gewohnt, das zu bekommen, was sie haben möchte, oder?« Ich sah Peggy an und wusste, dass ich Recht hatte.

Dann sah ich ein paar schreckliche Szenen vor meinem geistigen Auge. Peggy war ein junges Mädchen und wurde schlimm verprügelt. Ich begriff sofort, was da los war, und bat sie, anschließend noch zu einem privaten Reading zu mir zu kommen.

Wenn ich Interviews gebe, fragt man mich häufig, weshalb niemals Geister aus der Hölle zu mir kommen. Derartige Fragen zeugen von einer eher biblischen Auffassung der Hölle als real existierendem Ort der Verdammnis. Solch eine Sichtweise der Hölle ist aber letztlich nur der Versuch, den Menschen Angst einzujagen und sie zu kontrollieren. Diese Angst ist mittlerweile in unserem Unbewussten fest verankert. Meine Erfahrung als Medium aber sagt mir, dass die Hölle kein Ort ist, sondern ein Geisteszustand. Ein Wesen, das sich in diesem Zustand befindet, wird ständig von der Erinnerung gepeinigt, welche Qualen es anderen verursacht hat. Je größer der Schmerz ist, den dieses Wesen anderen zugefügt hat, umso tiefer versinkt es im »Höllenzustand«. Geister mit ähnlichen Prägungen ziehen einander in der Geistwelt an. Dadurch entsteht eine Dimension, die man sehr wohl als »Hölle« bezeichnen könnte.

Ich konnte sehen, dass Peggys Mutter immer noch an ihrer irdischen Existenz hing und versuchte, ihre Tochter aus der anderen Welt zu kontrollieren.

Als ich mit Peggy allein war, setzte ich das Reading fort.

»Ihre Mutter sagt, dass Sie es nicht besser können und dass Sie dumm sind.«

Peggys Augen füllten sich mit Tränen. »Sie sagte immer, ich sei dumm. Mutter war die Kluge. Sie sagte zu mir, ich käme nach meinem Vater.«

Mein Herz öffnete sich dieser armen Frau, die überhaupt kein Selbstwertgefühl hatte.

»Ihre Mutter redet über einen Eimer. In dem Eimer ist Wasser. Jetzt sehe ich, dass es drei Uhr ist. Ihre Mutter redet von einem Handtuch. Sagt Ihnen das etwas?« Ich wusste nicht, worum es dabei ging, Peggy hingegen sehr wohl. »Sie sagt immer noch, dass Sie es nicht richtig machen. Wo ist das Abendessen? Sie spricht davon, dass das Abendessen verbrannt ist. Sie schimpft, weil Sie das Abendessen haben anbrennen lassen. Stimmt das?«

Peggy kaute auf ihrer Unterlippe, richtete den Blick zu Boden und nickte.

»Und sie spricht über Bücher. Jetzt wird sie ziemlich laut. ›Du machst alles falsch‹, sagt sie. ›Die Bücher sind nicht richtig geordnet.‹«

Mittlerweile liefen Peggy Tränen über die Wangen. Sie wollte etwas sagen, brachte aber nichts heraus. Ich wartete ein wenig und wollte gerade weitermachen, als Peggy plötzlich laut aufschrie.

»Zur Hölle mit ihr! … Wie konnte sie das nur tun? Ich habe mein Bestes gegeben, aber es war einfach nie genug. Zur Hölle mir dir, Mutter!«

Peggy richtete sich zu ihrer vollen Größe auf und fuhr fort: »Wie konntest du mich allein lassen? Ich habe alles getan, was du wolltest. Ich habe dich zum Arzt gebracht, dich sauber gemacht, das Haus geputzt. Was habe ich denn falsch gemacht?«

Peggys Wut auf ihre Mutter stieg. Offensichtlich hatte sie diese Gefühle schon sehr lange Zeit zurückgehalten. Meist kommt es während der Readings nicht zu solch emotionalen Entladungen, aber Peggy musste das alles einfach herauslassen. Daher ermutigte ich sie und sagte ihr, dass es gut für sie sei, ihre unterdrückten Emotionen zu äußern.

Nach einigen Minuten sank sie erschöpft in sich zusammen. Ich nahm sie in die Arme. »Alles wird gut. Es ist vorbei. Sie müssen sich damit nicht mehr auseinander setzen. Sagen Sie den schrecklichen Erinnerungen an Ihre Mutter einfach Ade. Sie sind ein wunderbarer Mensch. Sie müssen sich nicht an dem messen, was jemand anders in Ihnen sieht.«

Hinterher sprach ich mit Peggy darüber, was sie gerade erlebt hatte. Sie sagte, dass alles, was durch mich von der anderen

Seite gekommen sei, sie daran erinnert habe, welch eine schreckliche Zeit sie mit ihrer Mutter gehabt habe. »Ich war die perfekte Tochter. Ich tat alles, was meine Mutter mir sagte. Mein Vater verließ uns, als ich sieben war. Ich habe immer gedacht, es sei mein Fehler gewesen. Danach versuchte ich, Mutter alles recht zu machen. Meine Mutter ging nie gern aus dem Haus, aber hin und wieder musste sie nun einmal arbeiten. Danach ließ sie mich immer spüren, wie schwer sie arbeitete, und ich fühlte mich so schuldig, dass sie meinetwegen zur Arbeit musste. Jeden Nachmittag um drei Uhr musste ich sie baden. Wenn ich nur eine Minute zu spät kam, fing sie zu schreien an. Sie ließ mich auch kochen, sie selbst lag ja immer auf dem Sofa. Dann behauptete sie immer, ich hätte absichtlich das Abendessen anbrennen lassen. Ich weiß noch, dass ich Stepptanz lernen wollte, aber sie erlaubte es nicht. Sie hatte Angst, ich würde mir den Knöchel verstauchen und dann die Hausarbeit nicht mehr tun können.«

Peggy hat nie geheiratet. »Mom schärfte mir immer ein, dass man Männern nicht trauen könne. Sie kam nie darüber hinweg, dass mein Vater sie verlassen hatte.«

Ein Jahr zuvor war Peggys Mutter an einem Herzanfall gestorben. Peggy hatte sich nie erlaubt, über ihren Tod zu trauern. Sie tat weiterhin alles, was ihre Mutter von ihr verlangt hatte, wie ein Roboter. All die Verletzungen, die Vorwürfe und die Wut hatte sie tief in sich begraben.

Schließlich fragte Peggy ihre Mutter: »Warum hast du mich nicht geliebt?«

Ihre Mutter entgegnete: »Weil dein Vater dich mehr geliebt hat als mich.«

Ich bat Peggys Freundin, Natalie, herein. Zusammen berieten wir, was Peggy künftig tun sollte. Ich konnte Peggy überzeugen, dass es gut wäre, weiterhin mit ihrer Mutter zu sprechen und all ihre Gedanken zu diesem Thema in Briefen oder einem Tagebuch festzuhalten. Gewöhnlich braucht es Zeit, bis solche Gefühle aufgearbeitet sind, vor allem wenn unsere Emotionen von bösen Erinnerungen ausgelöst werden.

Wenn wir uns zu sehr mit einem Elternteil identifizieren, wie Peggy es getan hat, bleibt von unserem Selbst nur wenig übrig. Wir werden darauf programmiert, anderen zu gefallen, und denken an uns selbst zuletzt. Dadurch verlieren wir auf Dauer jede Selbstachtung. Peggys Beispiel zeigt, wie eng wir mit unseren Eltern verbunden sein können, auch wenn wir nicht gerade die beste Beziehung hatten. Wir haben uns an ihr Verhalten gewöhnt, und Gewohnheit ist einfach sehr bequem. Familiäre Beziehungen können sehr liebevoll und hilfreich sein, aber auch hart, kalt und grausam. Unsere Eltern geben an uns nur das weiter, was sie selbst kennen gelernt haben. Ist es etwas Negatives, so vererbt sich das Verhalten ungebrochen von Generation zu Generation, bis irgendjemand einmal das Zerstörerische in diesem Verhalten erkennt und etwas unternimmt, um die eingeschliffenen Muster zu verändern. Manchmal aber sind diese Altlasten so immens, dass wir den Teufelskreis negativer Impulse gerade dann durchbrechen müssen, wenn es am schwierigsten ist, zum Beispiel beim Tod eines Elternteils.

Bevor wir jedoch unser Leben verändern können, müssen wir schädliche Verhaltensmuster erst einmal als solche erkennen. Der Wunsch nach Veränderung führt zu einem Zwiespalt in Denken und Fühlen. Wir wissen nicht mehr, was wir tun sollen. Wenn wir in der Kindheit misshandelt wurden wie Peggy, dann fühlen wir uns einsam und verlassen. Manchmal scheint unser Zorn uns zu überwältigen. All diese Gefühle können sich auch auf der körperlichen und geistigen Ebene manifestieren. Doch wir müssen durch unseren Schmerz hindurchgehen, um auf der anderen Seite wieder als die einzigartigen Individuen aufzutauchen, die wir sind, um unsere eigenen Werte zu finden. Wie Peggy müssen viele von uns sich völlig neu entdecken. Meiner Erfahrung nach ist der Trauerprozess für jene am härtesten, die sich entschieden haben, ihr Leben auf positive Weise zu verändern. Denn dabei müssen wir gleichzeitig ein völlig neues Selbstbild erschaffen. Wir müssen ganz neu anfangen, lernen, was uns bisher nicht vertraut war.

Peggy war zweiundfünfzig Jahre alt und trug so viele alte Verletzungen mit sich herum, dass sie sicher weitere Hilfe brauchte. Ich schickte sie also zu einem für sie geeigneten Therapeuten, der ihr diese auch geben konnte. Peggys Reading ist für mich ebenfalls emotional anstrengend gewesen, aber ich wusste, dass es wirklich nötig war. Ich begleitete die beiden Freundinnen zur Tür und umarmte sie. Peggy sagte, sie habe Gott um Hilfe gebeten. »Ich glaube, meine Gebete sind endlich erhört worden«, meinte sie, bevor sie ging.

Wenn wir um unsere Eltern trauern, so muss das so geschehen, wie wir es brauchen. Dabei müssen wir uns zuerst einmal *von Vater oder Mutter verabschieden*. Ich kann gar nicht genug betonen, wie wichtig dieser Punkt ist. Wenn wir uns aber die Zeit nehmen, uns von ihnen zu verabschieden, dann sollten wir das im Geist der *Liebe* und *Vergebung* tun, ohne Vorwürfe und Wut. Also müssen wir unsere Beziehung so sehen, wie sie wirklich war. Wenn da noch Wut ist, sollten wir sie herauslassen. Erst dann können wir unseren Eltern wirklich verzeihen. Und Vergebung ist der erste Schritt zur Heilung.

NACHTRAG

Meine Sitzung mit Peggy liegt nun etwa sieben Jahre zurück. Seit diesem Tag arbeitet Peggy mit einem Therapeuten, was mich sehr freut. Teil ihres Heilungsprozesses waren verschiedene Kurse in Meditation und Massagetherapie. Vor zwei Jahren hat Peggy das Haus ihrer Mutter verkauft und ist mit ihrem Mann nach Las Vegas gezogen. Zurzeit arbeitet sie zum Teil als Lehrerin, zum Teil als Immobilienmaklerin und baut sich gerade eine Existenz als Reiki-Meisterin auf ... und sie geht ein paar Mal pro Woche zum Stepptanz.

Mein bester Freund

Ganz egal, wie erleuchtet ein Mensch ist oder wie viel Erfahrung mit dem Tod er hat: Wenn ein Elternteil gestorben ist, hört das Gefühl der Verlassenheit nie wirklich auf. Bestimmte Lieder, Geburtstage, Lieblingsmahlzeiten oder Orte erinnern uns immer wieder an sie. Dabei lässt man uns immer wieder wissen, wir müssten über den Tod unserer Lieben endlich hinwegkommen. Und wir fragen uns natürlich, ob mit uns etwas nicht stimmt, weil wir immer noch an diesen Menschen denken. Aber es ist schon in Ordnung, wenn man die Erinnerung an Verstorbene pflegt. Kommen uns solche Gedanken, dann sollten wir sie auch feiern: daran denken, wie unsere Mutter ein bestimmtes Lied sang oder wie wir mit unserem Vater gelacht haben.

Der nächste Fall erinnert mich immer daran, wie sehr wir einen Elternteil vermissen können. Wendy hatte eine recht enge Beziehung zu ihrem Vater:»Er war wirklich mein bester Freund. Wir haben zusammen gearbeitet, Reisen gemacht und das Leben genossen.« Als ihr Vater starb, kam Wendys Leben zum Stillstand. Der ganze Spaß, das ganze Vergnügen, alles schien mit einem Mal wie ausgelöscht.

Auf Drängen eines Freundes rief Wendy in meinem Büro an und bat um einen Termin. Sie sagte:»Das Leben hat überhaupt keinen Sinn mehr für mich. Ich fühle mich allein und verloren.« Wendy glaubte nicht so recht an die ganze Sache, doch sie wollte unbedingt wissen, ob ihr Vater vielleicht noch irgendwo um sie herum war und ob es ihm gut ging. Sie selbst schildert es so:»Ich weiß noch, wie ich an Ihre Tür geklopft habe und mir unglaublich dumm vorkam. ›Was machst du hier eigentlich? Niemand kann mit den Toten sprechen, auch dieser Typ nicht.‹«

Als Wendy kam, zog sie Fotos und andere Erinnerungsstücke an ihren Vater aus der Tasche, um sie mir zu zeigen. Ich bat sie, sofort damit aufzuhören.»Sagen Sie mir nichts, zeigen Sie mir nichts. Ich werde Ihnen etwas zeigen.«

Nach einem kurzen Gebet begann ich mit dem Reading.

»Hier ist ein Mann, der viel Liebe für Sie empfindet. Er steht links von Ihnen, daher glaube ich, dass er Ihr Vater ist. Er ist sehr glücklich, dass Sie heute hier sind, und sagt, dass es ihm gut geht. Er habe nie geglaubt, dass es Leben in dieser Form gebe.« Schon bei diesen wenigen Worten blühte Wendy auf.

»Er zeigt mir einen Innenhof. Ich sehe ihn dort sitzen, links und rechts neben ihm zwei Hunde.« Wendy unterbrach mich: »Ja, das ist richtig. Wir tranken jeden Morgen im Innenhof Kaffee.«

Ich sah, dass Wendy allmählich erkannte, dass sie hier wirklich mit ihrem Vater in Verbindung stand.

»Ihr Vater zeigt mir ein Bücherregal und sagt, dass er es schön findet. Es passe hervorragend in den Raum.«

»Ich habe letzte Woche ein Bücherregal in meinem Schlafzimmer aufgestellt«, erzählte Wendy.

»Nun zeigt er mir eine Frau. Ein dunkler Schleier umgibt sie. Sie hat vielleicht einen Tumor oder etwas Ähnliches. Könnte das Ihre Mutter sein?«

Wendy nickte: »Ja. Man hat bei meiner Mutter gerade Krebs festgestellt.«

»Ihr Vater lässt Sie wissen, dass sie wieder gesund werden wird. Sie sollten sich keine Sorgen machen. Er meint: ›Sie ist eine Kämpfernatur. Sie wird mit dem Krebs fertig werden.‹ Da ist noch jemand bei Ihrem Vater. Er singt ein Lied.« Ich begann, die Melodie zu summen, die ich hörte.

Wendy setzte sich verblüfft auf. Ihre Augen weiteten sich vor Erstaunen.

»Kennen Sie jemanden, der Peter heißt? Er ist bei Ihrem Vater und singt ihm etwas vor.«

Ich summte weiter. Das Lied hatte etwas mit Rio zu tun, und so fragte ich: »Ist Peter irgendwie mit Rio de Janeiro verbunden?«

Wendy sprang auf und rief: »Ja, ja. Das ist Peter Allen, der Songschreiber. Er landete einen Riesenhit mit ›When my baby goes to Rio‹. Mein Vater und er sind eng befreundet gewesen.«

»Peter erzählt, dass er der Erste gewesen sei, der Ihren Vater drüben in Empfang genommen habe. Sie amüsierten sich miteinander, wie sie das immer taten.«

65

»Das ist ja toll!«, meinte Wendy.
· Ich fuhr mit den Botschaften von Wendys Vater fort. Dabei sagte ich ihr bedeutsame Details im Hinblick auf ihre Beziehung.
»Ihr Vater liebt Sie wirklich sehr. Er sagt, dass er immer bei Ihnen sein werde. Wenn Sie je mit ihm sprechen wollten, werde er Ihnen zuhören. Sie würden niemals allein sein.« Da traten Wendy Tränen in die Augen.

Ich beendete das Reading, indem ich der Geistwelt für die Hilfe und Führung dankte, die sie uns zuteil hatten werden lassen.

Diese Sitzung half Wendy zu verstehen, dass der Tod nicht das Ende ihrer Beziehung zu ihrem Vater und Freund gewesen ist. Sie verließ mein Büro voller Lebensmut und fühlte sich wie neugeboren. Das einsame, kleine Mädchen hatte eine zweite Chance erhalten.

NACHTRAG

Meine Sitzung mit Wendy liegt nun fünf Jahre zurück. Seitdem hat sie ein neues Leben begonnen. Sie hat ein eigenes Unternehmen auf die Beine gestellt und hat damit großen Erfolg. Sie fliegt um die halbe Welt und ließ mich wissen, dass ihre Mutter den Krebs tatsächlich besiegt und sich allmählich erholt habe.

Während unseres Telefongesprächs sagte sie: »James, Sie haben mein Leben verändert. Jetzt kann ich mich nicht nur über die schönen Erinnerungen an meinen Vater freuen, sondern auch noch über Dinge, die er mich lehrte. Er hat mein Leben wahrhaft inspiriert. Ich habe gelernt, über mich hinauszuwachsen, nach den Sternen zu greifen und wirklich Spaß am Leben zu haben. Was noch wichtiger ist: Er hat mir beigebracht, Freunde und Familie hoch zu schätzen. Sein Beispiel lehrte mich, für die Menschen da zu sein, die mich brauchen, und die mir Nahestehenden nach Kräften glücklich zu machen. Ich habe seinen Rat immer ernst genommen. Was er mich über die Liebe gelehrt hat, hat mich glücklich gemacht.«

Für Wendy wurde der Tod ihres Vaters zur Gelegenheit, das Leben aus einem neuen Blickwinkel zu sehen. Wie sie selbst sagte:»Ich weiß nun, dass ich meinen Vater nie verloren habe. Wir haben jetzt nur eine andere Beziehung. Ich spüre die Gegenwart meines Vaters mit Herz und Seele. Er ist immer bei mir. Ich bin Ihnen so dankbar, dass Sie mich auf den Pfad des Lebens zurückgeholt haben. Jetzt weiß ich, dass es einen Himmel gibt und dass Dad dort ist. Eines Tages werden wir wieder zusammen sein.«

Lebwohl, liebe Großmutter!

Großeltern sind etwas ganz Besonderes. Die meisten von ihnen entwickeln sich schnell zu leidenschaftlichen Fans der Enkelkinder. Anders als unsere Eltern scheinen sie weder unsere Fehler noch unsere schlechten Angewohnheiten zu sehen. Großeltern haben eine fantastische Gabe vervollkommnet: Sie können anders sehen. In ihren Augen sind wir wundervolle, strahlende Wesen. Daher wirft man ihnen auch vor, dass sie die Enkel verwöhnen. Sie geben uns so viel Liebe und Aufmerksamkeit, gewöhnlich in Form von Geschenken oder unserer Lieblingsspeise. Sie drücken ihrem Enkelkind am Ende des Besuchs einen Kuss auf die Wange und winken freundlich aus dem Auto heraus, wenn sie nach Hause fahren. Großeltern sind längst nicht so sehr mit der Kindererziehung beschäftigt wie die Eltern. Sie haben viel mehr Raum für Toleranz. Doch ich glaube auch, dass Großeltern einfach begriffen haben, dass Liebe letztlich das ist, was wirklich zählt.

Viele Menschen haben die warme, bedingungslose Liebe ihrer Großeltern nie erfahren können, weil diese schon vor ihrer Geburt gestorben sind. Was diese Menschen über ihre Großeltern wissen, ist nur, was Eltern, Onkel und Tanten über sie erzählen oder was sie durch vergilbte Fotografien in einem alten Album erfahren. Sie haben keine Erinnerung an die Scherze des Großvaters oder die liebevollen Umarmungen der Großmutter.

Diejenigen unter uns aber, die ihre Großeltern kannten, werden ihnen wohl immer einen besonderen Platz in ihrem Herzen einräumen. Sie werden sie immer besonders lieb haben. Ich habe mit vielen Menschen gearbeitet, an denen die Großeltern quasi Elternstelle vertreten haben. Wenn Großeltern ein Kind erziehen, dann tun sie es mit viel Liebe, weil sie das Gefühl haben, den abwesenden Elternteil irgendwie ersetzen zu müssen. Sie wollen ja schließlich, dass das Kind sich geliebt fühlt. Daher kann auch der Tod der Großeltern eine extrem schmerzhafte Erfahrung sein.

Als ich zur Welt kam, waren bereits drei von meinen Großeltern verstorben. Die Mutter meines Vaters aber, Ethel Burrows van Praagh, lebte noch. Meine frühesten Erinnerungen an sie zeigen sie in ihrem Zwei-Zimmer-Apartment in der 74. Straße in Jackson Heights, New York. Mein Vater brachte mich des Öfteren für ein Wochenende zu ihr. So wurden wir wirklich gute Freunde.

Am Ende der Straße war eine der größten S-Bahn-Haltestellen. Ich war etwa fünf oder sechs Jahre alt, als Großmutter mich bei der Hand nahm und mit mir zu der Brücke marschierte, unter der die Züge hindurchfuhren. Ich weiß noch, wie aufgeregt ich war. Wenn einer der Züge pfeifend im Bahnhof ein- oder ausfuhr, schrie ich vor Vergnügen auf.

Da das Apartment meiner Großmutter an einer Hauptstraße lag, gab es dort immer ziemlich viel zu sehen. Die Leute kauften in den Läden ein und eilten geschäftig zur U-Bahn. Am schönsten waren unsere Nachmittage. Meine Großmutter kam aus England, daher nahm sie regelmäßig ihren Nachmittagstee. Um punkt sechzehn Uhr kam alle Geschäftigkeit zum Stillstand. Einzig ihr Teekessel pfiff noch. Ich liebte es, wenn sie ihren Tee trank, während ich meine heiße Schokolade schlürfte. Wenn die Tassen leer waren, setzte Großmutter sich in den großen Sessel neben dem Wohnzimmerfenster. Ich kletterte auf ihren Schoß, und zusammen sahen wir aus dem Fenster und betrachteten die Welt, die dort draußen vorbeizog. Manchmal winkten wir den Vorübereilenden zu und dachten uns Geschichten über diese Menschen aus. Hin und wieder sah uns jemand und kam herüber, um mit uns zu plaudern. Das war wirklich toll. In diesem Sessel am Wohnzimmerfenster erhielt ich meine ersten Lektionen über das Leben.

Meine Großmutter erzählte mir gern von England, wo sie auf dem Land aufgewachsen war. Sie liebte es zu reisen. Oft sagte sie: »Reisen sind die beste Schule, die du besuchen kannst.« Ich hörte ihr zu und staunte über die fernen Orte, die sie mir so lebendig beschrieb. Meine Großmutter war es auch, die mir beibrachte, Menschen zu helfen. Das folgende Beispiel mag dies verdeutlichen. Sie hatte immer eine Tasse mit Kleingeld in der Garderobe stehen. Als ich sie eines Tages fragte, wozu diese gut sei, antwortete sie: »Weißt du, wenn ich aus dem Fenster sehe, dann kommen oft Leute und parken, haben aber kein Kleingeld für die Parkuhr. Also gebe ich ihnen ein paar Münzen.«

Zu meinen schönsten Erinnerungen gehört der Abend, als mein Vater mich bei ihr absetzte, bevor er nach Manhattan weiterfuhr. Ich öffnete die Tür und sah neben ihrem Wohnzimmersessel einen zweiten Sessel für mich stehen. Sie sagte: »Du brauchst nun einen eigenen Sessel. Wenn wir jetzt zusammen aus dem Fenster sehen, hast du eine viel bessere Sicht.« Wir verbrachten Stunden in diesen beiden Sesseln. Sie erzählte mir Geschichten, und ich lernte, die Welt mit ihren Augen zu sehen. Heute steht dieser kleine Sessel immer noch an einem Fenster meines Hauses.

Ich war vierzehn, als meine Großmutter starb. Mit ihrem Tod war meine Kindheit endgültig vorüber. Ich werde nie den düsteren Morgen vergessen, an dem meine Mutter zu mir ins Zimmer trat und sagte: »Großmutter ist heute Nacht gestorben.« Zuerst konnte ich es kaum glauben. Es war ein regelrechter Schock für mich. Den Rest des Tages zog ich mich zurück und sprach mit niemandem, weil niemand verstehen konnte, welches Band es war, das mich und meine Großmutter verbunden hatte. Ich war so unglücklich und fühlte mich allein gelassen. Ich wusste nicht recht, was ich tun sollte, also schrieb ich ihr einen Brief.

Am Tag der Beerdigung fuhr ich mit meinem Vater zum Friedhof und stand an ihrem Grab. Unter Tränen las ich ihr den Brief vor. Für mich war das die letzte Umarmung, der letzte dicke Kuss.

Liebe Oma,

ich kann nicht glauben, dass du nicht mehr da bist, um meine Hand zu halten und über mein Gesicht zu streichen, um mit mir Kuchen zu essen oder Lutscher und Marmeladebrote. Danke, dass du immer die harte Kruste gegessen hast. Ich werde immer daran denken, wie du mich im Park auf der Schaukel angeschubst hast. Du konntest das immer am besten. Irgendwie scheinst du immer gewusst zu haben, wie hoch ich hinaus wollte. Alles hast du immer genau zur rechten Zeit und auch sonst ganz richtig gemacht. Nun werde ich versuchen, ein großer Junge zu sein und nicht zu weinen. Ich weiß, du würdest meine Tränen nicht gern sehen. Du würdest wollen, dass ich tapfer bin. Wenn ich abends schlafen gehe, werde ich an die Zeit denken, die wir gemeinsam an deinem Fenster verbracht haben. Und an all die Geschichten über England, die du mir erzählt hast. Ich stelle mir vor, wir beide wären zwei Drachen und würden über der S-Bahn-Haltestelle dahinfliegen. Ich hoffe, du bist glücklich dort, wo du jetzt bist. Eines Tages werden wir im Himmel zusammen glücklich sein.

Ich liebe dich
Jamie

Ich weiß noch, dass ich, während ich den Brief vorlas, eine kühle Brise an meiner rechten Seite spürte. Ich hob den Kopf, sah meinen Vater an und sagte zu ihm:»Oma geht es gut. Sie ist ganz nahe.« Meine Großmutter war es, von der ich lernte, was es bedeutet, dass Liebe niemals stirbt. Auch wir sterben nicht wirklich. Bis heute denke ich immer wieder an unsere Tage am Fenster. Und ich vermisse meine Großmutter.

Geschwister

Wenn Sie das Glück haben, Ihr Leben mit einem Bruder oder einer Schwester zu teilen, dann wissen Sie, dass die Herausforderungen der Geschwisterbeziehung uns immer einen Blick in eine andere Welt schenken. Wir lernen dabei nicht nur die positiven und negativen Seiten von uns selbst kennen. Geschwister zeigen uns außerdem, welche Strukturen in unserer Familie vorherrschen. Denn auch wenn wir letztlich zu einer Familie gehören, so sind unsere Geschwister doch Menschen mit eigenen Ansichten, die ihre ganz persönlichen Lektionen zu lernen haben. Und diese Menschen können uns als Freund oder Feind gegenüber stehen. Wenn das Leben uns prüft, dann ist das Mitgefühl von Bruder oder Schwester Balsam auf unsere Wunden. Geschwister können uns wirklich gute Ratschläge erteilen, weil sie uns sehr gut kennen. Andererseits kann gerade diese Tatsache dazu führen, dass wir zu hohe Erwartungen haben.

Wenn ein Bruder oder eine Schwester stirbt, verlieren wir manchmal auch einen guten Freund. Je nachdem, wie unsere Beziehung zu diesem Menschen war, kann es sein, dass wir das Gefühl entwickeln, die Freude, die wir mit ihm erlebt hatten, habe viel zu früh ein Ende gefunden. Das Leben ohne unseren Bruder oder unsere Schwester mag uns Furcht erregend erscheinen. Auch wenn wir uns nicht mehr so häufig gesehen haben wie früher, so fühlen wir uns doch, als sei ein Teil von uns mit diesem Menschen dahingegangen.

Aus spiritueller Sicht gibt es einen Grund dafür, dass Mitglieder einer Familie in diesem Leben zusammen sind. Sie gehören zu einer »Seelengruppe« – auch die Mitglieder Ihrer Familie sind Menschen, mit denen Sie bereits mehrere Existenzen gemeinsam verbracht haben. Höchstwahrscheinlich haben die familiären Positionen dabei gewechselt, während Sie alle zusammen Ihre geistigen Lektionen lernten. So können Ihre Geschwister Ihnen beispielsweise eine Lektion in Toleranz und Verständnis erteilen. Alle Mitglieder Ihrer Familie entwickeln sich in ihrem eigenen Rhythmus und ihrem persönlichen Tempo. Der Kreis der Familie ist der ideale Ort, um solche Lektionen zu lernen. Gewöhnlich wird über die Familie in den geistigen Reichen entschieden, in denen wir uns zwischen unseren Lebenszeiten aufhalten. Dort beurteilen wir selbst den Grad unseres geistigen Wachstums und legen fest, was wir noch lernen müssen. Die Mitglieder unserer Familie geben uns Gelegenheit, unsere Ängste zu besiegen, unsere Vorurteile abzulegen und unser Ego ins Gleichgewicht zu bringen.

Und natürlich ist es auch möglich, dass Sie mit Ihrer Familie bereits viele Lebenszeiten verbracht haben, was bedeuten würde, dass sich Karma aus früheren Existenzen angesammelt hat, das abgetragen werden muss. Karma sollten Sie sich vorstellen wie eine Art Konto, auf das man einzahlen muss und von dem man abheben kann. Karma muss nämlich nicht immer negativ sein. Es gibt auch gutes Karma. Wir kommen also häufig in einer bestimmten Position innerhalb des Familienkreises zur Welt, um im Hinblick auf unsere Familienmitglieder unser karmisches Konto auszugleichen. Man kann sich das auch vorstellen, als würde man gemeinsam zur Schule gehen. Wenn Ihr Bruder oder Ihre Schwester stirbt, ohne dass Sie Gelegenheit hatten, diese karmische Lektion gemeinsam durchzuarbeiten, kann der Schmerz über diesen Tod sehr tief gehen. Unbewusst haben Sie vielleicht das Gefühl, diese Gelegenheit zu innerem Wachstum verpasst zu haben, was Sie noch mehr trauern lässt. In diesem Fall sollten Sie sich klar machen, dass Sie beide Gelegenheit haben werden, das nachzuholen.

Unsere Familienmitglieder interessieren sich daher sehr für unser weiteres inneres Wachstum, auch wenn sie nicht mehr mit uns auf der Erde leben. Sie verfolgen unsere Fortschritte von den geistigen Reichen aus. Häufig werden sie so zu unseren Führern und versuchen, uns so gut wie möglich durch die Schule des Lebens zu helfen. Und warum auch nicht? Familienmitglieder sind auf geistiger Ebene eng miteinander verbunden. Schließlich schenken sie sich schon seit Jahrhunderten gegenseitig Liebe und Verständnis und teilen eine Vielzahl von Erfahrungen miteinander. Das ist doch ziemlich beeindruckend, wenn man es sich recht überlegt.

Schritte zur Heilung

- Erlauben Sie sich selbst, alle Stadien des Trauerprozesses zu durchlaufen.
- Sprechen Sie mit Ihren Geschwistern über den Verlust Ihrer Eltern. Jeder von Ihnen reagiert anders. Zu trauern ist für jeden Menschen anders. Projizieren Sie also Ihre Erwartungen möglichst nicht auf Ihre Familienmitglieder. Versuchen Sie, sich nicht gegenseitig mit Tadel und Schuldzuweisungen zu überhäufen. Die Zeit der Trauer ist dazu da, um alte Wunden heilen zu lassen, nicht um neue zu schaffen. Halten Sie zusammen!
- Überdenken Sie Ihre Beziehungen zu dem Verstorbenen. Was haben Sie von ihm gelernt? Wie hätte Ihr Leben ohne ihn oder sie ausgesehen? Sind Sie stolz auf etwas, das Sie von dem Verstorbenen gelernt haben? Machen Sie eine Liste mit allen positiven Eigenschaften des geliebten Menschen.
- Wenn es ein ungelöstes Problem mit einem anderen Familienmitglied gibt, schreiben Sie einen Brief, in dem Sie Ihre Gefühle darlegen. Oder sprechen Sie sie einfach laut aus. Sobald Sie Ihre negativen Gefühle losgelassen haben, ist in Ihrem Herzen wieder Raum für die Liebe.
- Wenn Sie mit Ihrem Vater oder Ihrer Mutter gelebt haben, bis er oder sie gestorben ist, ist Ihr Verlust besonders schwer. Machen Sie sich klar, dass Sie ein eigenständiger Mensch sind. Sie sind weder Ihr Vater noch Ihre Mutter. Übernehmen Sie die Verantwortung für Ihr eigenes Leben. Legen Sie fest, wie Sie es leben wollen. Sie müssen Ihre Entscheidungen nun nicht mehr mit dem verstorbenen Elternteil abstimmen.
- Vergeben Sie Ihren Eltern für alle Fehler, die sie gemacht haben. Sie haben versucht, das Beste aus der Information und der Erfahrung zu machen, über die sie zu jener Zeit verfügten. Eltern tun einfach das, was ihnen vertraut ist. Vergeben Sie ihnen, wenn sie zum Beispiel keine Liebe zeigen konnten. Lassen Sie sie los. Nur dann können Sie sich auf völlig neue Art und Weise selbst ausdrücken.

– Wenn ein Elternteil noch lebt, dann sollten Sie für ihn da sein. Erklären Sie ihm, dass der Tod des Partners nicht seine Schuld ist. Helfen Sie dem Überlebenden, seine Gefühle auszudrücken. Reden Sie mit ihm bzw. ihr. Sehen Sie gemeinsam die Sachen des Verstorbenen durch. Sprechen Sie über gemeinsame Erinnerungen. Das unterstützt den Heilungsprozess.

– Machen Sie sich klar, dass Sie nicht im selben Alter sterben werden wie Ihr Vater bzw. Ihre Mutter. Auch nicht an derselben Krankheit. Sie sind ein einzigartiges Individuum, das auf seinem eigenen geistigen Pfad wandelt.

– Werden Sie sich bewusst, dass der Tod ein natürlicher Prozess ist und nicht das Ende der Welt. Wenn alles andere fehlschlägt, atmen Sie einfach ein paar Mal tief ein und aus. Auf diese Weise gewinnen Sie Ihre Verankerung zurück.

– Danken Sie Ihrem Vater oder Ihrer Mutter dafür, dass er bzw. sie Ihnen das Leben geschenkt hat. Bedanken Sie sich bei Ihrem Bruder oder Ihrer Schwester, dass er bzw. sie das Leben mit Ihnen geteilt hat. Zum Andenken an Ihre lieben Verstorbenen können Sie in deren Namen Geld spenden. Wählen Sie eine Organisation, die diesem Menschen besonders am Herzen lag. Sie können zum Gedenken auch einen Baum pflanzen, ein Gedicht schreiben, ein Bild malen oder etwas anderes tun, das Ihre Kreativität Ihnen schenkt.

4

Der Lebenspartner

Für einen trauernden Partner gehört es zu den härtesten Erfahrungen überhaupt, nach dem Begräbnis in die leere Wohnung zurückzukehren. Wenn Ihr Partner stirbt, bricht Ihre bisherige Welt in Stücke. Als Erstes wird man von einer gewissen Lähmung befallen. Man fühlt sich, als lebe man in einem fremden Land, dessen Sprache man nicht beherrscht. Man hat die Kontrolle verloren, lebt in einem Albtraum, aus dem man nicht mehr erwacht. Man läuft herum, als würde man schlafwandeln. Und zwischendrin bringt einen der ungeheure Schmerz wieder zurück in die Welt der Wirklichkeit. Der geliebte Mensch ist tot. Man fühlt sich unvollständig und verletzlich. Nun gibt es niemanden mehr, für den es sich lohnt, am Morgen aufzustehen und am Abend schlafen zu gehen. Tatsächlich wollen Sie abends nicht allein ins Bett. Das ist ein ganz normaler Teil des Trauerprozesses.

Den Partner zu verlieren ist, als würde man einen Teil seiner selbst verlieren. Sie haben sich aufeinander verlassen, kannten sich gut, sind miteinander durch dick und dünn gegangen. Jetzt sind Sie allein, gerade wenn Sie Ihren Partner am dringendsten brauchen. Alles, was Sie zusammen aufgebaut haben, scheint nun bedeutungslos und leer zu sein. Sie fragen sich, was das alles soll, wenn Sie niemanden mehr haben, mit dem Sie es teilen können. Dabei ist nicht wichtig, ob Sie nur ein paar Monate oder ein paar Jahre zusammen waren. Ein wichtiger Teil Ihres Lebens ist weggebrochen. Es scheint Ihnen unmöglich, in einer Welt zu leben, in der es den geliebten Menschen nicht mehr gibt.

Was sich bei diesem Prozess abspielt, wurde mir klar, als meine Mutter starb. Sie und mein Vater hatten einander fast vierzig Jahre lang innig geliebt. Ich weiß noch, dass meine Geschwister und ich immer scherzten, sie seien wie Archie und Edith, ein altes Ehepaar aus einer Familienserie, das sich ständig neckte. Mein Vater war nicht der Typ, der seine Liebe offen zeigte, doch sie war da, verborgen unter dem ständigen Geplänkel, das sie miteinander hatten. Wie das Paar in der Fernsehserie hatten sie sich ein gemeinsames Ritual aufgebaut, das sie Tag für Tag einhielten. Waren sie das ideale Paar? Sicher nicht. Vielleicht haben sie ja auch des Öfteren darüber nachgedacht, getrennte Wege zu gehen, aber irgendwie schien das nicht die richtige Lösung zu sein. Früher ließ man sich nicht so einfach scheiden. Wenn man heiratete, dann hieß das:»in guten und in schlechten Tagen, bis dass der Tod euch scheidet«.

Am Tag, als meine Mutter starb, war mein Vater nicht mehr der Mann, den ich mein Leben lang gekannt hatte. Er sah aus, als habe man ihm den Boden unter den Füßen weggezogen. Er wusste nicht ein noch aus, war vollkommen erschüttert und hatte so gar nichts mehr mit dem selbstsicheren Mann gemein, der er sonst gewesen war. Niemand in meiner Familie hat meinen Vater je so verwirrt gesehen wie an diesem Tag.

Ich glaube, mein Vater hat den Tod meiner Mutter nie überwunden. Er vermisst sie heute noch. Er spricht immer noch stundenlang von ihrer ersten Verabredung. Er denkt viel an die »gute, alte Zeit« – die Musikstücke, zu denen er und Mutter getanzt haben; die Orte, an denen sie gewesen sind; die Freunde, mit denen sie ausgingen. Er spricht ihren Namen immer noch vor sich hin und verbringt einen großen Teil seiner Zeit damit, sich Bilder von ihr anzuschauen. Irgendwie wartet er wohl darauf, dass sie ihm antwortet. Wenn mein Vater ihr auch nie gesagt hat, dass er sie liebt, während sie noch lebte, so hat er das mittlerweile längst wieder gutgemacht. Es erstaunt mich immer von Neuem, wie unsterblich seine Liebe zu sein scheint. Ich glaube, er wird erst wieder richtig glücklich sein, wenn er in den Geistreichen mit ihr vereint ist. Der Teil von ihm, der 1985 starb, wird dann wohl erneut geboren werden. Und mit ihm sein charmantes Lächeln.

Emotionale Unterstützung suchen

Viele Kulturen und Traditionen auf der Welt haben Rituale entwickelt, um dem Menschen beim Verlust des Partners zu helfen. Die meisten Gesellschaften erkennen, wie wichtig es ist, den überlebenden Partner in den Wochen und Monaten nach dem Tod emotional zu unterstützen. Nur in unserer Gesellschaft ist der Trauernde ganz auf sich selbst gestellt. Witwe bzw. Witwer müssen sofort eine Unmenge von Formularen ausfüllen, als würden sie mal eben schnell ein Paket Aktien verkaufen. Meist haben sie gar keine Zeit und Muße zu trauern, weil sie so viel erledigen müssen: das Krankenhaus, der Vermieter, die Bank, das Begräbnis, die Rentenversicherung ... Innerhalb weniger Tage sollen sie sich ein neues Leben aufbauen und darin möglichst problemlos funktionieren. Das ist wohl kaum die richtige Methode, um trauernden Menschen bei ihren Problemen zu helfen.

Da die Zeit nach dem Tod eines geliebten Menschen eine enorme emotionale Belastung darstellt, braucht der »Überlebende« einen Freund, der ihm oder ihr zur Seite steht. Das kann ein Familienmitglied sein, jemand aus dem Freundeskreis oder aus einer Selbsthilfegruppe. Sich einen solchen Menschen zu suchen ist der erste Schritt, den jeder um einen Lebenspartner Trauernde meiner Ansicht nach unternehmen sollte. (Ein soziales Netz, das einen nach dem Tod des Partners auffängt, gehört zu den wichtigsten Dingen, wenn Sie mit der Trauer fertig werden wollen.) Dann ist jemand *für Sie* da. Sie müssen *nicht* alles allein durchstehen. Sie können mit ihm über das Sterben sprechen, die Begräbnisformalitäten diskutieren oder sich bei dem ganzen Papierkram helfen lassen.

Außerdem sorgt die Anwesenheit eines anderen Menschen dafür, dass unsere Trauer nicht überhand nimmt. Die »Nachwirkungen« eines Todesfalls können das Alltagsleben eines Menschen ganz schön aus dem Gleichgewicht bringen. Dann werden so einfache Aufgaben wie Wäschewaschen, Einkaufen, Kochen, Autofahren oder Bankgeschäfte mitunter zu viel. Das gilt vor allem dann, wenn diese Tätigkeiten bisher vom Partner erledigt wurden. So vertraute Dinge wie das Mittagessen oder das abendliche Schlafengehen sind plötzlich Quellen unsäglichen Schmerzes: Angst, Einsamkeit, Schwächezustände, Schlaflosigkeit, Depression und Erschöpfung nehmen nun den Platz des Partners ein. Da diese Zeiten des inneren Aufruhrs für den Trauernden durchaus bedrohlich sein können, ist es wichtig, bestimmte Warnsignale rechtzeitig zu erkennen. Dazu gehören zum Beispiel Gedanken an Selbstmord. Wenn Einsamkeit und Verzweiflung überhand nehmen, brauchen Sie therapeutische Hilfe.

Leider gibt es Menschen, die unfähig sind, jemand anderen um Hilfe zu bitten. Sie betrachten das als Schwäche, die für sie einfach nicht in Frage kommt. Das trifft vor allem auf ältere Menschen zu, die gewöhnt sind, ihr Leben auf eine ganz bestimmte Art zu leben. Um Hilfe zu bitten ist für sie gleichbedeutend mit Kontrollverlust und dem Eingeständnis ihrer Abhängigkeit von anderen. Dabei ist es so hilfreich, andere Menschen um Unterstützung zu bitten. Schließlich haben Sie mit dem Verlust Ihres Partners schon genug zu tragen. Der Alltagsstress hemmt nur den Prozess des Trauerns. Ich weiß, dass es schwierig ist, neue Menschen in Ihr Leben zu lassen, gerade jetzt, wo Ihr Partner für immer von Ihnen gegangen ist. Wie könnten Sie einem anderen Menschen je erklären, wie tief das Band reichte, das Sie mit Ihrem bzw. Ihrer Liebsten verband? Trotzdem müssen Sie keine Angst haben, um Hilfe zu bitten. Sie werden sehen: Es gibt Menschen, die warten nur darauf, Ihnen beizustehen.

Die Entwicklung der Seele

Das Leben hält für uns die unterschiedlichsten Erfahrungen bereit, und wir tun unser Bestes, um unser Schiff durch die verschiedenen Stationen unserer Reise zu steuern. Den harten Zeiten stehen Erfahrungen gegenüber, in denen alles ohne jede Mühe zu klappen scheint. So ist das Leben. Uns bleibt trotz allem immer die Hoffnung auf ein besseres Morgen. Unter all dem Chaos liegt letztlich eine geheime Ordnung. Wenn wir diese Ordnung stören, indem wir unseren begrenzenden Ängsten zu viel Raum geben, läuft unser Leben nicht so gut, wie wir das gern sähen. Doch natürlich fällt es uns schwer, im Tod des Partners irgendetwas Positives zu erkennen. Stattdessen glauben wir, dass uns das Glück nie wieder hold sein wird. Dabei steht die Pforte zum inneren Wachstum gerade jetzt weit offen. Wie deprimierend und zerstörerisch das, was im Moment geschieht, auch auf uns wirken mag, es kann sich auf positive Weise zum Wendepunkt unseres Lebens entwickeln. Was auch immer wir jetzt glauben, unser Leben ist noch lange nicht zu Ende.

In meinen Readings wird stets aufs Neue deutlich, dass wir auf diese Welt kommen, damit unsere Seele sich entwickeln kann. Zu den wichtigsten Lektionen hierbei gehört die Liebe. Es gibt viele Formen der Liebe. Mit jemandem sein Leben zu teilen ist eine davon. Eine Beziehung gibt uns Gelegenheit, karmische Bande, die wir im letzten Leben mit diesem Menschen geknüpft haben, aufzulösen. So wachsen wir sowohl als Individuum wie auch als Teil einer »Seelengruppe«.

Manchmal aber können wir die uns aufgegebenen Lektionen nicht zu Ende lernen, aus welchem Grund auch immer. Das nun folgende erste Reading zeigt uns eine Frau, die mit dem Leben nicht zurecht kam, weil sie kein Vertrauen in ihre Fähigkeiten entwickeln konnte. Sie war medikamentenabhängig, was ihren gesamten Stoffwechsel aus dem Gleichgewicht brachte. Was sie tat, warf das Leben ihres Mannes ebenso aus der Bahn wie das ihrer Kinder. Das Paar in der nächsten Sitzung erfüllte dagegen die ihm aufgegebenen karmischen Aufgaben. Es entwickelte gemeinsame Gedanken, Ideen und Anschauungen und verschmolz in Liebe und Verständnis zu einer Einheit. Für sie war das Leben wirklich schön. Wenn ein Mensch durch einen anderen dazu befähigt wird, seine Lebensaufgabe zu erfüllen, dann ist das Liebe in ihrer höchsten Form. Im dritten Reading dieses Kapitels geht es um eine andere Lebensaufgabe – um das Auflösen karmischer Bindungen aus einem früheren Leben. Die Bande der Liebe, die wir in einem

Leben knüpfen, halten uns nämlich so lange fest, bis wir die Lektion gemeistert haben, die unsere Seele sich vorgenommen hat.

Doch wie auch immer die karmische Seite unserer Beziehung aussieht, der Mensch, der trauernd zurückbleibt, muss mit einem Mal die emotionalen, körperlichen und spirituellen Aspekte des Lebens meistern, ohne den Partner an seiner Seite zu wissen.

Mein Beschützer

Um für mein zweites Buch *Jenseitswelten* zu werben, trat ich unter anderem in einer Fernsehsendung auf. Dort sollte ich Readings für Mitglieder des Fernsehteams und für Menschen aus dem Publikum halten. Ich kann mich noch gut erinnern, wie müde ich war, denn es war die letzte Station auf einer Reise durch zwanzig verschiedene Städte. Die Verleger wissen natürlich, dass diese Fernsehreadings für mich eine besonders gute Werbung sind. Leider sind sie sich kaum im Klaren darüber, wie viel Energie so ein Auftritt kostet und wie launisch Geister sein können.

Auch wenn der Mensch, der vor mir steht, den intensiven Wunsch verspürt, mit einem lieben Verstorbenen Kontakt aufzunehmen, kann ich nicht garantieren, dass der entsprechende Geist es ebenfalls will. Ich weiß jedoch, dass mein Auftritt vor den Kameras den Leuten ein besseres Bild davon vermittelt, was nach dem Tod wirklich geschieht, und ihnen so die Furcht davor nimmt.

Wie bei allen Fernsehsendungen, die ich mache, weiß ich vor dem Reading nichts über den Menschen, der sich dazu bereit erklärt. In diesem Fall nun fühlte ich mich mitten in der Sitzung zu einem Mann hingezogen, der im Publikum am Rand saß. Er sah nicht so aus, als wäre er sonderlich interessiert an einer derartigen Erfahrung. Als ich auf ihn zuging, lächelte er mich freundlich an.

»Hallo. Ich bin James«, stellte ich mich vor.

»Ralph«, gab er knapp zurück.

Ich erklärte ihm, dass ein Geistwesen mit ihm Kontakt aufnehmen wolle. Dann sprach ich ein Gebet, stellte mich auf seine Energie ein und spürte seine Angst und Trauer ganz unmittelbar. In den dunklen Augen dieses Mannes war eine tiefe Traurigkeit zu lesen.

Ich ließ meinen Geist ruhig werden und versetzte mich in einen empfangsbereiten Zustand. Anders gesagt: *Ich öffnete die Tore für die Geistwelt.* Sofort erschienen über seinem Kopf zwei goldene Ringe.

»Ich sehe über Ihrem Kopf zwei goldene, ineinander verflochtene Ringe. Wenn ich dieses Zeichen sehe, deutet dies gewöhnlich auf eine Ehe hin. Ich nehme an, Sie haben Ihre Frau verloren?«

Bevor er noch antworten konnte, sah ich eine dunkelhaarige Frau auf ihn zukommen. Das ist so ähnlich, als ob man ein Objekt mit der Kamera fokussiert. Das Bild wird langsam immer schärfer. Die Frau stand zu seiner Rechten und streckte die Hand nach seiner Schulter aus. Sie sah aus, als habe sie geweint.

»Ihre Frau ist hier«, sagte ich.

Er nickte zur Bestätigung.

»Sie schickt mir ein Bild mit Kindern. Sie vermisst ihre Kinder. Sie haben zwei Mädchen?«

»Ja«, sagte er, während ihm Tränen in die Augen stiegen.

Ich stellte mich weiter auf den Geist der Frau ein. Plötzlich entrang sich mir ein lautes Seufzen.

»Ihre Frau ist sehr unglücklich. Ich fühle eine tiefe Traurigkeit. Ihr emotionaler Zustand ist nicht sehr stabil. Sie wirkt ausgesprochen bedrückt. Und es tut ihr wirklich Leid, dass sie Ihnen und den Kindern so viel Kummer bereitet hat. Sie ist noch neu in den geistigen Reichen. Vermutlich ist sie noch kein Jahr dort.«

Wieder bestätigte Ralph das mit einem Nicken.

»Sie zeigt mir einen Weihnachtsbaum. Ihr Tod hatte etwas mit Weihnachten zu tun. Können Sie damit etwas anfangen?«

»Ja, sie starb am Tag nach Weihnachten.«

Plötzlich fühlte ich etwas Metallisches im Mund. Für mich bedeutet das immer, dass eine Feuerwaffe im Spiel ist. Mir wurde klar, dass die Frau die Waffe gebraucht hatte und dass niemand anders auf sie geschossen hatte. Aus zwei Gründen schloss ich auf einen Selbstmord: Erstens spürte ich, wie durcheinander sie war. Und zweitens wusste ich, dass sie selbst die Waffe besessen hatte. Manchmal zeigt man mir auch die Einzelheiten des Vorfalls.

Ich teilte Ralph mit, was ich erfahren hatte: »Ich denke, dass sie sich mit einem Gewehr erschossen hat.«

»Das ist richtig«, murmelte Ralph und rieb sich die Augen. Das Publikum hielt den Atem an.

»Ihre Frau sagt, dass sie ihre Arbeit hier unten nicht zu Ende führen konnte. Sie sagte, sie konnte das Leben, das sie sich vorgenommen hatte, geistig nicht bewältigen. Sie konnte ihr inneres Gleichgewicht einfach nicht mehr finden.«

Wieder nickte Ralph: »Ich wusste es. Ich wusste, dass es zu viel für sie war. Das wurde mir schon kurz nach unserer Heirat klar.«

»Ihre Frau gibt mir ein Gefühl, als habe sie Drogen genommen, Medikamente, um mit ihren Stimmungsschwankungen fertig zu werden. War sie depressiv?«

»Ja, sie nahm ein Mittel gegen ihre Depressionen. Und sie war bei einem Therapeuten in Behandlung«, antwortete Ralph.

»Die Chemikalien haben sie aus dem Gleichgewicht gebracht. Dieses Gefühl gibt sie mir jedenfalls.«

Ralph schien derselben Meinung zu sein.

»Sie sagt, sie beide hätten beschlossen, dieses Leben miteinander zu verbringen, um mehr über Nähe und Vertrauen zu lernen. Es tue ihr so Leid, dass sie ihr Versprechen nicht halten konnte. Sie lässt Ihnen ausrichten, dass Sie beide ein anderes Leben miteinander verbringen werden. Sie sagt, sie würden eine zweite Gelegenheit erhalten. Und sie möchte, dass ich Ihnen sage, dass sie an sich arbeitet, damit sie es beim nächsten Mal besser machen kann.«

Ralph war glücklich über diese Botschaft. Dann fragte er mich: »Weiß sie denn, wie oft ich an sie denke und dass ich sie immer lieben werde?«

Nach ein paar Minuten teilte ich ihm die Antwort seiner Frau mit: »Ja. Sie kann Ihre Gedanken lesen und bittet mich, Ihnen zu sagen, dass Ihre Liebe schon viele Äonen andauere. Sie wisse, dass sie immer einen Platz in Ihrem Herzen haben wird. Sie sagt, ich solle Ihnen mitteilen, dass Sie immer ihr Beschützer gewesen seien, nicht nur in diesem Leben, sondern auch in den Existenzen davor. Daher wird sie Sie immer so nennen: ihren Beschützer.«

Jeder Mensch im Raum war von der Kommunikation dieser beiden Liebenden tief berührt. Es herrschte vollkommene Stille.

Dann erklärte ich, dass Geistwesen unsere Gefühle und Gedanken kennen. Meist sogar besser, als wir glauben, denn sie sind geistige Wesenheiten, die gleichzeitig Eindrücke aus ebendieser Welt und von der Ebene, auf der wir leben, empfangen können.

»Ihre Frau spricht von einer Ihrer Töchter. Sie malt ein Bild von ihr? Sagt Ihnen das etwas?«

»Ja. Jody hat eine Kreidezeichnung von meiner Frau angefertigt. Sie hat sogar einen Preis dafür bekommen. Jetzt hängt das Bild am Kühlschrank.«

Ich sah Ralph in die Augen und sagte: »Ihre Frau möchte, dass die Mädchen einen kleinen Hund bekommen. Sie versuchte bereits, Ihren Geist in diese Richtung zu lenken.«

»Ja, genau. Erst gestern habe ich darüber mit den Kindern geredet, aber ich weiß nicht so recht ...«

Ich unterbrach ihn, bevor er noch zu Ende sprechen konnte. »Sie sagt, es sei wichtig, damit die Mädchen besser mit ihrer Trauer fertig würden. So könnten sie ihre Liebe auf ein anderes lebendiges Wesen übertragen und etwas über die Liebe lernen.«

Ralph lächelte, schien aber nicht sehr angetan von der Vorstellung. Die Energie im Raum ließ deutlich nach. Es war nun weit schwieriger, die Gedanken der Frau zu hören und zu fühlen. Doch da war noch eine Botschaft, die ich an ihn weiterleiten sollte.

»Ihre Frau möchte mit Ihnen über das Sofa sprechen. Sie ist bei Ihnen, wenn Sie abends fernsehen. Können Sie damit etwas anfangen? Sie meint, jetzt bräuchten Sie ja nicht mehr über das Programm zu streiten. Sie sitzt mit Ihnen auf dem Sofa.«

Ralphs Gesicht fing an zu leuchten.»Ich spüre, dass sie da ist. Wir haben jeden Abend zusammen ferngesehen und immer gestritten, was wir uns ansehen wollen. Dann haben wir uns meist eine Show angesehen, und sie ist in meinen Armen eingeschlafen. Ich habe sie im Schlaf beschützt.«

Danach lächelten Ralph und ich einander an und gaben uns die Hand.

Erst später habe ich die ganze Geschichte über Ralph und Stacey erfahren. Ralph erzählte mir, er sei in Brooklyn aufgewachsen. Er habe seine Frau auf dem College kennen gelernt. Sie seien mehrere Jahre zusammen gewesen, bevor sie schließlich geheiratet hätten. Nach fünf Jahren hätten sie zwei Mädchen bekommen, Jody und Debbie. Ralph habe im Büro des Staatsanwalts gearbeitet. Er habe seinen Job geliebt, sei mehrmals befördert worden und habe sich bald ein schönes Heim in einem Vorort leisten können. Er habe immer gedacht, sein Leben sei vollkommen. Er und Stacey, so meinte er, hätten den *American Dream* gelebt – Pfadfindertreffen und gemeinsame Arbeit beim Kinderschutzbund PTA. Für Ralph sei das ein gutes Leben gewesen.

Eines Abends aber sei er nach Hause gekommen und habe Stacey schlafend im Bett gefunden. Das Haus sei nicht aufgeräumt gewesen, und die Kinder hätten Hunger gehabt. Da sei ihm klar geworden, dass etwas nicht stimmte.

»Sie hatte in letzter Zeit immer häufiger unter Stimmungsschwankungen gelitten, aber damals sah ich sie zum ersten Mal so.«

Stacey erklärte ihm, sie habe eine Art Midlife-Krise. Und anfangs dachte Ralph auch nicht allzu viel darüber nach. Doch mit der Zeit wurden Staceys Stimmungsschwankungen immer schlimmer.

Eines Tages kam Ralph schon mittags nach Hause. »Es war einer der seltenen Tage, bei denen ich einmal früher aus dem Büro kam. Ich wollte Stacey überraschen.«

Ralph betrat das Haus leise durch die Hintertür. »Ich hatte gleich das Gefühl, dass es zu still sei«, sagte er. »Dann hörte ich ein Geräusch aus dem Keller. Ich öffnete die Kellertür und ging die Stufen hinunter.«

Als er unten ankam, sah er einen dunklen Schatten in einer Ecke des Raumes. »Durch das Kellerfenster drang ein wenig Sonnenlicht herein. Ich sah, dass es Stacey war, die dort an der Wand lehnte.«

Als Ralph näher kam, erkannte er schockiert, dass sie dalag wie ein Baby im Mutterleib. »Ich konnte nicht begreifen, was ich dort sah. Um ihren Oberarm war ein Gürtel geschlungen und auf dem Fußboden lag eine Spritze. Ich kniete nieder und rief ihren Namen.«

Aber Stacey war zu weit weg. Sie konnte ihn nicht hören. »Sie sah aus, als sei sie in einer ganz anderen Welt. Ich habe sie angeschrien, aber sie ist nicht aus ihrer Erstarrung erwacht.«

Ihm war klar, dass sie sofort Hilfe brauchte. Er trug sie die Treppen hoch und holte den Notarzt. Stacey wurde ins Krankenhaus gebracht. Sie hatte sich eine Überdosis gespritzt. So fand Ralph heraus, dass sie bereits seit über einem Jahr heroinabhängig war.

»Die Medikamente, die sie wegen ihrer Stimmungsschwankungen nahm, schienen ihr nicht mehr zu helfen. Sie sagte, sie fühle sich jeden Tag schlechter. Ich glaube, sie hatte einfach Angst vor dem Altwerden.«

Ralph erzählte, dass der Freund ihrer besten Freundin Stacey das Heroin besorgt hatte. Nach dem beinahe tödlichen Vorfall mit der Überdosis versprach Stacey ihrem Mann, eine Entziehungskur zu machen. »Eine Zeit lang sah alles so aus, als würden wir zur Normalität zurückkehren.«

Doch irgendwie spürte Ralph, dass etwas nicht stimmte. »Ich konnte es nicht genau festmachen«, meinte er. Doch dieses Gefühl nagte an ihm. Am Morgen nach Weihnachten kam das Ende.

Ralph wachte mitten in der Nacht auf. »Ich hörte nur einen dumpfen Knall.«

Um halb vier Uhr morgens fand Ralph seine Frau zusammengesunken im Badezimmer: »Sie hatte sich den Kopf weggeschossen.«

NACHTRAG

Mein Reading mit Ralph liegt nun fast ein Jahr zurück. Und vor kurzem haben wir über seinen Trauerprozess gesprochen.

»Ich vermisse Stacey immer noch sehr, aber zu wissen, dass sie noch da ist und uns nicht verlassen hat, half mir sehr«, meinte er.

Er erzählte, dass er jetzt mit Freunden sprechen könne, die über Stacey und ihr Drogenproblem Bescheid wussten. »Es tat so gut, mit Menschen zu reden, die wussten, was ich hinter mir hatte.«

Ralph ermutigte seine Kinder, ruhig mit ihrer Mutter zu sprechen, doch die Mädchen schienen diese Aufforderung gar nicht zu brauchen: »Sie wissen, dass ihre Mutter jetzt ein Engel ist, der über sie wacht.«

»Ich feiere immer noch ihren Geburtstag«, berichtete er.

Jetzt, so meinte er, könne er erst richtig verstehen, dass dieses Erlebnis einen Grund gehabt habe.

Dann aber sagte er etwas, das mich erstaunte: »Ich denke sogar darüber nach, dass ich eines Tages jemanden finden möchte, den ich wieder lieben kann. Es wird sehr schwer sein, eine andere Person in Staceys Fußstapfen treten zu lassen, doch ich will es wenigstens versuchen.« Beide waren wir uns einig, dass das ein gutes Zeichen sei.

»Stacey steht immer noch mit mir in Verbindung. Manchmal spüre ich sie. Hin und wieder fällt etwas vom Regal, und ich weiß, dass sie es war.«

Er berichtete, dass er und seine Töchter häufig von Stacey träumen. Dann sieht sie friedlich und glücklich aus. In einem seiner Träume spazierte er mit Stacey durch ein schönes Holzhaus mit von Hand gemachten Möbeln und schönen Bildern an den Wänden. Aus dem Fenster fiel der Blick auf einen stillen See, der ihm irgendwie vertraut war.

»Dieser Traum hat mir viel bedeutet.« Er und Stacey hatten sich immer ein Holzhaus an einem See gewünscht und dafür auch gespart. Er hatte das Gefühl, dass Stacey jetzt in der anderen Welt dieses Haus erbaut hatte. »Eines Tages werden wir wieder zusammen sein und das Haus gemeinsam genießen.«

Angehörige von Selbstmördern

In meinem ersten Buch *Und der Himmel tat sich auf* ist ein ganzes Kapitel dem Selbstmord aus spiritueller Sicht gewidmet. Seit der Veröffentlichung fragt man mich immer wieder, was mit Menschen geschieht, die Selbstmord begangen haben. Meist geht es darum, ob ein Selbstmörder wegen seiner Tat nun an einen Ort wie die Hölle oder das Fegefeuer verbannt ist. Angehörige von Selbstmördern fühlen sich oft schuldig. Sie denken, sie hätten die Tat verhindern können, wenn sie nur ... Diese Vorstellung ist verständlich, aber völlig fehl am Platze.

Ein Selbstmord ist gewöhnlich nicht so leicht zu verstehen. Er kann viele Ursachen haben. Aber Geistwesen, die im früheren Leben Selbstmord begangen haben, übermitteln mir meistens, dass ihnen die Tat Leid tut. Viele Seelen, die in diesem Leben Selbstmord verüben, haben das auch schon in früheren Existenzen getan. Sie kehren auf die Erde zurück, um mit ihrer Neigung zum Selbstmord fertig zu werden, schaffen es aber nicht. Daher werden sie wiedergeboren, bis sie ihre Lektion gelernt haben.

Dann gibt es Seelen, die geistig oder körperlich (biochemisch) aus dem Gleichgewicht geraten. Dazu gehört auch Stacey. Diese Seelen wissen nicht, was sie tun. Wenn sie in die andere Welt gehen, finden sie sich zuerst in einer Art Krankenhaus wieder, in dem sie behandelt werden.

Manche Seelen kehren einfach zu bald zurück. Ausführlichere Informationen dazu finden Sie in meinem zweiten Buch *Jenseitswelten*. Diese Seelen haben sich in den geistigen Reichen nicht ausführlich auf ihre Rückkehr zur Erde vorbereitet. Sie sind sich ihrer Lektionen noch nicht ausreichend bewusst, und wenn sie auf der Erde sind, spüren sie, dass es nicht der richtige Ort für sie ist. Diese Seelen wissen einfach, dass sie nicht hierher gehören, weil sie noch nicht für eine weitere Lebenszeit im Reich der Materie bereit sind.

Wenn ein Mensch Selbstmord begeht, hat er noch viel zu lernen, bevor er auf der »anderen Seite« in die höheren Himmelsregionen aufsteigen kann. Sobald die Seele sich ihres

Selbstmordes bewusst wird, kann sie um Hilfe bitten. Die Geistführer sind immer da, um denen zu helfe, die das brauchen. Jeder kann in der geistigen Welt aus seinen Fehlern lernen, doch ob er es tut, das ist einzig und allein seine Entscheidung. Daher bitte ich die Menschen stets, für die Verstorbenen zu beten. Ihre Gebete trösten nicht nur sie selbst. Die Liebe und die guten Absichten, die hinter Ihrem Gebet stehen, helfen den Seelen, auf ihrem geistigen Pfad vorwärts zu schreiten.

Und die Liebe höret nimmer auf ...

Wir Menschen wissen zwar, dass die Liebe existiert, doch was sie eigentlich ist, ist den meisten von uns nicht klar. Denken Sie nur daran, wie oft Sie sich oder anderen Menschen gesagt haben:»Ich liebe dich. Ich liebe meine Kinder. Ich liebe meinen Beruf.« Ich bin sicher, dass wir alle Beispiele für wahre Liebe in unserem Leben finden können, aber können wir sie auch nur annähernd begrifflich beschreiben? Wir spüren sie, denken darüber nach, romantisieren sie, erfahren sie. Doch wenn man uns um eine Definition bittet, bleiben wir stumm. Weshalb ist Liebe so schwierig zu definieren? Vielleicht weil die Antwort so einfach ist, dass wir sie nicht begreifen.

Liebe ist alles. Liebe ist die Energie des Universums. Die göttliche, unsichtbare, einende Kraft, die alles zusammenhält. Sie ist in uns, um uns herum und sie verbindet uns mit anderen. Alles und jedes ist von Liebe durchdrungen. Für die Liebe gibt es keine Grenzen. Sie gehört keinem Glaubenssystem, keiner Ideologie an. Sie ist keinen Vorurteilen unterworfen. Niemand kann sie kontrollieren oder manipulieren. Die Liebe ist das einzig wirklich Wahre auf dieser Welt. Das Einzige, was wirklich existiert. Wir sind aus Liebe gemacht. Und doch erkennen wir sie so selten – sowohl bei uns als auch bei anderen Menschen.

Alle sind wir Teil dieses liebenden Bewusstseins. Wenn wir begreifen, dass alles und jedes aus demselben göttlichen Element besteht, sind wir fähig, die Tür zu dem göttlichen Funken zu öffnen – zu der Energie, die jedem Aspekt unseres Lebens innewohnt. Je mehr wir uns von unseren Vorurteilen lösen, desto besser können wir andere Menschen als das schätzen, was sie sind: Kinder Gottes, und desto klarer und reiner wird die geistige Schwingung, die wir aussenden. Wir schwingen mit der Liebe, die uns umgibt, und nähern uns auf diese Weise Gott und dem Gottesbewusstsein in uns. Jeder Mensch auf dieser Erde hat die Möglichkeit, die göttliche Kraft der Liebe zu nutzen. Denn auch wenn uns das nicht so scheinen mag, so lieben wir uns doch selbst, indem wir andere achten und respektieren. Leider sind nur wenige Menschen wirklich bereit, sich mit ganzem Herzen auf dieses liebende Bewusstsein einzulassen. Wir können Liebe nur in Häppchen ertragen. Und viele von uns geben nur, weil sie hoffen, etwas zurückzubekommen. Doch das ist keine bedingungslose Liebe. Die Liebe aber, von der ich hier spreche, ist unbedingt. Sie ist alles-verschenkend und allumfassend. Und vor allem ist sie keine Investition, bei der wir begehrlich auf die Zinsen schielen.

Wenn Sie das englische Wort »love« von hinten lesen, erhalten Sie die Silbe »evol« – Liebe hat also etwas mit Evolution, mit Entwicklung zu tun. Wir müssen lieben, um uns entwickeln zu können. Als Lichtwesen zählen für uns weder unsere Intelligenz noch unser Reichtum oder das Ansehen, das wir in dieser Welt erlangen. Für uns ist einzig unsere Fähigkeit zu lieben entscheidend. Die Intelligenz des Herzens reicht weit über das Reich des Sterblichen hinaus.

Bei meinen Readings konnte ich eines feststellen: Wenn die Botschaft eines Geistwesens von einer Welle der Liebe getragen wird, ist sie rein und klar. Die Information kommt ohne jede Schwierigkeit an und ist von einem angenehmen Gefühl begleitet. Daher sage ich meinen Klienten immer, dass das Band der Liebe zwischen ihnen und den Verstorbenen dem Geistwesen bei der Kommunikation hilft. Wenn ein Geistwesen beschreibt, wie viel Liebe in der anderen Welt herrscht, mag uns dies mitunter verwundern. Manchmal bekennen Geistwesen auch, dass sie bei ihrer letzten Lektion auf der Erde sehr viel weiter gekommen wären, wenn sie mehr Liebe in ihr Leben gelassen hätten. Viele teilen mit, wie wichtig es sei, sich und andere gleichermaßen zu lieben. Sie lassen uns immer wieder wissen: Für die Liebe ist es nie zu spät.

Ich möchte Ihnen nun von einer Sitzung erzählen, die vor einigen Jahren stattfand. Es geht dabei um ein älteres Paar, Margaret, die ihre Freunde als »Margie« kennen, und Bart, den seine Freunde »Buddy« nennen. Margie und Buddy lernten sich schon an der High School kennen und blieben für den Rest ihres Lebens zusammen. Sie waren zweiundfünfzig Jahre verheiratet. Meiner Ansicht nach zeigt Margies und Buddys Leben, wie viel Liebe Menschen einander schenken können. Buddy und Margie liebten sich bedingungslos, und sie haben anderen Menschen durch ihr Beispiel gezeigt, dass Liebe alles möglich macht. Ihre Geschichte zeigt, wie man voller Freude und im Überfluss leben kann, ohne sich von den Ängsten, Erwartungen und Illusionen anderer beeindrucken zu lassen. Margie und Buddy lebten nach den Regeln der Liebe, nicht nach denen der Gesellschaft. Ihre Liebe zeigt, dass die Liebe mit dem Tod nicht endet. Denn wenn wir »in der Liebe leben«, sind wir niemals allein.

Wie die meisten Ehepaare hatten auch diese beiden das Auf und Ab des Lebens erfahren. Sie hatten zwei Weltkriege, den Schwarzen Freitag, Krankheiten und Todesfälle hinter sich gebracht. Sie hatten Kinder bekommen, die ihnen wiederum Enkelkinder schenkten, hatten sich gemeinsam mit angenehmen und unangenehmen Jobs, Wohnungen und Kollegen herumgeschlagen. Sie hatten miteinander Urlaub gemacht, hatten gute und schlechte Zeiten erlebt und alles, was es so dazwischen gibt. Nachdem ich für Margie das Reading gemacht hatte, blieb ich einige Stunden lang einfach in ihrer Gegenwart sitzen. Ich empfand nicht das leiseste Bedürfnis aufzustehen und zu gehen. Sie strahlte so eine liebevolle Sanftheit aus. Sie war und ist eine großartige Frau, eine weise Lebenslehrerin.

Ich weiß noch, wie sie zu mir sagte: »James, Sie müssen ein wenig bremsen. Sie dürfen sich nicht die ganze Welt auf die Schultern laden. Kümmern Sie sich nicht um Menschen, die von Ihrer Arbeit nichts halten. Es sind ihre eigenen Begrenzungen, die sie daran hindern, die Wahrheit zu erkennen.« Diese Worte blieben mir im Gedächtnis haften. Nach dem Reading hatte ich das Gefühl, sie habe mir weit mehr gegeben als ich ihr. Ihre Gegenwart war wie ein strahlendes Licht.

Als ich mich zu Anfang mit Margie hinsetzte, hatte ich gar nicht das Gefühl, dass sie ein Reading brauchte. Sie wirkte so gelassen und ruhig, dass ich den Eindruck hatte, nichts von dem, was ich ihr aus der Geistwelt mitteilen konnte, würde ihr Leben auch nur im Geringsten verändern. Ich wusste, dass sie keineswegs verzweifelt war. Sie wollte einfach noch einmal mit dem Menschen sprechen, der ihr die Liebe gezeigt hatte. Sie wollte mit ihrem Seelengefährten Buddy sprechen, der vor zwei Jahren an Lungenkrebs gestorben war. Ich weiß noch, wie sie würdevoll ihr Kleid glatt strich, als ich mit dem Reading begann.

»Ein Herr steht zu Ihrer Linken. Er möchte Ihre Hand halten.«

»Ja, das ist Buddy. Er wollte immer meine Hand halten. Er ist ein richtiger Frechdachs«, gestand sie kichernd.

»Er trägt einen braunen Anzug«, fuhr ich fort. »Er meint, er könne ja schließlich nicht zulassen, dass Sie ihm die Schau stehlen, so fein wie Sie heute angezogen sind. Er ist sehr nett. Er lacht. Und er zeigt mir eine Medaille am Revers.«

»O Gott, hat er denn das alte Ding immer noch?« Margie drehte sich nach links und scherzte: »Buddy, ich hab' das Ding doch in den alten Holzkoffer auf dem Speicher geräumt. Konntest du es nicht einfach dort lassen?«

Ich wartete auf seine Antwort. Er trug einen Blumenstrauß in der Hand.

»Er schenkt Ihnen violette Iris.«

Der entschlossene Ausdruck auf Margies Gesicht verschwand. Jetzt rannen Tränen über ihre Wangen.

»Das sind meine Lieblingsblumen. Zu jedem Geburtstag und jedem Jahrestag hat er sie mir geschenkt. Ein paar Wochen bevor er starb, haben wir im Garten welche gepflanzt. Ich vermisse ihn so, wissen Sie.«

»Ja, ich verstehe.« Ich spürte ihre Trauer.

Bald aber war sie wieder obenauf: »Das Metallding war ein *Purple Heart*, eine Tapferkeitsmedaille. Man hat es ihm im

Zweiten Weltkrieg verliehen, weil er ganz allein ein ganzes Bataillon Soldaten rettete.«

Sie sah zu Boden und dachte nach. Dann sah sie wieder auf und rief: »Er war so ein Narr. Aber er war eben so. Er half jedem, auch wenn er von der Arbeit, die getan werden musste, keine Ahnung hatte. Aber er hat es zumindest versucht.«

»Buddy möchte Ihnen mitteilen, dass in der Geistwelt wundervolle Menschen leben. Er hat schon viele alte Freunde getroffen. Mae zum Beispiel und Ihre Eltern. Er sagt, sie hätten sich kein bisschen verändert. Ihr Vater sehe jetzt wieder gut.«

Margie freute sich: »Oh, die alte Mae. Sie ist meine Schwester, die schon vor zehn Jahren gestorben ist. Und mein Vater war die meiste Zeit seines Lebens blind. Er hat bei einem Unfall in der Fabrik das Augenlicht verloren. Der Arme hat darunter so gelitten. Es ist schön zu wissen, dass er jetzt wieder sehen kann. Das ist alles schon so lange her. Dabei meint man, es sei erst gestern gewesen.«

»Buddy sagt mir, dass er Sie immer besucht. Er meint, er sei bei Ihnen gewesen, als sie neulich *Blue Moon* gehört hätten. Er hätte so gern mit Ihnen getanzt.«

»Das war unser Lieblingslied. Immer wenn wir es hörten, zog er mich an sich und wir tanzten. Wie damals, als wir uns kennen lernten.«

Margie sah zur Seite. Die Erinnerung an die gute, alte Zeit stand ihr ins Gesicht geschrieben. »Ich habe das Lied vorgestern im Radio gehört. Wissen Sie«, erklärte sie mir, »irgendwie wusste ich, dass er neben mir stand und mich zum Tanzen aufforderte. Ich fühlte es. Beinahe kam es mir vor, als röche ich sein Rasierwasser. Und dann hatte ich den Eindruck, als berühre er meine Hand. Aber ich dachte, das sei Einbildung gewesen.«

»Nein«, antwortete ich. »Er war da. Er sagt, dass Ihre Empfindungen Wirklichkeit waren.«

Ich fuhr fort: »Buddy möchte Ihnen mitteilen, dass er sich wieder wie ein kleiner Junge fühlt. Und er sagt, er habe Sie kürzlich beobachtet, wie Sie Pillen aus dem Fenster warfen, und dabei gesagt: ›Das ist mein Mädel!‹«

Margie lachte und meinte: »Ja, das waren Pillen gegen hohen Blutdruck. Irgendwie dachte ich, dass ich bis jetzt ja schließlich auch ohne die Dinger zurecht gekommen bin. Ich glaube nicht, dass sie wirklich was nützen. Ärzte müssen noch so viel lernen. Sie verschreiben viel zu viele Medikamente. Gott hat uns gegen alles ein Heilmittel gegeben. Ich behandle mich schon seit Jahrzehnten selbst mit Kräutern, und ich bin jetzt siebenundachtzig.«

So ging es eine Zeit lang weiter. Wir sahen beide nicht auf die Uhr. Margie war ein starker Charakter. Mit Sicherheit war sie eine sehr alte Seele. Buddy sprach über Einzelheiten in Bezug auf ihre Kinder und Enkel. Er redete von ihren gemeinsamen Busreisen und dem Spaß, den sie beide miteinander gehabt hatten. Sie machten sich Liebeserklärungen – trotz der Macken und Fehler, die jeder von ihnen hatte.

Margie meinte: »Die Leute konzentrieren sich zu sehr auf ihre Ängste und Vorurteile. In einer Beziehung aber muss man über diesen Kleinkram hinwegsehen und sich auf die Liebe ausrichten. Nur so kann sie überleben und wachsen.«

Margie und Buddy sprachen über ihre Beziehung, die in ihren Augen einfach war, ohne große Komplikationen.

Das Reading war sehr emotional und erhellend. Ich lernte so viel dabei. Gegen Ende der Sitzung dann geschah etwas, das mich zutiefst berührte.

»Ihr Mann möchte, dass Sie Hank grüßen.«

»Oh, Hank. Ja, gern. Er ist nicht wie du, Buddy. Er ist ein wenig langsam, aber er ist ein netter Mann. Außerdem repariert er alles im Haus. Es war eine gute Idee, Buddy.«

Ich sah plötzlich eine Straße in Las Vegas vor mir. Also fragte ich Margie, ob sie damit etwas anfangen könne.

»O ja. Hank und ich haben dort geheiratet.«

Das verwirrte mich nun doch etwas. Ich hatte gedacht, Buddy sei ihr Ehemann gewesen.

»O ja. Buddy ist mein Mann und Hank auch. Ich bin eine alte Dame mit zwei Ehemännern.« Sie lächelte vertrauensvoll.

»Buddy und ich waren über fünfzig Jahre verheiratet. Wir wussten, dass eines Tages einer von uns sterben würde. Wir liebten einander wirklich sehr. Buddy war selten krank, aber als er Krebs bekam, wussten wir, dass das Ende nun nahe war. Er wollte nicht, dass ich auf meine alten Tage allein bliebe. Er sagte immer, wenn er schon nicht auf mich aufpassen könne, wünsche er sich wenigstens, dass jemand anders da sei, der mir Gesellschaft leisten würde. Und so haben wir uns gemeinsam in unserer Wohnanlage für Rentner umgesehen.«

Margie lachte, als sei das ein besonders guter Witz. »Wir fanden drei Herren, die einigermaßen zu mir passten. Alle drei waren Witwer. Buddy und ich diskutierten zusammen ihre guten und schlechten Seiten. Fred war zu hilfebedürftig, Joe zu religiös. Ich bin nicht besonders religiös. Ich glaube, Gott lebt im Herzen der Menschen, nicht in der Kirche. Hank war der, der immer alles reparierte. Und wir mochten uns. Er mich mehr als ich ihn, natürlich. Also bat Buddy ihn, sich doch um mich zu kümmern, wenn er gestorben sei. Hank stimmte zu, und ein paar Monate nach Buddys Tod heirateten wir in Vegas. Die Mädels in unserem Viertel halten ihn für einen alten Lustmolch. Ha, wenn die wüssten, wie es wirklich war!«

Ich war ziemlich überrascht, dass Buddy mitgeholfen hatte, Margies Affäre einzufädeln, damit sie nach seinem Tod einen Gefährten hatte. So lernte ich von den beiden viel über Geben und Loslassen. Weder Margie noch Buddy scherten sich darum, was die Nachbarn sagten. Und auch ihr eigenes Ego mit seinen Besitzgelüsten stand ihrer Liebe nicht im Weg.

Das Letzte, was Buddy Margie mitteilte, war: »Wenn du das nächste Mal *Blue Moon* hörst, stell dir vor, ich stünde vor dir und bäte dich um diesen Tanz.«

Damit hatte er genau den richtigen Ton getroffen. Ich habe das Gefühl, dass die Tage des Tanzes wie die der Liebe für die beiden in Ewigkeit weitergehen.

NACHTRAG

Als ich zum letzten Mal mit Margie sprach, waren sie und Hank gerade nach Las Vegas umgezogen. Margie sagte immer, sie habe Glück im Spiel, weil Buddy ihr mit den »einarmigen Banditen« helfe. Sie und Hank verbrachten ihre goldenen Jahre immer auf Reisen. »Wir mögen dieselben Dinge und sind unheimlich gern zusammen. Man könnte sagen, wir sind gute Zimmergenossen.« Als wir unser Gespräch beendeten, sagte Margie zu mir: »Ich glaube, Hank, Buddy und ich werden im Jenseits auch zu dritt sein, und das finde ich wunderbar.«

Führung von oben

Dass ich meine Arbeit als so sinnvoll empfinde, liegt unter anderem daran, dass die Kommunikation mit den Toten und die Hilfe für die Überlebenden tief an die heiligsten Bereiche des Lebens rühren. Wenn ich mich für die geistige Dimension öffne, weiß ich nie, wer mir etwas übermittelt und welche Art von Begegnung mich erwartet. In den meisten Readings werden Informationen übermittelt, die bis in die Einzelheiten auf mein jeweiliges Gegenüber zugeschnitten sind. Es wird ein Kontakt aufgebaut zwischen meinem Klienten und einem Menschen, den dieser verloren hat. Und diese Sitzungen belegen eindeutig, dass das Bewusstsein nicht mit dem physischen Tod stirbt. Hin und wieder aber treten während eines Readings auch andere Wesenheiten auf den Plan, die dem Klienten spirituelle Einsichten vermitteln und damit sein Bewusstsein erweitern helfen. Vor vielen Jahren durfte ich an einem dieser seltenen Augenblicke teilhaben. Die fragliche Sitzung veränderte nicht nur die Weltsicht meiner Klientin, sondern auch die meine. Während ich hier sitze und schreibe, wird mir klar, dass die damals übermittelten Erkenntnisse nicht nur für jene Frau gedacht waren, die im Frühjahr 1993 zu mir kam. Die ganze Welt kann von ihnen profitieren.

Ich schreibe die damaligen Ereignisse in der Hoffnung nieder, dass Sie sie mit offenem Geist lesen mögen. Wenn Sie mit den Informationen etwas anfangen können, dann lassen Sie sie nach Möglichkeit zu einem Bestandteil Ihres Lebens werden. Vielleicht verändert sich dadurch ja Ihre Sicht von der menschlichen Existenz. Möglicherweise sind diese Ausführungen genau der Schlüssel, der Ihnen noch fehlte, um Glück und Verständnis zu verwirklichen. Meiner Ansicht nach zeigt dieses Reading sehr deutlich, dass nur die Macht der Liebe uns aus den Fallen früherer Existenzen befreien kann. Nur sie lässt uns im Einklang mit uns selbst leben und die reine Freude eines ganzheitlichen Lebens erfahren. Wie bei allen Sitzungen, über die ich in meinen Büchern berichte, werde ich nicht nur versuchen, die weitergegebenen Informationen und die Stimmung dieser Sitzung zu vermitteln, sondern auch die tiefen Gefühle, die zwischen den beiden Dimensionen hin- und hergingen.

Fünf Minuten vor zwei läutete die Türglocke. Ich hatte gerade ein Thunfisch-Sandwich hinuntergeschlungen und wollte eben beginnen, mich zu zentrieren, was ich immer tue, bevor der Klient kommt. Doch diese Frau kam fünf Minuten zu früh. Die Türklingel holte mich an die Oberfläche des Bewusstseins zurück, und ich öffnete. Eine attraktive, blonde Frau stellte sich mir als Susan vor. Als sie lachte, fielen mir ihre vollkommenen, strahlend weißen Zähne auf. Auch ihr Gesicht und ihre Figur waren die eines Models. Ich führte sie in mein Wohnzimmer und bat sie, es sich bequem zu machen.

Nachdem sie verstanden hatte, wie die Kommunikation mit der geistigen Welt funktioniert, spürte ich plötzlich, wie die Energie im Raum sich »verdichtete«. Das geschieht sehr häufig, wenn ich ein Reading beginne, mitunter noch bevor der Klient eintrifft. Ich denke, dass es sich dabei um die Energie der Geisthelfer handelt, die uns dabei unterstützen, die Kommunikation mit der Geistwelt herzustellen.

Normalerweise bitte ich die Klienten, mir vor dem Reading nichts über sich und ihre Erwartungen zu erzählen. Auf diese Weise werden meine Gedanken nicht von ihren Wünschen »gefärbt«. Susan aber hatte ein geradezu überwältigendes Bedürfnis, mit mir zu sprechen. Für gewöhnlich sind meine Klienten ein wenig nervös, wenn sie hierher kommen, haben sie doch so etwas meist noch nie gemacht. Doch als Susan sich setzte, kam sie sofort zur Sache: »Ich hoffe, Sie können mir helfen, James. Ich hatte ein paar schreckliche Albträume. Ich bete immer vor dem Schlafengehen, aber das scheint nicht zu helfen. Ich habe auch das Gefühl, in meinem Schlafzimmer nie allein zu sein. So, als würde mich jemand beobachten. Es ist verrückt!«

Ich versicherte ihr, dass alles in Ordnung kommen würde. Dann versetzte ich mich in einen meditativen Zustand, stimmte mich auf die Energie rund um meine Klientin ein und fühlte auch sofort die Gegenwart einer Frau mit deutschem Akzent.

»Trudi schickt Ihnen all ihre Liebe. Sie wacht über sie. Machen Sie sich keine Sorgen. Es wird Ihnen nichts geschehen.«

Ich fand heraus, dass Trudi Susans Großmutter war. Sie hatte um die Jahrhundertwende in Deutschland gelebt und war Spiritistin gewesen.

»Sie sagt, dass sie in der Geistwelt mit Menschen arbeitet, die während ihres Lebens auf der Erde eine körperliche Behinderung hatten. Sie gebe ihr Bestes, um sie auf ihre neue Freiheit in den geistigen Dimensionen vorzubereiten.«

Susan meinte, das passe alles ganz gut, denn ihre Großmutter habe früher als Krankengymnastin in einer Klinik gearbeitet.

An einem bestimmten Punkt sagte Trudi zu mir: »Hier sind viele. Es gibt noch andere, die mit Susan sprechen müssen. Sie haben lange auf diesen Augenblick gewartet.«

Wir dankten Trudi und warteten ab, was nun aus der Geistwelt kommen würde.

Nach ein paar Minuten kam ein Mann durch, der ein wenig »seltsam« war. Er hielt sich mit der linken Hand den Kopf.

»Hinter Ihnen steht ein Mann. Sein Gesicht ist ganz weiß. Er hält sich mit der linken Hand den Kopf, gleich beim Ohr. Er wirkt ein wenig wie ein Zombie, er starrt mich nur an. Ich sende ihm einen Gedanken, aber entweder kann oder will er nicht antworten.«

Susan schien bei dieser Bemerkung ein kalter Schauer über den Rücken zu laufen.

Ich fuhr fort: »Das ist merkwürdig. Ich sehe einen Strand. Das Bild sieht aus wie ein nächtlicher Strand. Der Vollmond scheint. Ich kann sein Spiegelbild im Wasser sehen. Der Mann ist ebenfalls da. Er sieht von einem Fenster aus aufs Wasser.«

Ich sah Susan an und meinte: »Es sieht aus wie der Strand von Malibu.«

»Ja. Bitte machen Sie weiter«, antwortete sie ängstlich.

»Jetzt geht er zu einem Bücherregal. Er dreht sich um und öffnet den Mund, als wolle er etwas sagen. Er schlägt nach etwas. Ich weiß nicht, was das bedeuten soll. Jetzt scheint er zu schreien. Er geht zu Boden und hält seinen Kopf. Jetzt sehe ich nur noch eine Blutlache auf dem Teppich. Sein Kopf liegt in einer Blutlache.«

Susan schrie laut auf: »Das ist mein Albtraum! Hören Sie sofort auf, bitte!«

Auch ich war erschüttert. Die Einzelheiten hatten sich tief in mein Gedächtnis eingegraben. Ich hatte das Gefühl, eine Fotografie zu betrachten, so klar und deutlich standen sie mir vor Augen. Ich wusste, dass ich soeben Zeuge eines Mordes geworden war und fühlte mich sehr eigenartig. Meist geht es mir gut, wenn ich Zeuge eines Todesfalls werde. Das liegt daran, dass ich in der Beobachterrolle bleibe. Hier nicht. In dieses Szenario fühlte ich mich sofort hineingezogen.

Nach ein paar Minuten putzte Susan sich die Nase und sagte: »Wieso musste das nur geschehen?«

Ich tat mein Bestes, um ihr zu versichern, dass es vorbei sei und ihr nichts geschehen könne. Dann sah ich einen Ring, keinen normalen Ring, sondern drei Ringe, die ineinander verflochten waren. Ich fragte Susan, ob sie damit etwas anfangen könne.

»Ja, natürlich. Wir kauften sie in Big Bear, gleich nachdem wir uns kennen gelernt hatten, und nahmen sie dann später als Eheringe.«

»Ich weiß nicht, was das bedeuten soll, aber ich höre etwas wie ›Bobo‹. Ja, das ist es wohl. Sagt der Name Ihnen etwas?«, fragte ich.

»Ja, das ist mein Mann. Sein wirklicher Name ist Bobby, aber ich nannte ihn Bobo. Außer mir nannte ihn niemand so. Ich vermisse ihn. Ich vermisse ihn so sehr.«

Das letzte Bild verblasste langsam. Nun spürte ich tiefes Mitgefühl von diesem Mann, in das sich noch andere Emotionen mischten.

»Bobo scheint ein unglücklicher Mann zu sein. Es tut mir Leid, aber er sieht verloren aus. Als habe man ihn vergessen.

Er weint und weint. Ich kann nicht weitermachen, bevor er nicht aufhört. Er ist so unendlich traurig. Er hat das Gefühl, Sie im Stich gelassen zu haben.«

Susan sah zu mir herüber und richtete das Wort nun direkt an Bobo: »Ich bin hier, Liebster. Du weißt, dass ich immer für dich da bin. Und ich werde es immer sein.«

»Ich habe das Gefühl, als liege er zusammengerollt wie ein Baby auf einem Bett. Die Bettdecke ist hellgelb mit kleinen roten und pinkfarbenen Blüten. Ich sehe auch rote Kissen.«

Sie rief aus: »Das ist mein Bett! Ich habe so eine Bettdecke und auch rote Kissen. O mein Gott. Ist er es denn, der dort im Bett ist? Bobo, bist du das?«

»War er ein Typ, der alles kontrollieren wollte?«, fragte ich. »Denn er scheint ein ziemlich grobschlächtiger Mensch gewesen zu sein, der immer alles bekam, was er wollte. Er scheint ein Nein einfach nicht akzeptiert zu haben.«

»Ja, James. Das kann man wohl sagen. Aber ich wusste immer, wie ich mit ihm umgehen musste. Es war schon komisch. Ich war die Einzige, die er nie angeschrien hat. Aber bei der Arbeit war es wirklich schlimm. Er war ein Tyrann und feuerte ständig seine Angestellten.«

»Er spricht vom ›Show Business‹. War er im Filmgeschäft?«

»Ja, er war Musikagent. Wir kannten ziemlich viele Menschen aus dem Showgeschäft.«

Dann kam eine höchst interessante Information durch.

»Er nennt mir den Namen ›Kristine‹ oder ›Kristel‹ mit einem ›K‹. Kennen Sie jemanden, der so heißt?«

Susan starrte auf den Fußboden hinunter und fixierte einen Punkt neben ihrem linken Fuß. Tränen traten in ihre Augen. Sie sah mich an und verzog den Mund: »Ja. Was ist mit ihr?«

»Er sagt, es tue ihm Leid. Sie hätten Recht. Es tue ihm wirklich Leid. Er habe Sie betrogen. Er möchte Sie wissen lassen, dass er Sie liebt.«

»Stimmt das auch?«, hakte sie nach.

»Ja, er sagt, es ist wahr. Und es täte ihm wirklich sehr Leid. Sie wussten davon, nicht wahr?«

Susan fing an zu weinen. »Ich spürte es, wollte es aber nicht wahrhaben. Wie konnte er mir das nur antun? Wusste er denn nicht, wie sehr ich ihn liebte? Ich hätte jeden haben können, aber ich bin ihm immer treu geblieben.«

»Kennen Sie diese Frau?«, fragte ich.

»Ja, ich habe sie vor einer Weile kennen gelernt. Sie war nicht bei seiner Beerdigung. Ein paar seiner Mitarbeiter sagten, dass sie mit ihrer Familie in den Osten zurückgegangen ist, nachdem Bobby tot war.«

Das Reading ging weiter. Bobo gestand Susan eine Affäre mit seiner Mitarbeiterin Kristine. Er erzählte, er habe sie auf einer Party kennen gelernt und sie beide hätten sich sofort zueinander hingezogen gefühlt.

Susan hatte erst nach dem Tod ihres Mannes davon erfahren. »Ich wollte es einfach nicht glauben.«

»Jetzt nennt er mir den Namen Dan oder Danny. Können Sie damit etwas anfangen?«

Susan konnte den Namen nirgends unterbringen. Ich wiederholte ihn und sagte nachdrücklich, dass sie eine Person diesen Namens kennen müsse. »Ihr Mann besteht darauf.«

»Nein, tut mir Leid. Das sagt mir gar nichts.«

»Dann merken Sie sich den Namen. Vielleicht wird er Ihnen in der Zukunft nützlich sein.«

Das passiert oft während einer Sitzung. Gewöhnlich hat der Klient seine eigenen Vorstellungen davon, was er zu hören bekommen wird. Passt die übermittelte Information nicht ins Bild, dann sollte man sie zunächst einfach im Gedächtnis behalten.

»Er sagt, dass Danny alles wisse. Er halte sich jetzt an einem Strand in Mexiko auf. Er werde aus Mexiko kommen. Ergibt das einen Sinn für Sie?«

Susan verstand einfach nicht, was ihr Mann ihr sagen wollte. (Einige Monate später allerdings passte plötzlich alles zusammen.)

Ich hatte mich fünfzig Minuten lang stark konzentriert und begann langsam, müde zu werden. Als ich aber zu Susan hinübersah, entdeckte ich eine Frau mit einer »zerbrochenen« Seele. Ich kann mich noch erinnern, dass ich mir sagte, dass nun Schluss sein müsse. Ich war wirklich sehr müde und wollte nicht vor meiner Klientin einschlafen. Mir wurde heiß. Rund um mich spürte ich wirbelnde Energien. Die Energie wurde leichter, sogar die Farben im Raum schienen wieder strahlender zu werden. Blaue, violette und goldene Lichter schwebten durch den Raum. Plötzlich kam ein Mann mit blauen Augen und drang direkt in meine Seele ein. Ich fiel in Ohnmacht.

Das Nächste, was ich wahrnahm, als ich meine Augen öffnete, war Susan, die mir mit einem breiten Lächeln ein Glas Wasser reichte.

»Geht es Ihnen gut?«, fragte sie.

Das konnte doch wohl kaum dieselbe Frau sein, die vor ein paar Minuten noch in Tränen aufgelöst vor mir gesessen war.

»Danke, James. Ich danke Ihnen so sehr. Sie sind so wunderbar, ich kann es kaum fassen. Sie haben mir geholfen, alles zu begreifen. Jetzt weiß ich, wie alles zusammenhängt.«

Ich wusste nicht recht, was sie meinte, und kam mir vor, als sei ich Hauptdarsteller in einem *Star Trek*-Film.

»Ich verstehe Sie nicht ...«

Da erzählte sie mir, was geschehen war. Ich war in eine tiefe Trance gefallen, sodass Susans Geisthelfer durch meinen Mund mit ihr sprechen konnten. Das geschieht nur sehr selten während meiner Readings.

»Haben Sie etwas dagegen, wenn ich das Band zurücklaufen lasse, damit ich auch hören kann, was Ihr Führer sagte?«

»Natürlich nicht.«

Ich drückte auf den Knopf und vernahm eine tiefe, melodische Stimme, die voller Mitgefühl war. Die Stimme war weder hoch noch kreischend, eher das Gegenteil. Ich hatte meine Stimme in Trance bereits mehrfach gehört, wenn meine Geistführer sich meldeten, doch diese war mir völlig unbekannt.

»Ich grüße dich, mein liebes Kind. Ich bin heute gekommen, um deiner Seele die Einsichten des Himmels zu überbringen, nach denen sie hungert. Deine Liebe und dein Mitgefühl haben das Herz deines jungen Mannes gerührt, wie es dies schon seit Äonen in der Dimension tut, die ihr Zeit nennt. Ihr habt viele Pfade gemeinsam gemeistert. In Größe und Demut, im Guten und im Bösen habt ihr die Bandbreite eurer menschlichen Erfahrungen stetig erweitert. Ihr wart Mann und Frau, Mutter und Tochter, Vater und Sohn, Schwester und Bruder. So habt ihr mit eurer Liebe ein Band schimmernder Diamanten in die Ewigkeit geflochten. In diesem Leben habt ihr euch als Partner zusammengefunden, und zwar nicht nur auf der körperlichen, sondern auch auf der geistigen Ebene. Diese Partnerschaften sind nicht auf Beziehungen zwischen Mann und Frau begrenzt. Auch Eltern, Kinder, Freunde, Liebende gehen geistige Partnerschaften ein, um Wachstum und Erfüllung zu erlangen.

Die Seele, die du als Bobby kennst, kam auf die Erde, um eine Verpflichtung dir gegenüber zu erfüllen, die sie vor vielen Lebenszeiten eingegangen ist. Du bist und bleibst ihr Lehrer. Diese Rollenverteilung schätzt ihr beide sehr, du fühlst dich darin ausgesprochen wohl. In diesem Leben hat dein Partner alte Verhaltensmuster durchlebt, die er in unzähligen Existenzen aufgebaut hat. Sein mangelndes Selbstwertgefühl zwang sein Ego einmal mehr, Liebe und Sicherheit außerhalb seiner selbst zu suchen, statt sich der eigenen inneren Lichtquelle zuzuwenden. Er begriff nicht, dass sein Herz bei dir, seiner Frau, seine Ruhestätte gefunden hatte. Stattdessen ging er eine Affäre mit einer Frau ein, die er aus einem früheren Leben kannte. Er liebte diese Frau damals, doch sie liebte ihn nicht wieder. Daher fühlte er in diesem Leben einen regelrechten Zwang, sie zu erobern. Ein Nein ließ er nicht gelten. Erst jetzt begreift er, dass er mit dir die vollkommene Liebe lebte. Doch sein Ego ließ ihn die Wahrheit seines Seins nicht erkennen. Und so wurde er von einer anderen Seele getötet, die mit Gewalt und Manipulation versuchte, das zu bekommen, was sie wollte. Dein Mann war im Haus dieser Frau, als er getötet wurde. Das war seine Prüfung, und wie schon früher so fiel er auch dieses Mal durch.

Du kommst schweren Herzens zu uns, und diese Melancholie zieht nicht nur dich in die Tiefe, sondern alle, mit denen du körperlich, geistig, intellektuell und emotional in Kontakt kommst. Dabei spreche ich nicht nur von den Wesen auf der Erde, sondern auch von denen in der Geistwelt. Jeder, der dich kannte, dich liebt und schätzt, spürt, wie unglücklich du bist, vor allem wegen des Mannes, von dem du glaubst, dass er dir all das Leid beschert hat. Du, liebes Kind, kannst einfach nicht glauben, dass der Mensch, den du geliebt hast und dem du treu geblieben bist, dich wegen einer anderen verlassen wollte. Du fühlst dich betrogen. Und du kannst nicht verstehen, dass sein Leben schon zu Ende sein soll und du nun ohne ihn weitermachen sollst. Doch was du jetzt erlebst, ist nur das, was du längst vorhergesehen hast. Alle Gedanken, Gefühle und Vorstellungen, die uns Sorgen bereiten, projizieren wir in die Welt hinaus. Du musst deine Weltsicht ändern, indem du deinen Geist auf das konzentrierst, was du sehen willst. Die Versuchung, mit Wut, Depression oder Empörung auf die Ereignisse zu reagieren, entsteht nur, weil wir die Eindrücke der äußeren Welt interpretieren. Doch diese Interpretation beruht immer auf lückenhaftem Wissen.

Häufig suchen wir bei unseren Partnern, Kindern, Eltern und Freunden nach Liebe. Wir finden es einfacher, andere zu lieben als uns selbst. Das kann recht zufrieden stellend sein, aber es ist falsch. In eurer Welt regiert die Macht der Illusion, die man auch als Furcht kennt. Furcht kommt dann auf, wenn wir uns selbst nicht treu sind. Unsere Angst davor, dass wir keine Liebe finden, verhindert, dass wir uns vollkommen entwickeln. Diese Furcht projizieren wir auf andere, vor allem auf die Menschen, die wir lieben. Doch andere Menschen müssen sich nicht ändern, um uns unseren Seelenfrieden wiederzugeben. Wir müssen unseren Frieden nur in uns selbst suchen. Ist unser Geist voller Liebe, Frieden und Wohlbehagen, dann werden wir genau das ausstrahlen und erfahren. Ist unser Geist aber angefüllt mit Ängsten und Zweifeln, dann wird daraus unsere Realität. Angst ist letztlich nur ein falscher Standpunkt. Denn was in unserem Innern fehlt, können andere uns nicht geben.

Dein Partner sollte lernen, sich selbst zu lieben, aber er wusste nicht, was das wirklich bedeutet. So griff er auf alte Gewohnheiten zurück. Er versuchte, andere zu kontrollieren und sie hilflos zu machen. Du hattest dir vorgenommen, ihm den Weg zu sich selbst zu weisen, damit er sich selbst näher kommen kann. Doch genau damit hatte er Probleme, die er dieses Mal zu überwinden versuchte. Es hätte bedeutet, selbstverantwortlich zu handeln, doch leider war es für ihn bequemer, sich seiner alten Verhaltensmuster zu bedienen – ohne daran zu denken, was das für die Menschen um ihn bedeuten würde. Es ist ein großer Unterschied, ob jemand sagt: ›Das will ich tun‹ oder ›Das muss ich tun‹. Und häufig ist das, was uns zu einem strahlenderen, liebevolleren Wesen macht, nicht unbedingt das, was wir tun wollen.

Bis jetzt hatte dein Seelengefährte Zeit, um sein Leben und seine irdischen Angelegenheiten zu ordnen. Er hat einige Fortschritte gemacht, aber er konzentriert sich immer zu sehr auf das, was er noch nicht geleistet hat. So verfängt er sich ständig in den Fallen seines irdischen Geistes. Er kann sich einfach nicht vergeben, dass er dein Leben mit in den Abgrund riss. Diese Seele erkannte – wie so viele hier viel zu spät –, wie wichtig jeder Tag, jeder Moment, jede Erfahrung auf der Erde ist. Er bzw. sie gibt uns die Möglichkeit, tieferes Verständnis zu erwerben. Jetzt wünscht er sich, er hätte sich mehr Zeit genommen, für sein Herz zu leben und den Wert des Mitgefühls höher einzuschätzen als den des Geldes.

Dein Partner findet keine Liebe in sich selbst, aber er fühlt auch deine Liebe nicht mehr. Du willst ihm nicht verzeihen. Gut, das steht dir frei. Vergiss aber nicht, dass die Tatsache, dass du ihm keine Liebe mehr schenken willst, nicht nur deine Entwicklung als bewusstes geistiges Wesen hemmt, sondern auch seine. Er braucht deine Liebe und dein Verständnis, um seinen Weg zu finden. Um wirklich Heilung zu finden, muss er sich selbst vergeben lernen. Wenn er sieht, dass du ihm vergibst, kann er sich auch selbst vergeben. Vergebung hilft uns, Missverständnisse aus der Welt zu schaffen und der Furcht keinen Raum mehr zu lassen. Vergebung ist gelebte Liebe.

Du sitzt nun hier und hast das Gefühl, ihm nicht gerecht geworden zu sein. Als ihr in der Geistwelt eure Vereinbarung getroffen habt, hast du ihm deine Hilfe versprochen. Er wollte den Fallen des Erdenlebens widerstehen, dann aber haben die Erinnerungen an Lust und Gier überhand genommen, und er ist gescheitert. Du selbst hast nichts falsch gemacht. Du konntest diesem Mann nur so viel Liebe geben, wie sein Selbstwertgefühl ihn annehmen ließ. Daran habt ihr schon früher gemeinsam gearbeitet, und ihr werdet es wieder tun. Ihr habt beide Fortschritte gemacht und werdet euren Weg weitergehen, doch nur wenn ihr euch Liebe schenkt. Lass ihn los. Überlass ihn seinem Weg und seiner Schöpfung. Am Ende wird er auch diesen Aspekt seines Weges verstehen.

In deinen Albträumen hast du die Schuldgefühle und den Selbsthass deines Mannes miterlebt, der sich dessen, was er angerichtet hat, schämt. So viele Menschen kommen hierher und tragen diese sinnlosen Begrenzungen des irdischen Geistes noch immer mit sich. Auch hier versuchen sie, Menschen und Dinge zu manipulieren, wie sie es auf der Erde taten, nur um schließlich festzustellen, dass es nicht geht. Niemand kann einen anderen Menschen wirklich kontrollieren. Die einzig wirklich starke Kraft ist die Macht der Liebe. Vergib ihm, dann kann er sich selbst vergeben. Segen und Frieden, mein liebes Kind. Ich bin immer bei dir.«

Damit endete die Botschaft. Ich drehte mich zu Susan um und seufzte tief. Wir umarmten uns und versprachen uns, in Kontakt zu bleiben.

NACHTRAG

Bobbys Mörder wurde schließlich gefasst. Dan, der Liebhaber der anderen Frau, wurde in Mexiko aufgegriffen, wie Bobby es uns in dieser Sitzung enthüllt hatte. Susan hat sich die Worte ihres Geistführers zu Herzen genommen. Sie hat ihrem Mann und sich selbst vergeben und versucht weiterhin, ihre Gefühle offen auszudrücken. Sie trifft sich regelmäßig mit Freunden und ist auch schon ein paar Mal ausgegangen. Am Telefon sagte sie zu mir: »Mein Leben ist zum ersten Mal vollkommen in Ordnung. Bobby fehlt mir, aber ich weiß, dass wir uns wieder sehen werden. In der Zwischenzeit gibt es vieles, wofür ich dankbar bin. Und ich bin so glücklich, meinen Schutzengel zu kennen, der mich so sehr liebt, dass er mir auf dem geistigen Weg weiterhilft.«

WENN JEMAND ERMORDET WURDE

Wird jemand ermordet, den wir lieben, sind wir als Angehörige gewöhnlich voller Hass, Bitterkeit und Wut wie Susan. Diese Emotionen sind Teil des Trauerprozesses. Sie sind nur allzu verständlich. Meist aber verfestigt die Wut sich in Form von Schuldgefühlen, weil es immer etwas gibt, das wir vermeintlich hätten tun können, um das Verbrechen zu verhindern. Kommt es zu einer Gerichtsverhandlung, dann wird unsere Trauer wieder aufgerührt, während Stück um Stück das Beweismaterial präsentiert wird. Das ist für alle Beteiligten eine schlimme Zeit. Einerseits möchte man, dass der Prozess zu Ende geht, um endlich Ruhe zu haben. Andererseits wünschen wir uns Gerechtigkeit und dass die Justiz ihren Lauf nimmt. Ein Mord schockiert uns zutiefst. Immer und immer wieder fragen wir uns, wie die letzten Minuten unseres geliebten Wesens verlaufen sein mögen.

Wird ein Mensch durch einen gewaltsamen Tod unvermittelt aus dem Leben gerissen, kann es sein, dass sein Bewusstsein zunächst überhaupt nicht wahrhaben will, dass nun der Tod eingetreten ist. Dann durchwandert es den Bereich des Irdischen wie in einem Traum. Merkt es schließlich, dass es keinen Körper mehr hat, wird es ruhelos. Solche Seelen finden mitunter den Übergang in die andere Welt nicht. Sie bleiben an die Erde gebunden. Sobald die Seele sich für die geistige Welt entschieden hat, wird ihr ein Geistführer zur Verfügung gestellt, der ihr weiterhilft. Meine Kommunikation mit Mordopfern lässt meist eine Mischung aus Verwirrung einerseits und Sorge um die Lebenden andererseits offenbar werden.

Morde geschehen aus den unterschiedlichsten Gründen. Mitunter haben sie mit einer karmischen Schuld zu tun, die beglichen werden muss. Es mag auch sein, dass der Mörder ein so unterentwickeltes Bewusstsein besitzt, dass er sich seiner geistigen Anteile kaum bewusst ist. Daher macht es ihm nichts aus zu töten. Manchmal aber trifft jemand ganz bewusst die Entscheidung, einem bestimmten Leben ein Ende zu setzen. Der Mord ist in einem solchen Fall einfach die Konsequenz dieser Überlegung. Um einen ermordeten Menschen zu trauern ist ein sehr schwieriger Prozess. Seien Sie geduldig. So etwas braucht Zeit. Denken Sie daran, dass Vergebung auch Ihnen selbst zugute kommt.

Freunde

Wie oft haben wir schon die Redensart gehört: In eine Familie wird man hineingeboren, seine Freunde aber sucht man sich aus. Doch tatsächlich suchen wir uns beides aus, auch wenn das zunächst unglaubwürdig klingt. All unsere Familienmitglieder haben den Ozean der Zeit schon mehrfach gemeinsam mit uns überquert. Auch Freunde, die wir vielleicht nur während eines bestimmten Lebensabschnitts (zum Beispiel während der Kindheit) kannten, waren schon früher mit uns zusammen und werden es vielleicht wieder sein. Freunde und Familienmitglieder gehören zu unserer »Seelengruppe«. Mit ihnen verbindet uns eine Art Seelenverwandtschaft. Auf unsere Freunde verlassen wir uns in guten wie in schlechten Zeiten und vor allem in Zeiten der Trauer.

Ein Freund ist ein Mensch, dem wir hundertprozentig vertrauen. Wir wissen, dass er oder sie nur unser Bestes will. Freunde nehmen sich Zeit, um uns zuzuhören und zu unterstützen. Sie ermutigen uns, wenn es nötig ist. Freundschaft ist eines der schönsten Geschenke des Lebens.

Daher ist der Verlust eines Freundes so, als würden wir unseren rechten Arm verlieren. Unsere Verzweiflung kann in so einem Fall sehr tief gehen. Wir erwarten schließlich nicht, dass unsere Freunde sterben. Vielmehr glauben wir, dass sie uns immer zur Seite stehen werden. Wenn ein Freund stirbt, scheint unser eigenes Leben einen Riss zu bekommen. Wir denken über unsere Existenz nach, verlieren uns in Erinnerungen. Und wir fragen uns, wie eine Zukunft ohne unseren Freund wohl aussehen mag. Der Tod eines Freundes ist manchmal so unbegreiflich, dass wir selbst nur noch ans Sterben denken. Vergessen Sie nicht, dass wir unsere Freunde ausgewählt haben, um von ihnen zu lernen. Und gewöhnlich hat uns diese Beziehung sehr viele Gelegenheiten geschenkt, zu lieben und zu dienen.

Ich habe vor einiger Zeit einen sehr guten Freund verloren, und das war ein großer Schock für mich. Ich wollte einfach nicht wahrhaben, dass er tot war. Wir hatten so vieles miteinander geteilt, dass ich fest geglaubt hatte, unsere Freundschaft würde ewig dauern. Als er krank wurde, war ich am Boden zerstört, doch ich blieb bis zum Ende bei ihm. Danach kam er aus den geistigen Reichen zu mir. Es war so tröstlich zu wissen, dass er nicht verschwunden war und dass es ihm gut ging. Ich glaube, wir alle würden gern wissen, dass es unseren Freunden dort gut geht, wo sie jetzt sind.

Ich möchte Ihnen an dieser Stelle eine Geschichte erzählen, die sich auf einem Flug von New York nach Los Angeles zutrug. Sie zeigt sehr schön, was wahre Freundschaft ist. Ich hatte mich eben gesetzt und sah zu meiner Nachbarin hinüber. Die Dame war etwa fünfzig Jahre alt, hatte flammend rotes Haar und war sehr hübsch zurecht gemacht. Gleich nickte sie mir zu und stellte sich als Ruby vor.

»Sind Sie der Mann aus dem Fernsehen, der mit den Toten spricht?«, fragte sie.

»Ja«, antwortete ich.

Daraufhin gab Ruby zurück, Lillie müsse mich an diesen Sitzplatz geführt haben. Da ich nicht sicher war, was sie damit meinte, lächelte ich.

»Ich komme gerade von Lillies Beerdigung. Sie war meine beste Freundin.«

Und nun wusste ich, dass ich Ruby zuhören würde. Sie brauchte jemanden, mit dem sie sprechen konnte. Damals war mir noch nicht klar, dass dies die interessantesten fünf Stunden werden würden, die ich je in einem Flugzeug zugebracht hatte.

Ruby erzählte mir, sie und Lillie hätten sich vor mehr als dreißig Jahren kennen gelernt. Das sei der Beginn einer langen und guten Freundschaft gewesen.

»Wir nähten beide gern«, meinte Ruby. »Lillie machte gern Stoffpuppen, und ich nähte die Kleidchen dazu. Wir machten fast zweihundert Puppen und verschenkten sie an Mädchen in Krankenhäusern. Lillie sagte, die Puppen würden den Kindern Freude bereiten und so kämen sie schneller wieder auf die Beine.«

Ruby erzählte, sie und Lillie seien unzertrennlich gewesen. Die meisten Menschen hätten sie für Schwestern gehalten. Sie hätten im Abstand von einem Monat geheiratet, beide einen Mann namens Paul. Munter plaudernd berichtete Ruby, wie sie und Lillie sich durch harte Zeiten gekämpft und schöne Zeiten gemeinsam genossen hatten.

Dann sagte sie: »Ich war dabei, als man bei ihr Leukämie diagnostiziert hat. Wir haben miteinander geweint. Ich hoffte so sehr, dass sie es schaffen würde, obwohl eigentlich keine Chance bestand. Wir beide wussten, dass es nicht sein sollte. Ich war jeden Tag bei ihr im Krankenhaus und habe ihre Hand gehalten, als sie starb.«

Ich fragte nach: »Wie werden Sie das Leben ohne Ihre Freundin meistern?«

Und Ruby antwortete mir mit Nachdruck: »Ich werde etwas tun, das Lillie und ich schon immer machen wollten. Ich werde die alten Puppen reparieren, die wir vor langer Zeit gemeinsam gemacht haben, und sie Kindern schenken, die sie brauchen.«

Schließlich meinte sie: »Ich träume oft von Lillie. Außerdem habe ich häufig das Gefühl, dass sie da ist. Ich bitte sie um Rat, wenn ich welchen brauche. Es ist gut zu wissen, dass ich auf diese Weise immer noch mit ihr zusammen sein kann, auch wenn ich sie liebend gern noch einmal in Fleisch und Blut in die Arme schließen würde.«

Das Flugzeug landete und ich wünschte Ruby viel Glück. Dabei dachte ich: »Wie schön von Ruby, dass sie ihre Freundin so lebhaft im Gedächtnis behält.«

Ich blieb sitzen, bis alle ausgestiegen waren. Als ich ganz allein war, griff ich nach meiner Tasche und bewegte mich langsam auf den Ausgang zu. Ich hatte schon ein paar Sitzreihen hinter mich gebracht, als ich auf dem Boden unter einem Sitz eine kleine Puppe fand. Vermutlich hatte jemand sie verloren. Es war eine Stoffpuppe. »Seltsam«, dachte ich und sah sie mir genauer an. Da entdeckte ich, dass es eine alte Puppe war. Sie hatte keine Augen mehr, aber einen Mund, der noch immer lächelte. Ich sah auf, aber da war niemand mehr im Flugzeug. Und mir wurde klar, dass ich soeben ein Geschenk aus der Geistwelt erhalten hatte. Vielleicht kam es ja von Lillie und sollte mich an die tiefe Freundschaft zwischen zwei Frauen erinnern.

Schritte zur Heilung

- Gestatten Sie sich selbst, alle Phasen des Trauerprozesses zu durchlaufen.
- Sprechen Sie mit Ihren Freunden oder anderen Familienmitgliedern. Halten Sie Ihre Gefühle nicht zurück, weil Sie glauben, sich kontrollieren zu müssen. Manchmal ist es schwierig, das bei Menschen zu tun, die man kennt. Vielleicht bietet ein Therapeut oder eine Selbsthilfegruppe Ihnen eine bessere Möglichkeit, Ihre innersten Gefühle auszudrücken. Leben Sie einfach einen Tag nach dem anderen. Glauben Sie nicht, alles auf einmal erledigen zu müssen – auch nicht die häuslichen Pflichten. Bitten Sie in praktischen Dingen einen Freund oder eine Freundin um Hilfe. Anfangs können ganz einfache Dinge wie Rechnungen begleichen, kleinere Reparaturen oder der tägliche Einkauf schon zu viel sein. Scheuen Sie sich nicht, um Hilfe zu bitten.
- Seien Sie sanft und geduldig mit sich selbst. Trauer ist kein gleichmäßiger Prozess. An manchen Tagen wird sie Ihnen durchaus erträglich vorkommen. An anderen werden Sie dasitzen und Löcher in die Luft starren, weil Sie vor Schmerz kaum zu atmen wagen. Sie werden sich innerlich taub und allein fühlen.
- Gelegentliche Wutanfälle sind normal. Lassen Sie Ihren Zorn heraus! Achten Sie nur darauf, dabei weder sich selbst noch andere Menschen zu verletzen.
- Wenn Ihre Kinder noch klein sind, sprechen Sie mit Ihnen

über den Verlust. Auch sie leiden und trauern. Ermutigen Sie sie, ihre Gefühle auszudrücken. Machen Sie ihnen klar, dass sie nicht allein sind, dass sie all das gemeinsam durchstehen werden und dass es miteinander auch klappen wird. Versichern Sie ihnen, dass Sie immer für sie da sein und sie nie verlassen werden.

- Lassen Sie sich von Ihren Kindern ruhig trösten, wenn sie es von sich aus versuchen. Das kann ein sehr schöner Schritt zur Heilung sein.
- Sobald einige Zeit vergangen ist, sollten Sie wieder mehr ausgehen; treffen Sie andere Menschen. Isolieren Sie sich nicht. Gehen Sie ins Kino. Nehmen Sie die Einladung Ihrer Freunde zum Abendessen ruhig an.
- Tun Sie sich etwas Gutes! Graben Sie ein wenig im Garten herum oder kaufen Sie neue Grünpflanzen fürs Wohnzimmer.
- Oder holen Sie ein Haustier aus dem Tierheim. Wenn wir uns um andere kümmern müssen (auch um Haustiere), haben wir keine Zeit, lange in der Vergangenheit herumzustochern. Haustiere sind wunderbare Gefährten. Sie werden sie mit ihrer unbedingten Liebe trösten.
- Schaffen Sie sich ein Tagebuch an, in dem Sie alle Gedanken niederschreiben, die sich um Ihren lieben Verstorbenen drehen. Schreiben Sie Ereignisse auf, die für Sie beide wichtig waren. Und halten Sie jeden Tag in ein paar Sätzen Ihre Gefühlslage fest.
- Erkennen Sie sich selbst an. Schließlich haben Sie einiges durchgemacht. Wo liegen Ihre Stärken, wo Ihre Schwächen? Kann Ihre Erfahrung anderen nützlich sein? Vielleicht können Sie einmal andere Menschen in deren Trauerprozess unterstützen?
- Lassen Sie sich nicht zu früh auf andere Beziehungen ein. Möglicherweise versuchen Sie nur, so Ihren Kummer und Ihre Trauer zu überdecken. Geben Sie sich Raum. Wenn Sie das zu Ende gebracht haben, werden Sie es wissen.
- Betrachten Sie diese Erfahrung als Gelegenheit, Ihr spirituelles Leben zu vertiefen.
- Lassen Sie die Tür für eine neue Liebe offen. Sie verletzen

oder betrügen damit niemanden. Ihr Partner ist in den geistigen Reichen. Er oder sie wünscht Ihnen alles Gutes und das vollkommenste Glück.

5

Zu jung, um zu sterben

Jeder von uns kommt an die Gestade dieses Planeten mit einem fest umrissenen Vorhaben zurück. Wenn diese Aufgabe erfüllt ist, gehen wir wieder. Einige von uns brauchen dafür ein langes Leben, andere benötigen nur eine kurze irdische Erfahrung, bevor sie wieder in die geistigen Reiche zurückkehren. Diese Wahl treffen wir, bevor wir uns in unseren Körper inkarnieren. Wenn wir das Leben aus dieser Perspektive betrachten und akzeptieren, dass Zeit und Raum nur in dieser Welt zählen, wir aber letztlich ewige Wesenheiten sind, dann sehen wir die Natur von Leben und Sterben langsam in einem klareren Licht.

Der Tod eines Kindes ist wohl der härteste Verlust, der uns auf Erden treffen kann. Wie könnte man auch nur im Entferntesten darauf vorbereitet sein, einen Sohn oder eine Tochter zu verlieren? Oder seine Enkelkinder? Wenn Sie keine Kinder haben, fragen Sie Eltern in Ihrem Bekanntenkreis. Alle werden Ihnen dasselbe sagen: »Das würde ich nicht überleben«; »Ich würde nie wieder dieselbe/derselbe sein« oder »Mein Leben wäre ein Trümmerhaufen«. Nichts auf dieser Welt ist mit dem Tod eines Kindes vergleichbar und mit der tiefen Hoffnungslosigkeit, die darauf folgt. Und obwohl Eltern auch solche Schicksalsschläge überleben, verändert eine derartige Erfahrung sie für immer.

Wenn ein Kind stirbt, müssen die Eltern sich mit dem Unfassbaren auseinander setzen: »Mein Kind kann doch nicht vor mir sterben!« Und meist fühlen sie sich unendlich schuldig. Sie denken, sie hätten seinen Tod irgendwie verhindern können: »Hätte ich nur dies getan oder jenes gelassen!« Sie fühlen sich wertlos, unfähig und machtlos, weil sie glauben, ihrer Aufgabe nicht gerecht geworden zu sein. Statt sich einfach als Eltern zu betrachten, werden sie zu »Eltern ihrer toten Kinder«. Natürlich ist das kein bewusster Vorgang, denn ganz egal, wie viel Liebe und Schutz sie ihrem Kind gegeben haben mögen, sie werden sich auf die eine oder andere Weise verantwortlich fühlen. Der Tod scheint uns immer unnatürlich, doch wenn ein Kind stirbt, kommt das Gefühl hinzu, es sei »vor seiner Zeit« von uns gegangen. Und aus diesem Grund glauben Eltern, dass sie irgendwie schuldig sind.

Die Eltern-Kind-Beziehung

Die Beziehung zwischen Eltern und Kindern ist enger als jede andere. Ein Kind ist der vollkommene Ausdruck elterlicher Liebe. Unsere Kinder kommen auf diese Welt als Teil des weiblichen Körpers. Mutter und Vater bereiten sich auf die Geburt ihres Babys vor. Die Mutter sorgt dafür, dass es im Bauch unter idealen Bedingungen heranwächst und bringt das neue Leben dann auf die Welt. Dann werden wir gleichsam zu einem Augenpaar, das über das Kind wacht. Wir schützen es vor allem, was bedrohlich und gefährlich sein könnte. Und wir gehen davon aus, dass unser Kind noch lange nach uns leben wird. Kinder schenken uns Hoffnung und in gewisser Weise auch Unsterblichkeit.

Die Verbindung zwischen Eltern und Kindern ist so vielfältig. Sie beschränkt sich nicht nur auf körperliche, emotionale und intellektuelle Aspekte. Letztlich wird dieses Band auf der Ebene der Seelen geknüpft. Beide Seelen entscheiden sich, diese Erfahrung miteinander zu machen. Es existiert also zwischen den künftigen Eltern und der zu gebärenden Seele bereits eine Übereinkunft. Meine persönlichen Erfahrungen haben mich gelehrt, dass es in solchen Beziehungen meist um Wachstumsmöglichkeiten auf dem Feld der Selbstliebe und -vergebung geht. Manchmal lehrt ein Kind seine Eltern, ohne Bedingungen einfach zu lieben. Manchmal entscheidet die Seele eines Elternteils auch, sich der Erfahrung eines solchen Verlusts auszusetzen, um später einem anderen Wesen in einer ähnlichen Situation zu helfen. Was auch immer die Gründe sein mögen, all diese Erfahrungen sind Lehrstunden für die Seele.

Wie ich es bereits in meinen früheren Büchern dargelegt habe, ist jeder Mensch auf einer spirituellen Reise. Wir alle sind individuelle Lichtfunken, Teil des einen großen Lichtes, der Gottesenergie. Jede Seele hat ihren ganz eigenen Pfad, dem sie folgt, um ihre göttliche Natur zu erkennen. Wenn ein Kind also diese Welt frühzeitig verlässt, hat seine Seele das schon vor seiner Inkarnation beschlossen. Manchmal durchläuft eine solche Seele nicht einmal den gesamten Geburtsprozess. Viele Seelen sterben einen schrecklichen und unerklärlichen Tod. Aber letztlich zählt nur eines: *Es gibt keinen Tod.* Alle Eltern werden ihre Kinder wieder sehen, weil es immer schon so war. Denken Sie daran, dass der Geist Ihres Kindes nun in den geistigen Reichen lebt und Ihre Gedanken und Gefühle kennt.

Tod vor der Geburt

Eine Schwangerschaft drückt auf der materiellen Ebene immer ein Gefühl der Hoffnung aus, einen vorweggenommenen Traum. Die Frau vereinigt sich mit ihrem Partner, um neues Leben zu schaffen. Eine werdende Mutter fühlt sich mit ihrem Kind auf eine besondere Art verbunden, die ein Geheimnis zwischen ihr und dem Kind bleibt. Obwohl der Vater ebenfalls für das heranwachsende Leben verantwortlich ist, bleibt diese besondere Verbindung der Mutter vorbehalten. Alles, was eine Mutter in der Zeit ihrer Schwangerschaft sagt, denkt, fühlt und träumt, teilt sich auf geheimnisvolle Weise ihrem Ungeborenen mit. Daher empfindet die werdende Mutter ihrem Kind gegenüber gleichermaßen Hoffnung wie Sorge.

Wenn das Kind aber vor der Geburt stirbt, fühlt die Mutter sich nicht nur um ihre Hoffnungen und Träume betrogen. Sie hat außerdem meist das Gefühl, dass die Fehlgeburt ihr Fehler gewesen ist. Schließlich stirbt das Kind in ihrem Körper und so klagt sie sich an, weil sie für ihr Ungeborenes kein schützendes Gefäß sein konnte. In einem solchen Trauerprozess müssen meist exzessive Selbstvorwürfe aufgearbeitet werden. Manchmal fühlen Frauen, die ihr Baby verloren haben, sich gar als Mörderin. Auf jeden Fall bringt dieses »Absterben« der Leibesfrucht für die Mutter äußerst starke innere Konflikte mit sich. Der Vater leidet natürlich auch. Er mag sich Vorwürfe machen, dass er sich nicht besser um Frau und Baby gekümmert hat.

Wenn ein Baby vor der Geburt stirbt, fassen die Eltern das häufig als »Gottesurteil« auf, das ihnen untersagt, Kinder zu erziehen und ihr Wissen an sie weiterzugeben. Zu der tragischen Situation kommt meist noch das Unverständnis der Umwelt. Viele Menschen glauben, dass dieser Verlust weniger schwer wiegt, weil das Kind ja nicht zur Welt gekommen ist und die Eltern ihr Leben nicht mit ihm geteilt haben. Ärzte und Krankenschwestern werden mit dieser Art von Tod meist recht schnell fertig. Sie teilen der werdenden Mutter mit, dass zwar ein Teil von ihr selbst gestorben sei, das aber weiter nicht schlimm sei, sie könne es ja wieder versuchen. Ich schlage an dieser Stelle vor, dass wir vorgeburtliche Todesfälle genauso behandeln wie andere.

Mitunter schlägt sich das Trauma einer Fehlgeburt oder anderer vorgeburtlicher Komplikationen mit Todesfolge auf das Selbstvertrauen der Frau nieder, sodass sie an künftige Schwangerschaften nicht mehr zu glauben vermag. Es ist keineswegs selbstverständlich, dass sie sich sofort wieder zutraut, ein Kind auszutragen. Jede neue Schwangerschaft wird von der Angst überschattet, auch dieses Kind am Ende zu verlieren. Doch es besteht Hoffnung, wenn die Frau ihre Situation verstehen und akzeptieren lernt. Auf jeden Fall sollte sie sich gesund fühlen und ihrem Körper vertrauen, bevor sie sich von neuem auf eine Schwangerschaft einlässt.

Vom spirituellen Standpunkt aus muss solch ein Erlebnis

nicht unbedingt eine Lektion füe die Seele der Mutter sein. Vielleicht hat die Natur beschlossen, mit dieser Erfahrung in Ihrem Körper stabilere und dauerhaftere Energien aufzubauen, damit Sie ihn einem neuen Erdenbewohner zur Verfügung stellen können. Anders gesagt: Was auf körperlicher Ebene geschieht, ist vielleicht nur die Folge Ihrer Arbeit auf spiritueller oder energetischer Ebene.

Bei einem vorgeburtlichen Todesfall ist es besonders wichtig, dass Eltern lernen, ihre Trauer anzunehmen, sonst ziehen sich die Schuldgefühle und der Schock unnötig in die Länge. Möglicherweise denken Sie nun, Sie seien zur Elternschaft nicht bestimmt und berauben sich so künftiger Erfahrungen mit Kindern.

Um eine besondere Form des vorgeburtlichen Todes, die Abtreibung, ranken sich allerhand soziale, religiöse und politische Mythen, die zu einer recht hitzigen öffentlichen Diskussion geführt haben. All das trägt nicht dazu bei, die Schuldgefühle der Frauen zu mindern. Für mich persönlich ist Abtreibung keine politische, sondern eine spirituelle Frage. Für eine Frau ist eine Abtreibung etwa so wie eine Fehlgeburt, wenn man davon einmal absieht, dass eine Frau, die abtreibt, sich auf Grund der gesellschaftlichen Situation noch mehr Vorwürfe macht. Die Tatsache, dass so viele Menschen auf dieser Welt eine solche Frau gar als »Mörderin« sehen wollen, streut noch zusätzlich Salz in ihre Wunden. Hierbei ist es ebenfalls wichtig, sich bewusst zu machen, dass Sie in einem Trauerprozess stecken. Je nachdem, welchem Glauben Sie angehören, kann eine nicht aufgearbeitete Abtreibung zu jahrelangen Depressionen führen.

Weshalb auch immer Sie den Abbruch vorgenommen haben, für Sie geht es bei diesem Prozess um die Themen »Liebe«, »Annehmen« und »Selbstwert«. Ich möchte Ihnen jedenfalls versichern, dass ich die vielen Male, bei denen die Geistwelt signalisiert hat, eine Seele würde durch einen Schwangerschaftsabbruch nicht zerstört, gar nicht mehr zählen kann. Die Seele ist ja keineswegs unauflöslich mit dem Embryo verbunden. Sie weiß von dem kommenden Abbruch und kehrt in die geistigen Reiche zurück, um sich ein neues »Gefährt« zu suchen, das sie durch ihre neuen Lebenserfahrungen tragen wird.

Ich habe viele Frauen kennen gelernt, die wegen des sozialen Stigmas der Abtreibung Scham, Schuldgefühle und Angst empfinden. In einigen Fällen hat dies das Leben der betroffenen Frauen vollständig ruiniert. Wann immer eine Frau einen Schwangerschaftsabbruch vornimmt, durchläuft sie einen Trauerprozess, ob sie es sich nun eingesteht oder nicht. Daher rate ich Ihnen auf jeden Fall, sich professionelle Beratung zu suchen, wo Sie über Ihre Ängste sprechen können, ohne dass man versucht, Sie zu einer bestimmten Entscheidung zu überreden. In dieser Hinsicht können konfessionelle Beratungsstellen gefährlich sein. Viel zu viele Frauen leiden ihr Leben lang unter einer Abtreibung. Das muss nicht so sein! Vielleicht könnte die Gesellschaft ja versuchen, den Frauen zu helfen, statt sie zu verdammen. Neues Leben in die Welt zu setzen ist schließlich eine unglaubliche Verantwortung. Denken Sie daran: *Gott macht keine Fehler.* Jede Erfahrung hat ihren Grund und dient unserer spirituellen Entwicklung.

Plötzlicher Kindstod (SIDS)

Der plötzliche Kindstod oder Krippentod lässt Kinder meist während ihres ersten Lebensjahres sterben. Unglücklicherweise gibt es für diese Tragödie keinerlei warnende Anzeichen. Allein in den Vereinigten Staaten verursacht SIDS *(Sudden Infant Death Syndrome)* jährlich zwischen 8000 und 10 000 Todesfälle. Meist tritt der Tod zwischen Mitternacht und neun Uhr morgens ein. Vermutete Todesursache ist die Lage des Kindes. Sehr viel mehr wusste die Wissenschaft zu diesem Thema bisher nicht zu sagen.

Als ich zehn war, bekam die Mutter meines besten Freundes Scott ein Baby. Conny war die erste schwangere Frau, die ich im Leben gesehen habe. Eines Nachmittags standen Scott und ich nach dem nachmittäglichen Fußballtraining auf einer

Parkbank und warteten auf Scotts Eltern, die uns in ihrem alten Buick abholen sollten. In diesem Augenblick hatte ich eine meiner »Eingebungen«. Von meinem erhobenen Standort aus sah ich durch die Windschutzscheibe direkt auf Connys Bauch. Ich kann mich noch gut an das Kleid mit dem Leopardenmuster erinnern, das sie damals trug. Und an das merkwürdige, unangenehme Gefühl, dass in diesem Bauch irgendetwas nicht so war, wie es sein sollte.

Einen Monat später kam das Baby gesund und normal zur Welt. Ich hatte längst vergessen, was ich von der Parkbank aus gesehen hatte. Doch zwei Wochen nach der Geburt rief ich Scott an und da war sein Vater am Telefon, der mir sagte, das Baby sei gestorben. Schockiert ließ ich den Hörer fallen und schrie auf. Ich hatte noch nie von einem toten Baby gehört. Es schien mir einfach unvorstellbar. Plötzlich fiel mir das merkwürdige Gefühl wieder ein, das ich gehabt hatte. Tief in mir drin hoffte ich, dass ich nicht dafür verantwortlich war. Ich fragte meine Mutter, ob ich zu Scott hinübergehen dürfe. Ich wollte irgendwie helfen, aber meine Mutter meinte, das sei nicht der richtige Zeitpunkt. Also marschierte ich in den Hinterhof und sah zu Scotts Haus hinüber. Dort hielt ein schwarzer Wagen im Vorgarten, auf dem in großen Lettern »Städtische Leichenhalle« stand. Ich wusste, dass man die Leiche des toten Babys jetzt dorthin bringen würde. Entsetzt lief ich in mein Zimmer und weinte.

Als ich ein paar Tage später Scotts Mutter begegnete, sah sie fürchterlich aus. Sie musste viel geweint haben. Irgendwie wusste ich, dass sie sich die Schuld am Tod des Kindes gab. Leider konnte ich ihr von meinem Gefühl nach dem Training nichts erzählen. Ich verstand es damals ja selbst noch nicht. Ich war dankbar für die tröstenden Worte meiner Mutter: »Es liegt alles in Gottes Hand.«

Wenn ein Kind in den ersten Monaten seines Lebens stirbt, wird das sich eben formende Band zwischen ihm und seinen Eltern abrupt zerstört. Geschieht das im Krankenhaus, müssen die Eltern gar in ein Haus mit einem leeren Kinderzimmer zurückkehren. Der plötzliche Kindstod allerdings ereignet sich meist zu Hause; die Eltern sind mit dem toten Baby ganz allein.

Es gibt vorher keine warnenden Anzeichen. In der einen Minute ist das Kind noch gesund, in der anderen bewegt es sich nicht mehr. Schock und Unglauben sind in einem solchen Fall enorm groß. So kommt es auch vor, dass ein Elternteil oder beide den Tod des Kleinen einfach nicht wahrhaben wollen. Sie suchen verzweifelt nach einem Grund für den Tod des Kindes und können keinen finden. In dieser Situation sind Eltern nicht nur allerlei Fragen der Ärzte über den Gesundheitszustand des Kindes und die Todesursache ausgesetzt, sie können außerdem nicht aufhören nachzudenken: »Was habe ich nur falsch gemacht?« oder »Hätte ich etwas tun können, um es zu verhindern?« Nach der Bestattung müssen die Eltern die Kindersachen wegräumen: Kleidung, Spielsachen, Fläschchen, Schnuller. Dann setzen meist Gefühle der Leere und Einsamkeit ein, vor allem bei der Mutter. Der Anblick anderer schwangerer Frauen oder Mütter mit ihren Babys kann auch später noch ohne jede Vorwarnung Ihren Schmerz wieder aufbrechen lassen. Das alles kann Jahre dauern.

Um den Verlust trauern

Die Trauer »verwaister Eltern« ist mit der anderer Menschen kaum zu vergleichen. Schließlich verzeichnen Eltern auf so vielen Ebenen einen Verlust: Mit ihrem Kind beerdigen sie ihre Träume und Hoffnungen, die sie für den Nachwuchs gehegt hatten. Mit dem Tod eines Kindes stürzen die Eltern in einen bodenlosen Abgrund. Alles, was sie sich je erträumten, scheint nun wie ein Luftschloss. Daher ist das Leben von Eltern, die ein Kind verloren haben, noch lange Zeit geprägt vom »Ach, wäre doch …«. Das hört auch nach dem Trauerprozess nicht auf. Der Abgrund schließt sich nie ganz.

Viele Eltern, die zu mir kommen, hadern mit Gott, der ihnen ihr Kind genommen hat. Sie sehen seinen Tod als Strafe und fragen sich, wie denn ein liebender Gott so etwas zulassen kann. Ich habe sie schon Gott und das Universum verfluchen gehört. In so einem Fall kann ich ihnen nur sagen, was meine Erfahrungen mit der geistigen Welt mich gelehrt haben: Es gibt keinen strafenden Gott.

Jeder der beiden Elternteile muss die einzelnen Phasen des Trauerprozesses vollständig durchlaufen – den Schock, das Leugnen der Tatsachen, die Wut. Gerade Eltern sind häufig auf alle und jeden wütend, auf Freunde, Familienmitglieder und Ärzte. Sie sehen die Kinder anderer Leute und begreifen nicht, weshalb diese noch am Leben sind, wo ihres doch sterben musste. Manchmal glauben sie, damit fertig zu werden. Dann wieder packt sie die tiefste Verzweiflung. Viele trauernde Eltern versuchen, diesen Prozess zu beschleunigen, damit er nicht so wehtut, doch das ist ein Fehler: So bleibt der Schmerz nur länger.

Um ein Kind zu trauern zerreißt einem das Herz. Lassen Sie sich Zeit, so viel Zeit wie nötig. Die Vorstellung, dass der Trauerprozess zu irgendeinem Zeitpunkt abgeschlossen sein müsste, ist falsch. Jeder heilt auf seine Weise, nach seinem ureigensten Rhythmus. Diese Heilung hängt vor allem von drei Dingen ab: erstens von der Beziehung des Elternteils zum Kind; zweitens vom geistigen und körperlichen Gesundheitszustand des Trauernden; drittens vom sozialen Netz, das aus Freunden, Familienmitgliedern, Nachbarn und anderen Menschen besteht, welche die Trauernden unterstützen.

Stirbt ein Kind, so fällt es den meisten Eltern unendlich schwer, darüber zu sprechen. Aber gerade das müssen sie tun. Vor allem Väter können die größten Schwierigkeiten damit haben, über ihre emotionalen Erfahrungen zu sprechen und ihren Verlust offen einzugestehen. Daher sollte man sie besonders ermutigen, ihre Gefühle auszudrücken. Tun sie das nicht, so leidet meist die Partnerschaft darunter oder geht in der Folge ganz entzwei. Das ist häufig der Fall bei unaufgearbeiteter Trauer nach dem Tod eines Kindes.

Mit der Zeit werden beide Elternteile merken, dass die Intensität des Schmerzes nachlässt. Doch was sie auch tun, Eltern verwinden den Tod eines Kindes niemals, sie überleben ihn höchstens. Die folgenden Erfahrungsberichte stammen von Eltern, deren Kinder starben. Sie beschreiben ihre Trauer und ihren Schmerz in ihren eigenen Worten. Sie lassen uns daran teilhaben, wie unvermittelt ihre Träume für ihre Kinder ein Ende fanden. Einige der Eltern haben weitergemacht und helfen heute anderen Menschen in ähnlicher Situation, andere sind tief in sich gegangen und haben dabei eine spirituelle Stärke entdeckt, die sie nie für möglich gehalten hätten. Die Menschen, die hier zu Wort kommen, teilen uns mit, dass sie eine stärkere Verbindung zur Quelle des Universums gefunden haben. Und wie sie durch ihre Kinder wahrhaft lieben lernten. Ich habe diese Berichte zusammengetragen, weil ich Ihnen zeigen möchte, dass sogar in der schlimmsten aller Tragödien die Möglichkeit zu innerem Wachstum liegt. Es ist mein innigster Wunsch, dass diese Berichte anderen trauernden Eltern ein bisschen Frieden schenken mögen inmitten dieses »Meers von Plagen«. Ihr Leben wurde von der wunderbaren Seele Ihres Sohnes oder Ihrer Tochter gesegnet, ganz gleichgültig, wie lange diese auf der Erde zu verweilen beschloss.

Es gibt keine Zufälle

Der folgende Bericht stammt von einer sehr schönen Frau namens Joerdie, deren Sohn bei einer Explosion im eigenen Haus ums Leben kam. Joerdie und ihr Mann Eric nahmen an einer Kreuzfahrt im Mittelmeer teil, die Brian Weiss, der Reinkarnationstherapeut, und ich vor einigen Jahren organisierten. Dabei führte ich einige Readings durch. Hier nun folgt ihre Geschichte über das, was sie und ihre Familie erlebten.

Ich kann mich kaum daran erinnern, wie das Leben vor dem 17. Dezember 1997 war. Es scheint so verschwommen, so weit weg. Jetzt ist das Leben klarer, voller Licht und Liebe. Der plötzliche Tod unseres Sohnes veränderte das Leben vieler Menschen – das seines Vaters, meines, das seines Bruders, seiner Frau, seiner Tochter und vieler anderer, die ihn nicht einmal kannten. Als Ian in die geistigen Reiche hinüberging, öffnete er die Tür für uns. Wir erfuhren, dass der Geist nicht stirbt. Er erinnerte uns daran, dass wir im Grunde geistige Wesen sind, die im Augenblick die Erfahrung eines Menschenlebens machen.

In der Nacht, bevor Ian starb, sah ich im Traum eine meiner besten Freundinnen. Sie war ganz in Weiß gekleidet und trug mir auf, nach dem Erwachen über folgende Dinge zu meditieren: 1. Der Tod ist nie ein Zufall. 2. Es gibt keine Zufälle. 3. Nur die Liebe ist wirklich. Am nächsten Morgen erzählte ich meinem Mann von diesem Traum und dem wundervollen Gefühl des Friedens, das ich nach dem Aufwachen empfunden hatte. Am Abend desselben Tages erfuhren wir in der Notaufnahme, dass Ian seinen Verletzungen erlegen war. In diesem Augenblick wusste ich, dass Ian uns nicht wirklich verlassen hatte. Ich hatte vielmehr den Eindruck, er sei an einen Ort gegangen, an dem es mehr Frieden und Liebe gibt. Dort würde es ihm sehr viel besser gehen als hier, in seiner irdischen Inkarnation.

Am Tag nach der Explosion kam mein jüngerer Sohn Scott zu mir und meinte, mit unserem Interesse für die Bücher und Bänder des Reinkarnationstherapeuten Brian Weiss habe das Universum uns auf Ians Tod vorbereitet. Leider hatte mein Mann Eric diesen Vorteil nicht. Scott und ich hatten vor einigen Wochen James van Praagh in der »Larry King Show« gesehen und ich hatte sein Buch *Und der Himmel tat sich auf* bestellt. Als wir von Ians Beerdigung nach Hause kamen, lag es im Briefkasten. Für mich war das ein Geschenk des Universums. Scott und ich lasen das Buch immer wieder. Alles, was darin stand, legte sich wie Balsam auf unsere Wunden. Ich hoffte so sehr, dass auch Eric das Buch lesen würde, und war überglücklich, als er es tat. Das war der Beginn seines spirituellen Erwachens. Als wir hörten, dass James und Brian Weiss planten, auf einer Mittelmeerkreuzfahrt Workshops anzubieten, beschlossen Eric und ich, daran teilzunehmen. Diese Reise hat unser Leben verändert.

Doch noch bevor der Workshop mit James begann, geschah etwas höchst Seltsames: Ich saß zusammen mit Hunderten anderer Menschen in einem großen Saal, als ich den Blick senkte und merkte, dass ein Bild von Ian in meinem Schoß lag. Ich hatte es in der Geldbörse aufbewahrt, aber ich erinnerte mich nicht, sie aus der Handtasche genommen zu haben. Es war ein Klassenfoto von Ian, als er noch zur Schule ging. Sein T-Shirt hatte ein Loch, und ich weiß noch gut, wie ich immer wieder zu ihm sagte: »Konntest du für das Foto nicht wenigstens ein gutes T-Shirt anziehen?« Aus diesem Grund habe ich es nie jemandem gezeigt.

Während des Workshops hörten wir James zu. Er sprach über das Leben nach dem Tod. Wir waren also am richtigen Ort. Dann begann James mit den Readings. Es waren viele Menschen da. Einigen von ihnen übermittelte James Botschaften aus den geistigen Reichen. Dann sagte er etwas, das Eric und mich beinahe umwarf:

»Ich habe hier einen jungen Mann, der mir ein T-Shirt mit einem Loch darin zeigt. Hat das für irgendjemanden in diesem Raum eine Bedeutung?«

Anfangs wusste ich nicht, was ich tun sollte. Dann stand ich auf. Ich dachte: »Jetzt weiß ich, warum er dieses alte T-Shirt angezogen hat.«

James kam durch den Gang auf uns zu. »Dieser junge Mann reicht mir eine Perlenkette. Können Sie damit etwas anfangen?«

Ich konnte einfach nicht glauben, was er da sagte, und trotzdem war mir alles sonnenklar! In der Nacht zuvor hatte ich von Ian geträumt. Er hatte mir »Perlen der Weisheit« gereicht, aus denen ich mir eine Kette machen sollte. Am Morgen noch hatte ich diesen Traum in meinem Tagebuch festgehalten.

»Ist der junge Mann Ihr Sohn?«

Ich nickte. Tränen traten in meine Augen.

»Ihr Sohn zeigt mir Noten, Musiknoten, und eine Gitarre. Er spielt Gitarre.«

»Ja«, hauchte ich. Ian hatte jahrelang in einer Band Gitarre gespielt.

James berichtete weiter: »Ich spüre, dass Ihr Sohn schnell hinüberging. Ich sehe eine Explosion und Feuer.« Er machte eine kurze Pause und fuhr dann fort: »Er sagt, dass er Angst hatte, im Feuer zu sterben.«

Ich antwortete: »Ian hatte immer solche Angst vor dem Feuer.«

»Ihr Sohn war übersinnlich begabt. Er hat seinen Tod vorausgeahnt.«

Dann meinte James: »Ich muss Ihnen sagen, dass Ian Engel und Teufel gleichzeitig war.«

Das war er ganz sicher.

James schien der Stille im Raum zu lauschen, bevor er weitersprach: »Er sagt, er habe dieses Leben früh verlassen müssen, um sich spirituell entwickeln zu können. Verstehen Sie, was er meint?«

Ich nickte wieder.

»Er sagt auch, dass Sie selbst medial begabt seien und zu den geistigen Reichen Kontakt aufnehmen könnten. Er sagt, sie sollten diesen Botschaften mehr Raum geben und genau hinhören.« James hatte uns so vieles wissen lassen, was eigentlich nur Ian wissen konnte, doch diese letzte Aussage fand ich ziemlich überraschend. Ich hatte von Ian geträumt. Ich hatte auch im Traum mit ihm gesprochen, doch dass ich ein Medium sein sollte, daran hatte ich nie gedacht.

»Ihr Sohn ist jetzt sehr glücklich. Er lebt in Frieden und möchte, dass auch Sie eines Tages wieder glücklich sind. Er wünscht sich, dass Sie sehen könnten, wie schön es an dem Ort ist, wo er sich jetzt aufhält.«

Zwei Tage nach James' Reading träumte ich erneut von Ian und einem Mann namens Glenn, der eine Woche nach Ian gestorben war. Ich hatte Glenn nicht gekannt, hatte auf der Kreuzfahrt aber seine Schwester Joan kennen gelernt. Joan meinte, Glenn und Ian seien vielleicht Freunde und überprüfte die Informationen, die Glenn mir gab. Wir entdeckten, dass Ian und Glenn in den geistigen Reichen miteinander befreundet sind, ja sich seit vielen Lebenszeiten kennen. Von diesem Moment an kamen sowohl Glenn als auch Ian regelmäßig zu mir.

Die heilenden Worte, die unser Sohn uns durch James übermitteln ließ, gaben Eric und mir ein tiefes Gefühl der Ruhe und inneren Erneuerung. Unser Leben veränderte sich vollständig. Alles, was wir früher als Probleme betrachtet hatten, sahen wir nun als Gelegenheit zum spirituellen Wachstum. Auch mein Mann begann, seinen Beruf als Arzt nunmehr aus spiritueller Sicht zu betrachten. Ians Tod war für uns ein Geschenk: Wir haben gelernt, den Tod nicht zu fürchten und uns dem Leben zu öffnen. Die Illusion, das Leben kontrollieren zu können, brach zusammen und machte der Liebe und Weisheit des Universums Platz. Der Gottesfunken in uns unterstützt uns dabei, anderen Menschen zu helfen. Auf diese Weise zieht die Hilfe immer weitere Kreise. Natürlich vermissen wir unseren Sohn Ian, doch im Geiste ist er immer bei uns. Wann immer wir das wünschen, sprechen wir mit ihm. Die Leitung ist stets frei.

NACHTRAG

Joerdie sagte mir Folgendes: »Vor Ians Tod führte ich ein unerleuchtetes Leben. Ich machte mir über alles Sorgen und begegnete Menschen und Situationen mit meinen fest verwurzelten Vorurteilen. Ich hatte immer Angst, nicht genug zu besitzen. Ich lebte wie im Schlaf, hatte keine Ahnung davon, was wirklich wichtig ist.« Nach dem Tod ihres Sohnes durchlebte Joerdie einen intensiven Trauerprozess, der ihre ganze Weltsicht veränderte. Wie sie selbst berichtet: »Heute habe ich eine enge Verbindung zu Gott, die auf Verständnis und unbedingter Liebe zum Leben als *Ganzes* beruht. Je mehr das Universum mir über unsere früheren Existenzen enthüllt, desto mehr Sinn hat dieses Leben für mich. Ian teilte mir mit, dass er in seinem letzten Leben Selbstmord begangen hatte und deshalb zurückgekehrt war, um den Rest dieser alten Lebenszeit zu erfüllen. Und tatsächlich hatte Ian, als er fünfzehn war, viel über Selbstmord niedergeschrieben. Seinem vorherigen Leben hatte er eben in diesem Alter ein Ende gesetzt. Er erzählte mir, dass er damals sexuell missbraucht worden war, was mich schockierte und sehr wütend machte. Doch Ian konnte diese Erfahrung in seinem darauf folgenden Leben umwandeln. Er hatte immer tiefes Mitgefühl für obdachlose Menschen, vor allem für Kinder.« Joerdie sagte mir, sie lerne viel von ihrem Sohn: »Er lehrt mich alles, was er über Liebe und Mitgefühl weiß.«

Telefongespräch mit dem Himmel

Wenn Kinder sterben, so hat das meistens verheerende Auswirkungen auf die Eltern. Doch gewöhnlich leidet unter so
einem tragischen Vorfall die ganze Familie, wie die nächste
Geschichte zeigen wird. Im Fall von Bill und Donna, die ihren
Sohn Chris verloren hatten, verstärkte das schicksalhafte Ereignis die Familienbande aber noch. Donnas erschütternder,
detailgenauer Bericht hat vielen Menschen geholfen, die ein
ähnlich schmerzvolles Erlebnis überwinden mussten.

Unser Albtraum begann, als mein Mann Bill und ich um vier
Uhr morgens von der Türglocke aus dem Schlaf gerissen wurden. Wir sprangen aus dem Bett und stießen mit den Köpfen
zusammen, als wir zur Tür eilten. Wir öffneten sie und standen
dem schlimmsten Albtraum jedes Elternpaares gegenüber: zwei
Polizisten. Wir wussten, dass es nichts Gutes heißen konnte.
Meine Knie gaben nach, als sie uns sagten, unser Sohn Chris
habe nur einen Block von unserem Haus entfernt einen schweren Autounfall erlitten. Scheinbar war er am Steuer eingeschlafen, von der Straße abgekommen und gegen einen Baum geprallt.
Man hatte ihn in die Notaufnahme unseres Krankenhauses
gebracht. In meinem Kopf drehte sich alles. Als ich schnell ein
paar Sachen zusammensuchte und mich anzog, drehte sich mir
der Magen um. Instinktiv griff ich nach meinem Rosenkranz,
der auf meinem Nachttisch lag. Im Auto begann ich zu beten:
»O Gott, wie konnte das nur geschehen? Bitte nimm dich meines Sohnes an. Lass ihn bitte nicht sterben – nicht mein Baby.
Jesus, hilf ihm.« Bill dachte, es würde schon alles gut gehen.
»Schließlich passieren ständig Unfälle, und die meisten Menschen überleben sie.« Ich weiß nicht, wie Bill es geschafft hat,
uns zum Krankenhaus zu fahren. Er schien so völlig abwesend
zu sein.
Wir überlegten immer wieder, was denn nur passiert sein konnte. Chris war am Morgen mit einigen Freunden zum *Magic
Mountain* gefahren, einem Freizeitpark in der Nähe. Sie wollten ihren Schulabschluss feiern. Nächste Woche würde er die

Schule verlassen. Er kam erst gegen Abend nach Hause und erzählte, wie viel Spaß sie gehabt hätten. Der Tag war wohl anstrengend gewesen, aber Chris war ja immer so voller Energie. Daher waren wir auch nicht überrascht, als er nach dem Abendessen noch zu einem Freund ging. Das Letzte, was ich zu ihm sagte, war: »Komm nicht zu spät. Du musst morgen zur Schule.« Er gab uns beiden einen Kuss und sagte: »Ich weiß. Macht euch keine Sorgen.« Wir waren sicher, dass er bei seinem Freund ein paar Bier getrunken hatte. Der Alkohol zusammen mit der Anstrengung des Ausflugs hatte ihn wohl müde gemacht, und so war er am Steuer eingeschlafen. Der Morgennebel hatte vielleicht noch ein Übriges getan.

Es war nicht weit von unserem Haus passiert, wirklich nur einen Block entfernt, hatte der Polizist gesagt. Wenn er nur ein paar Minuten länger wach geblieben wäre! Er kam selten so spät nach Hause, weil er wusste, dass er dann mit uns Ärger bekam. Ich machte mir Vorwürfe, dass ich nicht aufgewacht war, als er um Mitternacht nicht daheim war. Ich hätte ihn ja anpiepsen können. Er hatte einen Piepser dabei und rief mich immer zurück.

Voller Panik liefen wir ins Krankenhaus. Dort hieß es, Chris sei noch im Operationssaal, man würde uns aber bald Bescheid geben. Damit begann eine entsetzliche Zeit des Wartens. Langsam wurde uns bewusst, was geschehen war. Wir beteten, wie wir noch nie zuvor gebetet hatten. Ich weiß nicht, wie oft ich den Rosenkranz durch meine Hände gleiten ließ. Schließlich kam ein Arzt mit bleichem Gesicht auf uns zu. Er sah vollkommen erschöpft aus. Ich wusste, was er uns sagen wollte, noch bevor er es ausgesprochen hatte: »Chris hatte eine ziemlich schlimme Kopfverletzung und Verletzungen im Brustbereich. Wir konnten die Blutung einfach nicht stoppen. Er hat hart gekämpft. Wir auch.« Aber nichtsdestotrotz hatte unser Sohn es nicht geschafft. »Es tut mir sehr Leid«, sagte der Arzt. Ich werde diese Worte nie vergessen. Der Schmerz, den ich in diesem Augenblick fühlte, war unbeschreiblich. Wenn ich mich heute daran erinnere, fällt es mir schwer zu glauben, dass ich daran nicht gestorben bin. Bill und ich fielen einander in die Arme. Wir brachen regelrecht zusammen. Der Schock saß einfach zu tief. Dann fragte der Arzt, ob wir unseren Sohn noch einmal sehen wollten. Bill meinte, er könne das nicht. Ich aber wollte ihm unbedingt Auf Wiedersehen sagen. Ich war bei ihm, als Chris zur Welt kam. Ich wollte auch bei ihm sein, wenn er sie verließ. Ich habe gehört, dass unser Gehirn in Zeiten gewaltiger Anspannung eine Art Droge ausschüttet, die uns den Schmerz leichter ertragen lässt. Wahrscheinlich hatte ich davon eine ziemlich hohe Dosis intus, denn ich tastete mich wie ein Zombie durch eine Welt, die plötzlich stehen geblieben zu sein schien. Ich saß neben dem Leichnam meines Sohnes, hielt seine Hand, streichelte sein Gesicht – ein Gesicht, das ich nun nie mehr wieder sehen würde. Ich dachte an den Tag, als er geboren worden war, und daran, dass er nun keine Zukunft mehr hatte. In meinen Augen würde er immer achtzehn bleiben. Ich wollte jede Einzelheit in mich aufnehmen: sein Gesicht, seine Hände, seine Brust, seine Füße. Auf diese Weise würde ich nicht vergessen, wie er ausgesehen hatte. Ich betrachtete seine abgebrochenen Vorderzähne und dachte an die Zahnspange, die er bekommen sollte. Über der Augenbraue saß noch immer der kleine Pigmentfleck, den er sich entfernen lassen wollte. Konnte es wirklich sein, dass sein Leben vorbei war?

Bill hatte seine Meinung geändert und kam jetzt auch herein. Ich hatte ihn noch nie so ängstlich gesehen. Sein Gesicht war für mich kaum wieder zu erkennen. Er stand da wie in Trance. Chris und er hatten sich so gut verstanden. Sie waren einander so ähnlich gewesen. Ich konnte mir nicht vorstellen, dass Bill sich je vom Verlust seines Sohnes erholen würde.

Als wir das Krankenhaus verließen, schien die Sonne. Die Menschen begannen ihren Tag wie immer. Bill und ich stiegen mechanisch ins Auto und fuhren nach Hause, in ein Leben, das nie wieder so sein würde wie bis zu diesem Augenblick, in ein Leben ohne unser jüngstes Kind. Ich sagte zu Bill: »Ich weiß nicht, wie wir weitermachen sollen ohne Chris.«

Bill hatte vom Krankenhaus aus ein paar Freunde und Verwandte angerufen. Sie würden nun bald da sein. Wir mussten die Beerdigung organisieren, was wir beide uns überhaupt nicht vorstellen konnten. Am schlimmsten war, dass wir nicht wussten, wie wir unseren beiden älteren Kindern, Keri und Ryan, beibringen sollten, dass ihr Bruder tot war. Wir standen uns alle sehr nahe. Daher wussten wir, dass der Verlust die beiden genauso hart treffen würde wie uns. Ihnen von Chris' Tod zu berichten war eine schreckliche Erfahrung. Keri weinte und weinte und schüttelte immer wieder ungläubig den Kopf. Ryan schrie einfach nur auf: »O nein, nicht Chris!«, und schlug mit der Faust immer wieder aufs Bett.

Die Tage darauf vergingen wie im Traum. Ich danke Gott heute noch, dass unsere Freunde und Verwandten uns beistanden. Wir brauchten einander so sehr. Jeder hatte Chris gemocht, daher waren alle ziemlich schockiert. Die Beerdigung war wunderschön. Die Kirche war voller Menschen. Es war uns ein großer Trost zu sehen, wie viele Freunde Chris hatte. Viele Menschen sagten, dass sie sich immer an Chris' lachendes Gesicht erinnern würden. Er hatte die Menschen immer zum Lachen gebracht. Einige seiner Freunde erzählten uns, wie er ihnen geholfen hatte, als sie in Schwierigkeiten waren. Seine Ratschläge, so meinten sie, hätten ihnen so viel gebracht. Ich hatte gar nicht gewusst, dass er so vielen Menschen Gutes getan hatte. Als die Beerdigung zu Ende war, fühlten wir uns besser als je zuvor seit diesem schrecklichen Morgen vor vier Tagen.

Und doch waren die folgenden Tage von Trauer erfüllt, in der wir langsam zu versinken schienen. Ich konnte noch immer nicht glauben, dass Chris wirklich tot war. Manchmal ertappte ich mich dabei, wie ich immer wieder vor mich hin sagte: »Chris ist tot. Chris ist gestorben.« Ich fing an, die Tage seit dem Unfall zu zählen. Jeder Tag war noch ein bisschen schlimmer als der vorhergehende. Ein Tag mehr, seitdem ich meinen Jungen zum letzten Mal gesehen hatte. Ich dachte, dass es eines Tages vierzig oder siebzig oder hundert Tage sein würden. Und irgendwann würde ich in Jahren rechnen. Ich konnte mir nicht vorstellen, wie ich das überstehen sollte.

Es war so furchtbar still im Haus – jetzt, wo Chris nicht mehr da war. War er zu Hause gewesen, dann war immer etwas zu hören gewesen: Reden, Lachen, Singen, Herumblödeln, Telefongespräche und natürlich seine geliebte Reggaemusik. Keri und Ryan hatten zusammen nie so viel Lärm gemacht wie Chris. Wie konnten Kinder nur so unterschiedlich sein? Immer, wenn ich irgendetwas zum letzten Mal tat, war ich am Boden zerstört: das letzte schmutzige T-Shirt waschen, das letzte Mal das Bett beziehen, das letzte Mal sein Zimmer aufräumen, das letzte Mal einen Zahnarzttermin absagen. Jeder sprach von *Erinnerungen*. Ich hasste das Wort, war es doch alles, was mir von ihm geblieben war. Doch wie sollten Erinnerungen an achtzehn gemeinsame Jahre ein ganzes Leben lang reichen? Ich begann, alles aufzuschreiben, woran ich mich erinnerte, weil ich unglaubliche Angst hatte, etwas zu vergessen.

Bill musste wieder zur Arbeit gehen, ich blieb zu Hause und »schaltete auf Autopilot«. Er konnte sich kaum konzentrieren, hatte Probleme, Entscheidungen zu treffen. Manchmal kam er körperlich und seelisch völlig erschöpft nach Hause. Er tat mir so Leid, ich wünschte mir, ihn trösten zu können, aber ich hatte einfach nichts mehr zu geben. Ich war nicht stark genug. Keri und Ryan gingen wieder zum College, aber auch sie hatten Schwierigkeiten, den Alltag zu meistern. Ich bin heute noch dankbar, dass sie so gute Freunde hatten.

Ich hingegen brachte Tage damit zu, die Einzelheiten von Chris' Unfall wieder und wieder durchzugehen. Ich wollte Antworten auf meine Fragen: Hatte er Schmerzen? War er bei Bewusstsein, als er starb? Hat er nach mir gerufen? Auch die so genannten »philosophischen Fragen« beschäftigten mich: War seine Zeit gekommen? Wäre er auf andere Weise gestorben, wenn er an diesem Abend zu Hause geblieben wäre? Hatte es einfach geschehen müssen? Ryan hatte nach der Beerdigung etwas Merkwürdiges gesagt. Chris, so berichtete er, habe ihm vor etwa einer Woche erzählt, er habe eine Vision gehabt, während er auf den Teppich in seinem Zimmer starrte. Er habe seinen Helm gesehen, eine Menge Blumen und weinende Menschen. Was konnte das bedeuten? Hatte Chris etwa seinen Tod vorausgeahnt?

Ich konnte kaum noch beten, so sehr fühlte ich mich von Gott verlassen. Dem Himmel sei Dank hielt mein Geist sich nicht an das, was meine Gefühle sagten. Ich wusste irgendwie, dass Gott bei mir war. Nur auf der emotionalen Ebene fühlte ich mich vollkommen allein. Ich hatte jeden Tag für meine Familie gebetet. Warum hatte es an jenem Tag nicht geholfen? Im Krankenhaus hatten Bill und ich mehr gebetet als je zuvor in unserem Leben, doch unsere Gebete waren nicht erhört worden. Als Katholikin habe ich immer an das Leben nach dem Tod geglaubt. Dieser Glaube hatte mir geholfen, als meine Mutter starb und meine Großeltern. Aber Chris' Tod war etwas ganz anderes. Hier reichte der Glaube nicht mehr aus. Ich musste einfach wissen, ob mein Sohn wirklich im Himmel bei Gott war. Ich musste wissen, ob es ihm gut ging, ob er glücklich war und jemanden dort oben kannte. Ich wollte wissen, ob er mich hören konnte, wenn ich mit ihm sprach. Und ob er uns nahe war. War er es, der manchmal das Licht flackern ließ? War er es, der die elektrische Garagentür auf- und zugehen ließ? Wenn wir seine Gegenwart fühlten, fragte ich mich oft, ob er nun wirklich da war oder ob alles nur Einbildung war.

Obwohl ich mich vollkommen leer fühlte, betete ich. Ich betete, Gott möge sich seiner annehmen. Ich betete, Gott möge uns ein Zeichen geben, dass Chris uns immer noch nahe war. Ich glaubte fest daran, dass Gott meinen Sohn bei sich aufgenommen hatte, und betete, er möge in seiner unendlichen Gnade meine Wünsche erfüllen.

Tagelang las ich Bücher über Trauer, Engel, Nahtod-Erfahrungen und Kommunikation mit Verstorbenen. Sie halfen mir sehr, denn Wissen reinigt uns. Einige Monate nach Chris' Tod sah ich eine Fernsehsendung namens »The Other Side« (Die andere Seite). Dort war James van Praagh, ein Medium, zu sehen und erklärte, dass er die Gabe besitze, mit Verstorbenen zu sprechen. Ich hatte darüber bereits gelesen, aber die Vorführung im Fernsehen war doch sehr beeindruckend. Die Einzelheiten, die das Medium den Menschen mitteilte, für die es mit den Toten sprach, überzeugten mich vollkommen. James konnte tatsächlich mit den Toten sprechen. James trat in mehreren Folgen dieser Sendung auf, die ich alle aufnahm. Bill, Keri, Ryan und ich sahen sie gemeinsam an. Die Sendung schenkte uns so viel Hoffnung. Daher beschlossen wir, zu James Kontakt aufzunehmen; wir wollten bei ihm persönlich ein Reading bekommen.

Aus dem Radio erfuhren wir, dass James nach Los Angeles kommen würde. Bill und ich kauften Karten. Etwa zweihundert Menschen besuchten die Veranstaltung, doch das, was wir damals erlebten, war einfach unglaublich. Die Menschen, für die James ein kurzes Reading machte, waren nach dem Zufallsprinzip ausgewählt worden, alle aber gingen sie voller Hoffnung und Liebe nach Hause, nachdem sie Botschaften von ihren Lieben erhalten hatten. Die Einzelheiten, die James den Betreffenden mitteilte, waren absolut überzeugend. Die Menschen konnten sicher sein, dass sie es wirklich mit ihren verstorbenen Lieben zu tun hatten.

Nach der Veranstaltung riefen wir sofort in seinem Büro an, um uns einen Termin geben zu lassen. Leider war er bis ins nächste Jahr hinein ausgebucht, aber uns war das egal. Wir würden warten. Einige Zeit verging, da erhielten wir einen Anruf von James' Büro. Jemand hatte einen Termin abgesagt. Schon am nächsten Tag standen wir vier mit gemischten Gefühlen vor James' Tür. Wir waren voller Vorfreude und nervös zugleich. Bill und ich hatten darum gebetet, dass Chris zu uns Kontakt aufnehmen würde. James ließ uns ein und nahm uns in seiner herzlichen Art sofort jede Befangenheit. Er bat uns, uns zu setzen, sprach ein Gebet und begann mit dem Reading.

»Ihre Mutter war da und half ihm beim Übergang. Sie ist jetzt auch bei ihm.«

James fuhr fort: »Sie nennen ihn Chris, nicht Christopher?«

Ich nickte: »Das ist richtig.«

James machte weiter: »Okay. Ich werde ihn für sie ›herüberbringen‹. Dazu muss ich Ihnen etwas sagen. Ihre Mutter lehnt sich nämlich zu ihm hinüber und mahnt ihn, er solle seine Scherze lassen. Sie alle nähmen das Ganze nämlich furchtbar ernst. Sie sagt ihm, er solle jetzt keinen Blödsinn machen.«

Wir lachten nervös. Dann ging es weiter.

»Chris macht gern Blödsinn. Er macht unheimlich gern Quatsch und liebt es, im Mittelpunkt zu stehen. Er sagt: ›O, sie sind alle meinetwegen gekommen.‹ Er ist ein Plappermaul und hat viel Humor. Er witzelt und witzelt. Seine Großmutter schüttelt den Kopf, als wolle sie sagen: ›Da kann man nun mal nichts machen.‹«

»Das trifft es ziemlich genau!«, sagte ich.

»Wer hat auf die Landkarte geguckt? Haben Sie im Auto auf eine Landkarte gesehen?«

»Ja, ja. Ich habe auf dem Weg hierher die Landkarte angesehen.«

»Ihr Sohn wollte Ihnen helfen. Er sagt: ›Mama findet nie den richtigen Weg.‹«

Dann hielt James einen Moment inne, bevor er fortfuhr: »Chris hat ein paar Freunde mitgebracht, die er drüben kennen gelernt hat. Wer ist Jonathan oder John? Er ist mit Chris in den geistigen Reichen zusammen und etwa neunzehn Jahre alt. Er starb an einer Überdosis Drogen. Sie kennen ihn nicht, aber Sie werden seine Eltern kennen lernen. Vielleicht haben Sie sie auch schon getroffen?«

Ich verneinte.

»Gab es Ärger mit einem Auto oder einem Motorrad?«

Ich antwortete: »Ja.«

»Ist er gegen etwas gefahren?«

Ich bejahte wieder.

»War es vielleicht ein Baum? Ich sehe hier einen Baum. So, als würde etwas gegen einen Baum prallen.«

»Ja.«

»Ich spüre, dass Ihr Sohn das Bewusstsein verloren hat, als es geschah. Ich spüre, dass er es war, der den Unfall verursachte. Er muss dafür die Verantwortung übernehmen. Der Unfall sollte ihn lehren, was Verantwortung bedeutet und wie kostbar das Leben ist.«

Ich sagte: »Ja. Er ist am Steuer eingeschlafen. Es war sehr spät in der Nacht.«

»Er sagt, er habe viel Glück gehabt, dass Sie seine Eltern waren. Sie hätten ihn immer verstanden. Er meint, Liebe sei, wenn man den anderen sein lasse, wie er ist; ihn seinen eigenen Weg gehen lasse und ihn trotzdem liebe. Er wird sich auf der anderen Seite weiterentwickeln. Ich habe den Eindruck, dass es mit ihm öfter Ärger gab. Aber das war keine Absicht. Er suchte einfach immer nach Abenteuern. Es fühlt sich so an, als hätten Sie ihm schon sehr früh Grenzen setzen müssen. Sagt Ihnen das etwas?«

Ich lächelte: »O ja, das ist völlig richtig.«

»Er hatte öfter Stubenarrest, weil er sich nicht an die Regeln hielt. Je mehr Regeln Sie aufstellten, desto schlimmer wurde es mit ihm. Er ist ein richtiger Rebell.«

Wir alle lachten beim Gedanken an Chris' ständiges Rebellieren.

»Er meint, es tue ihm Leid, dass er so schwierig gewesen sei und Ihnen solche Sorgen gemacht habe. Er möchte Ihnen mitteilen, dass er in der anderen Welt viel über die Liebe lernt. Und außerdem liebe er Sie alle sehr, das lässt er Ihnen sagen. Er freut sich, dass Sie hier sind, und bedankt sich dafür.«

Auch ich war unendlich dankbar.

»Machen Sie gerade etwas mit Regalen?«, fragte James.

Ich lachte: »Ja.«

Auch James lachte: »Er sagt: ›Lieber Himmel, sie wird all diese Regale füllen.‹ Er hat Ihnen dabei zugesehen. Sie bereiten Ihrer Familie ein schönes Heim, oder? Und sein Geist ist mit Ihnen. Sagt Ihnen das etwas?«

»Ja, wir sind erst kürzlich umgezogen. Ich werfe immer noch Sachen weg.«

Dann wandte James seine Aufmerksamkeit meiner Tochter Keri zu.

»Haben Sie oder jemand anders einen Rosenkranz in seinen Sarg gelegt?«

Keri antwortete: »Meine Mutter hat das getan.«

»Haben Sie eine Rose von seinem Kranz mit nach Hause genommen?«

»Ja!«, rief sie erstaunt.

»Haben Sie diese Rose in eine Schachtel gelegt oder Sie in einer Bibel gepresst?«

»Ich habe sie in eine Schachtel gelegt.«

»Haben Sie zum Zeitpunkt seines Todes etwas für ihn geschrieben? Einen Brief oder ein Gedicht? Haben Sie es bei der Beerdigung vorgelesen? Oder für ihn gelesen, als Sie allein waren?«

»Ich habe es in meinem Zimmer laut für ihn gelesen.«

»Aber Sie haben es geschrieben, nicht wahr? Es handelte von Ihren Gefühlen für ihn?«

»Ja, das ist richtig«, antwortete sie erstaunt.

»Er hat den Brief erhalten und ist sehr glücklich darüber. Sie schrieben: ›Ich werde dich immer lieb haben.‹ Das hat ihn tief berührt.«

Keri war den Tränen nahe, als sie das hörte.

»Er hat Ihnen nicht immer gezeigt, wie sehr er Sie mochte, oder? Er schwieg sich über seine Gefühle eher aus? War das so?«

»Ja«, gab sie zur Antwort.

»Aber Sie haben sein Herz tief berührt. Sie sind wirklich zu ihm durchgedrungen. Er sagt, er habe all seine Tränen für Sie alle aufbewahrt. Er mache sie Ihnen zum Geschenk. Da sei so viel Liebe für Sie.«

Dann sagte James zu Keri: »Haben Sie einen Schmuckkoffer oder einen kleinen Kassettenrecorder?«

»Einen Schmuckkoffer.«

»Eben bekommen?«

Keri lachte: »Ja.«

»Jetzt raten Sie mal, von wem er ist? Es ist ein Geschenk von Chris. Ihre Mutter oder jemand anders hat Ihnen den Koffer gegeben. Vielleicht haben Sie ihn auch selbst gekauft. In Wirklichkeit aber ist er ein Geschenk von Chris. Geistwesen können uns so beeinflussen, dass wir etwas Bestimmtes kaufen.«

Keri meinte: »Ich habe den Koffer in einem Katalog gesehen und lange mit mir gehadert, ob ich ihn nun kaufen soll oder nicht. Schließlich habe ich mich entschieden.«

James fuhr fort: »Er wünscht Ihnen viel Glück am College. Ihr Bruder ist so stolz auf Sie. Er sagt, Sie hätten die Schule immer sehr ernst genommen. Während er immer nur herumgealbert habe, hätten Sie richtig gelernt.«

Keri lachte laut auf: »Ja, das stimmt allerdings.«

Dann fragte James: »Wer hat einen Volkswagen?«

Ryan antwortete: »Ich habe einen und er hatte auch einen!«

»Er sagt: ›Sprechen Sie meinen Bruder auf den VW an. Er wird wissen, was ich meine.‹«

Ryan sagte nur: »Wow!«

Dann wandte James sich Ryan zu: »Ich muss Ihnen sagen, dass Sie eine besondere Verbindung zu Ihrem Bruder haben. So, als müssten Sie beide Ihre Gedanken nicht einmal aussprechen, um zu wissen, was der andere denkt. Er lässt Sie wissen, dass diese Bindung weit über Ihre familiäre Erfahrung hinausgeht. Sie lernen seit vielen Lebenszeiten miteinander. Sie kommen gemeinsam immer wieder in die materielle Welt zurück, um Ihre Lektionen durchzuarbeiten. Es ist fast, als wären Sie beide Klassenkameraden. Zwischen Ihnen und Ihrem Bruder besteht eine tiefe Liebe, die Raum und Zeit übersteigt. Verstehen Sie das?« Ryan nickte.

Und James fuhr fort: »Er sagt, dass Sie ihn verflucht hätten, als er starb. Er sagt, Sie seien vollständig außer sich gewesen und hätten mit dem Kopf gegen die Wand geschlagen, als Sie davon erfuhren. Stimmt das?«

»Ja«, antwortete Ryan.

Dann sagte James mit sanfter Stimme zu ihm: »Ihr Bruder war so wütend über sich selbst und seinen Unfall. Sie haben seine Gefühle gespürt und für ihn ausgelebt. Er lässt Ihnen sagen, dass das nicht Sie waren, okay? Nannte er Sie Ry?«

»Ja.«

»Sagen Sie Ry, ich hätte es nicht absichtlich gemacht. Ist es möglich, dass er getrunken hatte?«

»Ja, früher.«

»Ich erhalte die Botschaft, dass er getrunken hatte. Er lässt mich das wissen, und ich muss es Ihnen in dieser Form wiedergeben. Er übermittelt mir, dass es sein Fehler war, für den er die volle Verantwortung übernimmt. Haben Sie noch seine Kappe?«

»Ja, ich habe ein paar davon«, gab Ryan zurück.

»Sie wollen sie nicht tragen, nicht wahr?«

»Ich möchte sie nicht kaputtmachen.«

»Er sagt: ›Mein Bruder behandelt sie wie Heiligtümer.‹ Hatte er Pokale?«

Dieses Mal antwortete ich: »Wir haben sie.«

»Haben Sie ein Jackett von ihm aufgehoben, und ein T-Shirt?« Wieder bejahte ich.

»Es gibt da Dinge, die Sie von anderen nicht angefasst sehen wollen. Sie wollen diese Dinge auch nicht verschenken. Er versteht das nicht. Er meint, die anderen sollen seine Sachen ruhig haben. Er freut sich, wenn Ryan etwas von seinen Sachen trägt.« James fragte Ryan: »Möchten Sie immer noch ein neues Auto?« Wir verstanden, was Chris uns sagen wollte, und lachten.

»Er sagt, er werde Sie immer gern haben und auf Sie Acht geben. Er möchte, dass Sie aus seinem Fehler lernen. Er sagte, Sie hätten immer versucht, ihn zu beschützen. Jetzt wird er die Hand über Sie halten.«

James fuhr fort: »Ryan, gehen Sie bitte nicht in die Nähe von Motorrädern.«

Ryan antwortete: »Aber ich liebe Motorräder. Ich besitze zwei davon.«

»Ihr Bruder lässt Ihnen ausrichten, Sie sollten besonders vorsichtig sein, wenn sie auf geteerten Straßen unterwegs seien. Bitte passen Sie auf, Sie könnten einen Unfall haben. Fahren Sie nur auf ungeteerten Nebenstraßen. Es tut mir Leid, Ryan, aber ich muss Ihnen das sagen.«

Ryan sagte: »Ja, einmal bin ich schon ins Schleudern geraten und hätte fast einen Unfall gehabt. Aber meistens fahre ich querfeldein.«

»Chris wird Ihnen helfen, ein Auto zu bekommen.«

Ryan strahlte: »Super!«

Nun wandte James sich Bill zu.

»Ihr Sohn spielt Ihnen im Büro allerhand Streiche.«

»Ich weiß«, gab Bill zurück.

»Haben Sie ein Bild von ihm auf dem Schreibtisch stehen? Haben Sie bemerkt, ob irgendetwas fehlt oder sich von selbst bewegt?«

»Das Bild selbst scheint sich zu bewegen. Am Morgen muss ich es immer wieder an seinen Platz zurückstellen.«

James lächelte: »Das ist Ihr Sohn. Er sagt, er klopfe Ihnen auf die Schulter und verrücke Ihren Stuhl.«

Bill nickte wissend: »Ja. Ich spüre öfter einen Schubs im Rücken.«

»Gehen auch die Lichter an und aus?«

»Ja, das macht er schon immer. Er hat von Anfang an mit dem Licht gespielt und tut es immer noch.«

James nickte: »Ja, er gibt zu, dass er das ist. Er sagt: ›Mein Vater und ich unterhalten uns immer. Wir treffen uns auch in seinen Träumen.‹«

»Ja. Ich hatte sehr lebhafte Träume von Chris.«

James sah Bill einen Augenblick an. »Ich sehe um Sie herum die Farbe Lavendel. Eine sehr spirituelle Farbe. Inspirierend. Ich sehe spirituelle Tätigkeiten bei Ihnen. Er sagt mir, dass Sie stärker spirituell arbeiten werden.«

Wieder nickte Bill: »Ja, ich arbeite für andere Menschen als Heiler.«

Dann fragte James: »Ist Ihnen kürzlich etwas Seltsames mit einem Scheck oder einem Scheckbuch passiert? Ihr Sohn lacht sehr darüber. Er meint, er habe Sie ganz schön zum Narren gehalten.«

Bill lachte laut auf: »Verflixt, du warst das also!«

»Haben Sie eine Alarmanlage im Haus oder im Büro?«

»Ja, sowohl zu Hause als auch im Büro.«

»Sie hat neulich erst verrückt gespielt, oder?«

»Ja, die Alarmanlage im Büro ging von selbst an. Ich musste hinüberfahren und sie von Hand abschalten. Dabei schien überhaupt nichts passiert zu sein.«

»Chris hat Sie im Auto begleitet.«

Erstaunt saßen wir alle da und hörten zu, wie James uns von Chris erzählte.

»Haben Sie einen Piepser? Er sagt, er spiele mit dem Piepser. Wurden Sie hin und wieder angepiepst, ohne zu wissen, woher es kam?«

Bill lachte wieder laut heraus: »O ja!«

»Raten Sie mal, wer das war.«

Bill schüttelte den Kopf. »Chris gibt immer seinen Code ein, wenn er mich anpiepst. Eines Abends waren wir essen, weil einer von uns Geburtstag hatte. Der Piepser ging los, und ich sah Chris' Code. Ich konnte es kaum glauben. Es war, als wolle er mir sagen, dass er bei uns sei und mit uns feiere.«

»Und er war auch dort. Er sagt: ›Hey, sei doch nicht immer so väterlich. Du bist doch selbst noch ein Kind.‹«

Bills Augen füllten sich mit Tränen.

Und immer noch war James nicht am Ende angelangt: »Er möchte, dass Sie begreifen, dass es lange nicht so schlimm ist, wie Sie es sich vorstellen. Er dankt mir dafür, dass ich Ihnen helfe. Aber ihm selbst geht es gut. Er fühlt sich wohl. Er sagt, er werde eines Tages zurückkehren.«

James fragte Bill: »War Chris Ministrant?«

»Ja.«

»Kennen Sie einen Priester, der ebenfalls gestorben ist? Chris hat ihn auf der anderen Seite getroffen, ein älterer Herr, ein Pastor oder ein katholischer Priester, für den er ministriert hat.«

Bill war sprachlos: »Ja, Monsignore Gallagher, der Pfarrer unserer Kirche, ist kürzlich gestorben. Und bei ihm war Chris Ministrant.«

James fragte: »Haben Sie irgendetwas in Chris' Namen getan?«

»Ja. Wir haben einen Gedenkgottesdienst für ihn abgehalten und dabei um Spenden für seine Schule gebeten.«

»Und gab es da noch irgendeine Geschichte mit einem Baum? Er sagt, er habe einen Baum als Grabstein.«

Bill antwortete: »Ryan stellte ein Gedenkkreuz an dem Baum auf, wo Chris seinen Unfall hatte. Hin und wieder stellt jemand Blumen dorthin.«

Dann fragte James uns alle: »Haben Sie Fragen an ihn?«

Wie aus der Pistole geschossen meinte Bill: »Wie sieht denn sein Tag dort aus? Hat er eine Aufgabe?«

James antwortete: »Diese Welt ist nicht in Nacht und Tag eingeteilt wie unsere. Es gibt dort nur Tageslicht, keine Nacht. Außerdem müssen die Wesen der anderen Welt weder essen noch schlafen. Chris ist dort mit Jungs seines Alters zusammen. Er tut alles, was man in diesem Alter eben tut. Er hilft ihnen allen und lernt dabei eine Menge. Ging er noch zur Schule?«

Bill sagte: »Ja. Er war gerade mit der High School fertig. In der Woche nach dem Unfall sollte die Abschlussfeier stattfinden.«

James sprach weiter: »Er sagt, es sei schwer, das zu erklären, aber im Grunde lerne er verschiedene Aspekte seiner Seele kennen. Er tue Dinge, die sein seelisches Wachstum förderten. Im Moment übe er sich in Wohltätigkeit. Er sagt, er helfe kleinen Kindern. Er liebe Babys. Daher helfe er Babys, die in die andere Welt kämen. Er bringe sie zu den Wesen, die sich um sie kümmerten. Er arbeite auch mit Kindern, die noch nicht gemerkt hätten, dass sie gestorben seien. Manchmal, wenn Menschen sterben, wird ihnen das nicht sofort klar. Er tue diese Arbeit, um ›die Dinge wieder auszugleichen‹.«

Bill fragte: »Braucht er viel Energie, um hierher zu kommen?«

»Er meint, es sei nicht so, wie Sie denken. Er fühle sich sehr schwer, wenn er herkomme, doch Ihre Liebe helfe ihm, zu uns zu kommen und ein wenig zu bleiben. Er meint, es sei, wie in einem tiefen Wasserbecken zu sitzen. Geistwesen kommen nicht so gern hierher, es ist nicht ihre natürliche Umgebung.«

Dann wandte James sich wieder mir zu.

»Haben Sie für Ihren Sohn nach seinem Tod einen Altar aufgestellt mit Bildern, Kerzen, Blumen oder einem Kreuz?«

»Ich habe ein paar Bilder aufgehängt und eine Kerze sowie Blumen davorgestellt.«

»Sitzen Sie des Öfteren auf seinem Bett, denken an ihn und beten für ihn? Weinen Sie um ihn?«

Ich bejahte beide Fragen.

»Er lässt Sie wissen, dass er in Sicherheit ist. Ihre Gebete seien erhört worden. In Ordnung?«

Ich fühlte mich erleichtert: »Danke.«

Dann sagte James etwas, das uns alle erstaunte.

»Hatten Sie vielleicht einen Hund, der schon tot ist? Er sagt, er sei drüben mit einem Hund zusammen. War es sein Hund? Irgendetwas ist zwischen ihm und diesem Hund, etwas ganz Besonderes. Er sagt, er sei mit diesem Hund zusammen. Wollten Sie das wissen? Er sagt, Sie hätten das wissen wollen.«

Ich riss die Augen weit auf. »Ja. Genau. Das ist unglaublich. Unsere Hündin, Brandi, wurde vier Tage vor Chris' Unfall auf derselben Straße überfahren. Wir hatten sie alle so gern. Ich hoffte und betete, dass Chris und Brandi wieder zusammen wären. Er liebte sie ganz besonders. Ich habe zu Chris gesagt, wenn er Brandi erwähnen würde, dann würde ich ganz sicher wissen, dass er es sei.«

James lächelte: »Ich liebe das! Gut, lassen Sie uns nun ein Gebet sprechen. – Danke, Ihr lieben Freunde. Ich möchte euch allen dafür danken, dass Ihr diese Botschaft der Freude, der Liebe und des Friedens ermöglicht habt. Wir danken euch, Ihr freundlichen Helfer und Führer, dass Ihr uns an diesem Abend geholfen habt, die Gedanken dieser Botschaft rein und klar zu uns kommen zu lassen. Wir bitten Euch, allen Anwesenden auf ihrem Pfad der Liebe und des Lichts zu helfen. Danke. Seid gesegnet!«

Wir umarmten uns alle. Auf dem Weg nach Hause sprachen wir über die Botschaft, die Chris uns durch James hatte zukommen lassen. Wir waren so voller Freude. Seit Chris' Tod war das sicher unser schönster Tag. Immer wieder sprachen wir über die Einzelheiten, die James uns genannt hatte. Es war alles so unglaublich. Wir waren absolut sicher, dass all das Wissen nur von Chris stammen konnte. Es bewies, dass er ständig bei uns war. Er hörte uns, wenn wir zu ihm sprachen oder beteten. Er war glücklich, und es ging ihm gut. Das Reading war wie ein Telefongespräch mit dem Himmel selbst. Wir konnten es gar nicht erwarten, unseren Freunden und Verwandten davon zu erzählen.

NACHTRAG

Seit Chris' Familie bei mir war, haben Donna und ich uns nicht aus den Augen verloren. Sie sagte, dass die Wunden aller seit dem Reading zu verheilen begannen:»Wir sind nicht mehr so verzweifelt. Wir lächeln wieder öfter. Die Tränen werden weniger. Wir vermissen ihn immer noch schrecklich, aber die Tatsache, dass er bei uns ist und wir mit ihm sprechen können, ist ein großer Trost. So kehrten Frieden und Hoffnung zu uns zurück. Wir wissen jetzt, dass nur Chris' Körper gestorben ist. Sein Geist, seine Persönlichkeit, seine Seele sind noch am Leben. Chris ist nicht tot, er lebt nur einfach im Himmel, und eines Tages werden wir wieder mit ihm vereint sein.

Ich habe jetzt keine Angst mehr zu sterben. Der Tod ist nicht das Ende, nur der Übergang in eine bessere Welt – unsere wahre Heimat. Dieses Wissen hat meine Bindung zu Gott nur gestärkt. Manchmal macht Gott uns ein Geschenk, indem er uns etwas Bestimmtes erfahren lässt. Er gibt uns gleichsam einen ›Tritt in den Hintern‹, um unseren Glauben zu stärken. Den Glauben an das immer während Leben nach dem Tod.

Chris gibt uns immer noch auf seine witzige Art Zeichen: flackernde Lichter, das Radio, das sich ein- und wieder ausschaltet, bestimmte Gerüche aus der Vergangenheit, und natürlich die Dinge, die sich bewegen.«

Bill und Donna besuchen bei mir Kurse, in denen sie ihre medialen Fähigkeiten entwickeln. Jeden Tag lernen sie mehr über ihre eigene Spiritualität. Bills Heilkräfte helfen vielen Menschen. Beide tauschen ihre Erfahrungen mit anderen aus, die ebenfalls nahe Angehörige verloren haben, und hoffen, ihnen dadurch helfen zu können.

Mein einziger Sohn

Meine Arbeit mit Eltern, die ihr Kind verloren hatten, bescherte mir einige ganz besondere Momente, vor allem meine Tätigkeit für die Organisation *The Compassionate Friends*, die Eltern und Geschwister bei solchen Verlusten unterstützen. Denn wie viele tröstende Botschaften Eltern auch durch die Arbeit eines Mediums erhalten mögen, sie fühlen sich letztlich doch, als habe man ihnen ihr Kind geraubt. Schließlich ist mit dem Verstorbenen auch ein Teil ihres Lebens für immer verloren gegangen.

Der nächste Erfahrungsbericht stammt von Marie. Ich habe sie auf einem Treffen der *Compassionate Friends* kennen gelernt. 1994 leitete ich in New York einen Workshop für diese Organisation, und Marie half mir bei der Organisation. Ihr Sohn war ein Jahr zuvor bei einem Autounfall ums Leben gekommen. Seitdem arbeitet sie für andere Eltern und hat Hunderte von ihnen getröstet.

Es geschah am Samstag, den 7. August 1993, einem wunderbar sonnigen Tag in Kalifornien. Ich besuchte meine Schwester und ihre Familie, während mein Sohn Peter mit meinem Mann zusammen im Osten des Landes blieb. Peter hatte gerade seinen Abschluss an der Universität von Syracuse gemacht. Mein Mann Phil hatte ihn nach New York begleitet, wo er einige Vorstellungsgespräche in der Musikbranche hatte. Am Abend zuvor hatte ich noch mit ihm gesprochen, und er war so aufgeregt, weil er für einen bestimmten Job bei einer Musikzeitung einen zweiten Vorstellungstermin erhalten hatte. Ich ermutigte ihn: »Das schaffst du schon.« Ich war so sicher, dass er den Job bekommen würde.

Mein Schwester und ich fuhren nach Carmel hinaus, um spazieren zu gehen und Schaufenster zu betrachten. Wir hatten nicht allzu viel Zeit, weil mein Neffe an jenem Abend seine Abschiedsparty feiern wollte. Er verließ seine Heimatstadt, um zu studieren. Als wir nachmittags aus Carmel zurückkamen, waren wir ziemlich erschöpft. Daher ließen wir die Abschiedsparty ausfallen, bestellten eine Pizza und wollten uns einen Film ansehen. Wir hatten eben eine Videokassette eingelegt, als das Telefon läutete. Es war neun Uhr abends, in New York musste es etwa Mitternacht sein. Es war Phil. Er sagte mir, dass Peter tot sei. Ich hörte mich rufen: »Aber das ist unmöglich.« Das Unfassbare war geschehen. Der Schock, das ungläubige Entsetzen, das ich in diesem Augenblick empfand, haben sich so tief in mein Herz eingegraben, dass sie seit diesem Augenblick jedes Ereignis meines Lebens mitgeprägt haben.

Am Abend zuvor war Peter mit ein paar seiner Collegefreunde ausgegangen, die übers Wochenende nach New York gekommen waren. Das Wetter war den ganzen Tag über schrecklich gewesen. Gegen zehn Uhr abends begannen sie, sich zu langweilen. Daher beschlossen sie, eine Kneipentour zu machen. Um zwei Uhr morgens lag mein Sohn dann tot auf einem Highway in Manhattan. Er war sofort tot gewesen. Der Fahrer hatte auf der regennassen Straße die Kontrolle über das Auto verloren. Peter war aus dem Rückfenster geschossen wie eine Rakete. Vier Jungs waren in dem Auto gesessen – alle hatten sie Quetschungen und Prellungen erlitten. Nur mein geliebter Sohn war sofort tot.

Peter war unser einziges Kind. Er und ich hatten eine ganz besondere Beziehung. Alle Mütter lieben ihre Söhne, doch zwischen uns existierte ein Band, um das alle uns beneideten. Es war fast, als könnten wir telepathisch miteinander kommunizieren. Wir wussten immer, was der andere gerade brauchte. Wenn einer von uns zu sprechen begann, konnte der andere seinen Satz beenden. Da wir zu dritt waren, kam es häufig zu einer 2:1-Konstellation, und da Peter viel Sinn für Humor hatte, taten wir beide uns meist gegen Phil zusammen. Der Ärmste hatte keine Chance, wenn Peter und ich so richtig drauf waren. In meinen Augen konnte Peter nichts falsch machen. Seit er krabbeln konnte, war ich Wachs in seinen Händen, und er wusste das. Peter liebte mich. Für ihn war ich großartig, großartiger als das Leben selbst. Es gab nichts, nicht ein einziges Problem, das seine Mutter nicht lösen konnte. Mein Leben war vollkommen. Und wie das immer so ist, wenn etwas zu schön ist, um wahr zu sein, dann …

Ich denke gern, dass ich das bin, was Peter aus mir gemacht hat. Viele Menschen halten das für ungesund. Doch für all diejenigen, die ein Kind verloren haben, ist es einfach die grundlegendste Wahrheit. Ich meine damit nicht, dass meine Welt sich nur um Peter drehte. Ich hatte immer ein sehr erfülltes Leben. Ich war Geschäftsfrau, hatte viele Kontakte und war ständig unterwegs. Meine Arbeit gab mir tiefe Befriedigung. Doch in all dem Glanz und dem Erfolg war Peter das, was für mich am meisten zählte. Sich um ihn zu kümmern und ihn durchs Leben zu begleiten, bis er erwachsen war, war meine größte Freude.

Peter liebte mich ohne Wenn und Aber, eigentlich so, wie Eltern ihre Kinder lieben. Das ist nicht wenig, denn die Liebe zwischen zwei Menschen ist nur zu häufig von bestimmten Bedingungen abhängig. Peter und ich waren einander ganz ergeben. Seit diesem Unfall habe ich des Öfteren gehört, wie Eltern versuchen, ihre Beziehung zu ihrem verlorenen Kind zu beschreiben, doch Tatsache ist, dass die Beziehung zwischen Eltern und Kind mitunter nicht zu beschreiben ist. Ohne Peter hatte ich das Gefühl, in einer Welt zu leben, in der diese besondere Form von Liebe und gegenseitiger Akzeptanz nicht mehr existierte. Freunde und andere Familienmitglieder kümmerten sich um mich, aber ich hatte das Gefühl, ganz allein auf der Welt zu sein. Nur Peter hätte meinen Schmerz begreifen können. Dieser Gedanke quälte mich noch mehr. Vor meinem geistigen Auge sah ich uns beide unter unstillbarem Kummer leiden.

Einige Jahre vor Peters Tod war meine Mutter gestorben. Sie und ich hatten eine Verbindung, wie ich sie mit Peter hatte. Sie war schon längere Zeit nicht mehr ganz gesund gewesen, und am Ende erlebten wir gemeinsam einige besonders innige Tage, in denen wir vieles miteinander teilten, was uns wichtig war. Es ist selten, dass man sich von einem geliebten Menschen so ausgiebig verabschieden kann. Im Scherz sagte sie zu mir, dass sie, wenn es denn ein Leben nach dem Tod gäbe, eine Möglichkeit finden würde, mir eine Botschaft zukommen zu lassen. Als sie 1988 starb, wartete ich daher ständig auf ein Zeichen von ihr, doch es kam keines. Meine Schwester hingegen sagt, dass sie die Gegenwart unserer Mutter ständig fühle. Ich wurde wütend bei der Vorstellung, Mom habe vielleicht beschlossen, ihre Zeit in der Ewigkeit in Kalifornien zu verbringen. Vielleicht hatte sie ja das Gefühl, wir hätten uns alles gesagt, was zu sagen war, und schenkte den Rest ihrer Aufmerksamkeit daher lieber meiner Schwester.

Anders als der Tod meiner Mutter gemahnte mich Peters Tod an meine eigene Sterblichkeit. Der Tod war plötzlich alles, was mich noch interessierte. Ich musste alles darüber wissen. Ich war sicher, dass auch ich eigentlich schon tot bin – nur mein Körper hat es noch nicht begriffen. Die Menschen, die ich am meisten liebte, waren längst in der anderen Welt. Ich wollte auch dorthin, und zwar so schnell wie möglich. Ich begann alles über den Tod zu lesen, was ich finden konnte. Ich ging in eine Buchhandlung und steuerte direkt auf die Abteilung zu, in der die Bücher über das Sterben standen. Dann begann ich ganz oben und arbeitete mich nach unten durch. Am Ende war mir richtig schwindelig. Alles, was ich las, schien zu belegen, dass Peters Leben nicht wirklich vorüber war. Doch ich wollte Sicherheit.

Im Winter 1994, sechs Monate nach Peters Tod, verbrachten Phil und ich ein ruhiges Wochenende in unserem Haus auf Long Island. Im Fernsehen kam die »Joan Rivers Show«. Stargast war ein junger Mann, ein Medium, der dort seine Fähigkeit unter Beweis stellte, mit den Toten zu sprechen. Wir saßen gebannt vor dem Fernsehschirm, als dieser Mann für ein paar Freiwillige aus dem Publikum mit deren Verstorbenen sprach und so viele einschlägige Details nannte, dass die Betroffenen nicht anders konnten, als alles, was er sagte, zu bestätigen. Mir war sofort klar, dass ich diesen James van Praagh finden musste.

Nachdem Peter gestorben war, hatte ich mich einer Selbsthilfeorganisation angeschlossen, *The Compassionate Friends*, die ein weltweites Netz von Selbsthilfegruppen für Trauernde hat. Der Kontakt zu dieser Organisation war die Nabelschnur, die mich am Leben hielt. Ein paar Wochen nach der Fernsehsendung hörte ich bei einem unserer Treffen, dass James nach New York kommen und einen öffentlichen Vortrag halten würde. Es hieß, er brauche Hilfe bei der Organisation, und so bot ich sofort meine Dienste an. Ich dachte, das sei eine gute Gelegenheit, ihn um ein privates Reading zu bitten.

Am 17. Juni 1994, zehn Monate nach Peters Tod, erfüllte sich mein Wunsch. Mein lang ersehntes privates Reading war auf sieben Uhr abends angesetzt, und ich war den ganzen Tag über aufgeregt. Ich fühlte mich wie ein junges Mädchen, das auf seine erste Verabredung wartet.

James hat einen stark ausgeprägten Sinn für Humor – wie ich und natürlich auch Peter. James merkte das sofort, als er mit meinem Sohn Kontakt aufnahm. Die beiden schienen zwei wunderbare Stunden zu verbringen. Peter schickte Botschaft um Botschaft und seine Präsenz wurde während des ganzen Readings immer deutlicher fühlbar.

Sobald James mit dem Reading begann, war Peter an meiner Seite.

»Ihr Sohn ist hier bei Ihnen. Er hat wirklich Sinn für Humor. Er sagt, er habe so lange darauf gewartet, mit Ihnen zu sprechen. Er lässt Sie wissen, dass Nana die Erste gewesen ist, die er hier getroffen hat, und dass er eine Menge Zeit mit ihr verbringt.«

Ich dachte: »Kann das wirklich Peter sein?«

»Er sagt, Sie hätten eine Decke zusammengefaltet und versucht, sie ganz oben in den Schrank zu legen. Können Sie damit etwas anfangen?«

Erstaunt antwortete ich: »Ja.«

»Jetzt zeigt er mir ein Krankenhaus. Haben Sie mit jemandem darüber gesprochen, der ins Krankenhaus muss?«

Ich war unglaublich beeindruckt von dem, was James mir da mitteilte. Eine Stunde, bevor ich hierher gekommen war, hatte ich tatsächlich mit jemandem gesprochen, der ins Krankenhaus musste.

»Ihr Sohn ist unglaublich aufgeregt. Er kann sich fast nicht bremsen. Er zeigt mir Schachteln in einem Haus. Er sagt, er sei bei Ihnen gewesen, als Sie die Schachteln gepackt hätten, und er habe Sie beobachtet, als Sie die Fotos zusammengesucht hätten.«

Ich konnte es einfach nicht glauben. Ich hatte gepackt, damit wir in unser Sommerhaus ziehen konnten.

James fuhr fort: »Er sagt, er vermisse Sie sehr. Er liebe Sie, und Sie fehlten ihm schrecklich.«

»Ich vermisse dich auch, mein Liebling«, antwortete ich unter Tränen.

»Peter zeigt mir sein Zimmer. Er sagt, Sie hätten darin nichts verändert. Es mache ihn glücklich, alles so zu sehen, wie er es verlassen habe. Er zeigt mir einen von Worten umgebenen Spiegel. Irgendetwas hängt am Spiegel. Können Sie damit etwas anfangen?«

»Um den Spiegel herum hängen seine Diplome, doch was am Spiegel selbst hängt, daran kann ich mich nicht erinnern. Ich werde nachsehen, wenn ich zu Hause bin.« Langsam wusste ich, dass Peter wirklich bei uns war. Wie hätte jemand anders all diese Dinge wissen können?

James ließ mich weiterhin wissen, was mein Sohn mir sagen wollte: »Er meint, es gebe ein paar Dinge im Haus, um die Sie sich kümmern sollten. Die Zeitschriften im Wohnzimmer sollten Sie wegwerfen. Die quietschende Tür müsse geölt werden. Ihr Mann solle das machen. Er meint, sein Vater müsse sich beschäftigen. Er solle das Haus in Ordnung bringen.«

Mir gefiel es, dass Peter uns ans Herz legte, weiterzuleben. Es war so schön zu hören, dass er auf diese Weise über uns wachte.

Plötzlich begann James zu lachen. Da war ich absolut sicher, dass Peter aus ihm sprach. »Waren Sie kürzlich in Las Vegas?«, fragte James. »Oder in Atlantic City?«

»O ja«, antwortete ich.

»Er zeigt mir Spielautomaten. Er meint, er habe versucht, Ihnen zu helfen.«

»Ich war kürzlich in Atlantic City und habe gespielt, aber ich habe verloren. Peter war noch nie gut im Spiel. Wie kam er bloß auf die Idee, er könne mir helfen?«

James berichtete weiter: »Er erzählt mir von seinen Baseballkappen. Er hatte eine ganze Menge davon. Jetzt zeigt er mir die Bilder am Kühlschrank. Er möchte, dass Sie etwas in die Küche stellen, mit dem er sich bemerkbar machen kann. Dann wüssten Sie immer, wann er bei Ihnen sei. Verstehen Sie das? Er hat bereits versucht, Ihre Aufmerksamkeit zu erregen, indem er Dinge im Wohnzimmer hin und her schob. Ich sehe die Farbe Rot. Ist das Wohnzimmer in Rottönen gehalten?«

»Ja.« Bei mir dachte ich: »Ja, ich werde dir etwas hinstellen, was du in unserem roten Wohnzimmer vom Regal werfen kannst. Das ist wirklich nett von dir, dieser Hinweis.«

Nach einer kurzen Pause sprach James weiter: »Er zeigt mir eine Beerdigung. Er war glücklich, dass all seine Freunde dort waren. Das Gedicht, das sie vorgelesen haben, hat ihm gut gefallen. Er weiß, dass das Ihre Idee war. Er habe es gut gefunden, dass Sie seine Freundin Laurie oder Lauren nicht eingeladen hätten. Kann das stimmen?«

»Ja, es waren ohnehin viele von seinen Freunden, Freundinnen und Ex-Freundinnen bei der Beerdigung.«

Ich war richtig glücklich, dass Peter bei seiner eigenen Beerdigung dabei gewesen war. Es war ein außergewöhnlicher Tag gewesen.

Dann meinte James: »Er sagt, er sei mit Ihnen auf dem Podium gewesen.«

»Ich hatte das Gefühl, dass ein Luftzug mein Gesicht streifte und er bei mir war.«

»Er lässt Ihnen sagen, er sei es gewesen, der am Ende der Zeremonie den Rosenstrauß umgeworfen habe. Damit habe er sagen wollen, dass nun Schluss sein müsse.«

»Ich wusste es. Kein Mensch stand neben der Vase. Dann fiel das Ding auf einmal um, als habe ihm jemand einen Stoß versetzt. Ich wusste, dass es Peter war.«

James fand das wirklich aufregend.

Als unsere Sitzung zu Ende war, hatte ich das Gefühl, einen ganzen Abend mit Peter verbracht zu haben. Ich ging überglücklich nach Hause, weil ich mich ihm nun richtig verbunden fühlte. Ich wusste, dass es Peter gut ging. Und ich wusste, dass es für ihn ebenso wichtig war, Kontakt zu mir aufzunehmen wie für mich. Nun war ich davon überzeugt, dass es ihm gut ging, dass er nicht einfach für immer weg war, sondern sich irgendwo aufhielt.

Als ich nach Hause kam, ging es mir besser denn je seit diesem verhängnisvollen Telefonanruf. Ich ging in sein Zimmer und sah, dass dort zur Erinnerung die Quasten der Hüte baumelten, die er bei der Abschlussfeier jedes einzelnen Jahrgangs getragen hatte. Dann setzte ich mich hin und schrieb ihm einen Brief.

Lieber Peter,

ich war heute Abend bei James van Praagh. Und weil ich daran gewöhnt bin, meine Gedanken festzuhalten (die bisher voller Verzweiflung waren), möchte ich auch niederschreiben, was heute Abend geschah und wie ich mich danach fühle.

Das Wichtigste zuallererst: Ich bin zum ersten Mal nicht von Traurigkeit und Hoffnungslosigkeit überwältigt. Das allein erstaunt mich schon. Und ich fühle mich nicht allein. Ich bin ganz im Gegenteil davon überzeugt, dass du jetzt irgendwie bei mir bist. Mein Herz ist voller Trauer, wenn ich daran denke, dass ich dich nicht mehr berühren oder umarmen kann, dass ich dein Lachen nicht mehr hören und in dein Weinen nicht mehr einstimmen werde. Doch dass du so häufig bei mir bist, ist mir ein großer Trost.

Gestern war ich den ganzen Tag lang von prickelnder Erregung erfüllt, so, als hätte ich eine Verabredung. Ich hatte das Gefühl, dass ich dich sehen würde. Und es schien mir, als ginge es dir auf der anderen Seite genauso, auch wenn es dort, wo du jetzt bist, keine Zeit gibt. Ich hatte den Eindruck, dass auch du auf den Moment gewartet hast, in dem ich zu James gehen würde, damit wir endlich wieder zusammenkommen konnten. James kennen zu lernen war wunderbar. Er ist so sympathisch und strahlt eine Unschuld aus, die einem sofort Vertrauen einflößt.

Jetzt, wo bereits etwas Zeit vergangen ist und ich die Ereignisse des heutigen Abends langsam verdaut habe, bin ich mir sicher, dass ich dir noch viele Fragen stellen werde. Was ich heute Abend wollte, war den Beweis dafür, dass du es wirklich bist. Und ich wollte wissen, ob es dir gut geht. Heute hätte mich nichts anderes interessiert. Auch wenn ich keine Ahnung hatte, was da auf mich zukam, so hast du mich doch überzeugt, dass dein wunderbarer Geist weiterlebt.

Daher, mein Liebling, möchte ich dich erneut willkommen heißen, in welcher Form du jetzt auch existieren magst. Ich werde nehmen, was immer ich bekommen kann, bis wir wieder vereint sind. Sag meinem Vater, dass ich mich immer an die Niagara-Fälle erinnern werde. Ich bin glücklich, dass du mit Nana, meiner Mutter, zusammen bist. Sonntag ist Vatertag. Dein Vater wird sich über die Botschaft der Liebe, die du uns gesandt hast, sehr freuen. Ich jedenfalls fühle mich dadurch getröstet.

Ich glaube nicht, dass meine Zukunft voller Freude sein wird. Die meiste Zeit werde ich wohl nach wie vor in tiefster Verzweiflung zubringen. Heute Abend aber weiß ich, dass das Band zwischen dir und mir nicht zerrissen ist. Und dafür danke ich dir. Und ich danke James van Praagh.

Ich liebe dich, Peter, und ich werde dich immer vermissen. Ich werde versuchen, bis ans natürliche Ende meiner Tage in Würde weiterzuleben. Aber ich werde jeden Tag meines Lebens auf den Moment warten, in dem wir wieder vereint sind. Ich kann es kaum erwarten.

In ewiger Liebe
deine Mutter

NACHTRAG

Marie hatte es schwer, den Verlust ihres Sohnes zu überwinden. Es gab Zeiten, in denen sie dachte, sie würde es nicht schaffen. Doch auch wenn sie weiterhin Höhen und Tiefen erlebt, so ist sie doch mittlerweile fähig, ihre Gefühle zuzulassen, so gut sie kann. Ich habe mit ihr vor kurzem gesprochen, und sie sagte mir, dass sie weiterhin recht aktiv sei. Sie habe immer noch ihren Vollzeitjob und arbeite daneben bei den *Compassionate Friends* in Manhattan mit. Sie ist bereits vielen anderen Eltern in ihrem Trauerprozess zur Seite gestanden. Und sie hat sich die Zeit genommen, ihrer Trauer schriftlichen Ausdruck zu verleihen. Sie gibt die Zeitung der *Compassionate Friends* in Manhattan heraus und plant, ein Buch darüber zu schreiben, wie man andere in der Trauerarbeit unterstützt. Darin will sie ihre eigene Geschichte veröffentlichen, aber auch die Erfahrungsberichte anderer Eltern, deren Leben durch den Verlust ihres Kindes eine völlig neue Richtung bekam. Wenn sie nicht arbeitet, kümmert Marie sich um ihren Garten auf Long Island. »Gartenarbeit ist etwas zutiefst Spirituelles«, sagte sie einmal zu mir. »Wenn ich zusehe, wie meine Pflanzen wachsen und blühen, denke ich immer an meinen Sohn, der jetzt im Himmel wächst und gedeiht. Hier im Garten können wir miteinander sprechen. In diesen stillen Momenten kommt er immer zu mir durch.«

Unglücksfälle

Ich werde häufig gefragt, was denn geschehe, wenn ein lieber Mensch bei einem Unfall oder einem anderen Unglücksfall getötet werde. Meist fragt man mich, ob der Betreffende Schmerzen gehabt habe. Die Antwort darauf ist ein klares Nein. Wenn ein Mensch bei einem Autounfall, einem Erdbeben oder einem Flugzeugabsturz stirbt, verlässt das geistige Selbst den Körper sehr schnell. Ein Mensch kann vor dem Tod Angst, ja Panik verspürt haben, doch zum Zeitpunkt des Todes empfindet er keine Schmerzen mehr. Das Schwierigste bei solch einem Tod ist gewöhnlich wirklich der Kummer der Hinterbliebenen.

Unfälle und Katastrophen jedweder Art scheinen heute etwas ganz Normales zu sein. Das mag daran liegen, dass uns das Fernsehen über jedes dieser Ereignisse genauestens informiert. Da ein solcher Tod uns plötzlich, unerwartet und – von der menschlichen Warte aus betrachtet – »vorzeitig« erscheint, werden die Hinterbliebenen oft kaum damit fertig. Niemand ist jemals auf den Tod eines geliebten Menschen vorbereitet, wenn dieser durch einen Unfall von uns geht. Alles scheint mit einem Mal so unwirklich zu sein. Man fragt sich, ob nicht irgendjemand einen schrecklichen Fehler gemacht und einen mit einer anderen armen Seele verwechselt hat, die einen Angehörigen bei einem Unfall verloren hat.

Wie Sie den vorstehenden Erfahrungsberichten von Eltern, die ihr Kind verloren haben, entnehmen können, gibt es keinen einfachen Weg, mit solch einer Tragödie fertig zu werden. Der Schock sitzt so tief, dass die meisten Menschen zunächst in einer Art verändertem Bewusstseinszustand leben. Sie fra-

gen sich, weshalb so etwas geschehen konnte und warum aus-
gerechnet ihr Partner, Elternteil oder Kind sterben musste. Diese Fragen beschäftigen unseren Geist gewöhnlich eine ganze
Weile. Nach der Phase des Schocks und der Lähmung tauchen
dann normalerweise Schuldgefühle auf: »Warum habe ich ihr
nicht gesagt, sie soll mich anrufen, wenn es spät wird? Warum
habe ich ihn nicht gebeten zu bleiben und seine Flugreservie-
rung für den nächsten Tag zu ändern? Warum habe ich sie
nicht nach Hause gebracht, statt sie den Zug nehmen zu lassen?«

Wenn Sie am Unfall beteiligt waren, werden Sie sich schon
deshalb schuldig fühlen, weil Sie noch am Leben sind. »Warum
mein Kind und nicht ich?«, fragen sich dann die meisten Eltern.
Diese Gedanken quälen die Überlebenden. Sie können sie sogar
regelrecht krank machen. Manchmal sind es auch andere Familienmitglieder, die ihnen die Schuld geben.

Wenn ein Kind plötzlich stirbt, ist die Ehe der Eltern schwer
wiegenden Belastungen ausgesetzt. Häufig lässt das Paar sich
nach solch einer Tragödie sogar scheiden. Irgendwie gibt man
immer dem anderen die Schuld oder sich selbst. In Wirklichkeit werden beide mit dem Verlust einfach nicht fertig. Sie können darüber nicht einmal miteinander sprechen. Sie haben das
Gefühl, die Schuld dafür läge bei ihnen, und können sich nicht
einmal ansehen, weil sie einander immer an den Tod ihres Kindes erinnern. Und diese Erinnerungen sind für gewöhnlich zu
schmerzhaft.

Auch Geschwister fühlen sich in solchen Zeiten aus der
Familie ausgestoßen. Manche fragen sich, ob nicht besser sie
gestorben wären statt des *Lieblings* der Eltern. Die Eltern sind
meist so mit ihrem eigenen Schmerz beschäftigt, dass sie wenig
auf die Kinder achten, die ihnen geblieben sind. Das gibt ihnen
ständig Anlass zu Befürchtungen wie: »Ob sie mich wohl los-
werden wollen? Vielleicht erinnere ich sie an … Möglicherweise kann ich ihnen gar nicht gerecht werden.« Sie fühlen sich
verletzt, als seien sie ausgesetzt worden. Aus diesem Grund
lege ich so viel Wert darauf, dass die Familienmitglieder über
ihre Gefühle sprechen.

Vom spirituellen Standpunkt aus betrachtet, gibt es keine

Unfälle. Wie die Readings dieses Kapitels zeigen, hatte das Geistwesen, das »so früh« starb, immer etwas zu lernen. Jedes wählte diese besondere Todesart, um ein bestimmtes Kapitel in seiner Entwicklung abzuschließen. So schwierig es auch für unseren nach menschlichen Maßstäben messenden Verstand zu begreifen ist, es ist doch wahr: Niemand stirbt zufällig. Ein Unfall mag tragisch und niederschmetternd sein, doch für den Sterbenden wie für die Überlebenden stellt er eine notwendige Erfahrung dar. Alle müssen aus dieser Erfahrung lernen. Doch die Lektion ist individuell verschieden.

Schritte zur Heilung

– Gestatten Sie sich selbst, alle Phasen des Trauerprozesses zu durchlaufen.
– Nehmen Sie Ihren Ärger und Ihre Angst an. Sie gehören zur Trauer.
– Geben Sie sich keine Schuld am Tod Ihres Kindes. Schuldzuweisungen und Vorwürfe machen Ihr Kind nicht wieder lebendig. Sie verschlimmern nur den Schmerz. Sie können nicht alle Ereignisse im Leben kontrollieren. Hier sind höhere Mächte am Werk.
– Lassen Sie Ihren Partner, Ihre Angehörigen oder Freunde an Ihrem Kummer teilhaben. Je länger Sie sich isolieren, desto länger werden Sie sich leer und ausgebrannt fühlen. Zwingen Sie sich, wenn nötig einen Therapeuten aufzusuchen oder eine Selbsthilfegruppe von Eltern, die etwas Ähnliches durchgemacht haben.
– Helfen Sie Ihren anderen Kindern, über ihre Gefühle zu sprechen. Reden Sie vor dem Schlafengehen mit ihnen oder zu einer anderen Zeit, wenn sie besonders offen sind. Vielleicht möchten sie zum Gedenken an den toten Bruder bzw. die verstorbene Schwester ja ein Gedicht schreiben oder eine Zeichnung machen.
– Seien Sie nachsichtig mit Freunden und Verwandten. Auch

sie trauern und wissen vielleicht nicht, wie sie sich in dieser Situation verhalten sollen. Vielleicht beobachten sie Ihr Verhalten, um Möglichkeiten zu finden, wie sie selbst mit dem Verlust fertig werden können.

– Schreiben Sie ein Gebet, ein Gedicht oder suchen Sie die Musik für die Beerdigung aus. Auf diese Weise können Sie Ihre nimmer enden wollende Liebe für Ihr totes Kind am besten ausdrücken.

– Achten Sie auf Ihre Gesundheit. Essen Sie gut und ausreichend. Gehen Sie spazieren. Wenn Sie nicht schlafen können, hören Sie entspannende Musik oder eine Meditationskassette. Auch ein beruhigender Kräutertee wirkt Wunder.

– Nehmen Sie mit Ihrem verstorbenen Kind Kontakt auf – in Träumen, Gedanken, Worten oder Bildern. Denken Sie daran: Ihr Kind in den geistigen Reichen kennt Ihre Gedanken, fühlt Ihre Liebe und Ihren Schmerz.

– Führen Sie ein Tagebuch, in dem Sie Ihre Gefühle und Ihre Erinnerungen an Ihr Kind festhalten. Ihre Erinnerungen werden Sie in den nun folgenden Jahren häufig trösten.

– Wenn Geburtstage oder Ferienzeiten sich nähern, denken Sie sich etwas aus, um sie zu feiern. Drücken Sie Ihre Gefühle aus, ohne sich in den Gedanken daran zu verlieren, was hätte sein können. Versuchen Sie stattdessen zu erfühlen, wie Ihr Kind in den geistigen Reichen lernt und sich entwickelt.

– Vergleichen Sie Ihre anderen Kinder niemals mit dem verstorbenen. Jedes Kind ist einzigartig.

– Haben Sie keine Eile, das Zimmer Ihres Kindes leer zu räumen oder seine Sachen wegzubringen. Dazu ist später immer noch Zeit, wenn es Ihnen wieder besser geht.

– Setzen Sie sich mit der spirituellen Seite des Lebens auseinander. Öffnen Sie Ihr Denken dem großen Ganzen. Gebete, die Ihre Stimmung heben, sind immer hilfreich – für Sie und Ihr Liebes. Beschäftigen Sie sich mit den Zusammenhängen des Lebens und des Geistes.

– Wenn jemand anders für den Tod Ihres Kindes verantwortlich war, versuchen Sie, dieser Person im Herzen zu vergeben. Was immer Sie ausstrahlen, wird auf Sie zurückfallen. Niemand kennt die karmischen Schulden, die hier von beiden Seiten abzutragen waren. Verurteilen Sie andere Menschen nicht. Denken Sie daran, dass Liebe immer Liebe hervorbringt.

- Tun Sie etwas im Namen Ihres Kindes. Vielleicht arbeiten Sie ehrenamtlich bei einer der zahlreichen Kinderhilfsorganisationen mit. Wenn Sie über ausreichende Mittel verfügen, können Sie eine Stiftung gründen, die anderen Kindern hilft. Spenden Sie im Namen Ihres Kindes. So verstärken Sie die Verbindung zu ihm.
- Beginnen Sie etwas völlig Neues, etwas, das Sie immer schon tun wollten.
- Erkennen Sie, wie stark und kraftvoll Sie in Wirklichkeit sind. Bündeln Sie diese Kraft, um Ihr Leben wieder ins Lot zu bringen.
- Sie können sicher sein: Sie werden diese Erfahrung überleben.
- Machen Sie sich klar, dass Sie Ihr Kind wieder sehen werden, wenn Ihre Zeit gekommen ist. Die Liebe aber schlägt eine Brücke in die geistigen Reiche, solange Sie noch auf der Erde weilen.

Geliebte Mutter

Wenn du dir Gedanken über den Sinn des Lebens machst,
sollst du wissen, dass ich bei dir bin:
Schließe deine Augen und spüre meinen Kuss
wie einen sanften Luftzug auf deiner Wange.

Wenn du zu zweifeln beginnst, ob du mich je wieder sehen wirst,
werde innerlich still und hör mir zu:
Meine Stimme steckt im Flüstern des Himmels
und wispert dir zu: Meine Lieb'.

Wenn du nicht mehr weißt, was du tun sollst,
und dich fragst, wozu du noch auf der Welt bist,
öffne dein Herz und sieh mich an:
Ich blinzle dir zu im Funkeln der Sterne
und leuchte dir lächelnd auf deinem Weg.

Wenn du am Morgen erwachst
und dich deiner Träume nicht mehr erinnerst,
dich aber ruhig und friedlich fühlst:
Dann war ich bei dir und füllte
deine Nacht mit Erinnerungen an mich.

Wenn du dich vor Kummer krümmst
und dir ein Leben in Frieden nicht mehr vorstellen kannst,
dann denk an mich:
Ich bin bei dir.
Sanft blicke ich aus den Tränen eines gemeinsamen Freundes
und lindere deinen Schmerz.

Wenn die Sonne am Morgen erneut
den verlassenen Himmel erglühen lässt in ihrem atemberaubenden
Glorienschein,
dann lass deinen Geist erwachen.
Denk an die Zeit, die uns geschenkt wurde, zu kurz,
aber wunderschön.
Wenn du dir sicher bist, dass wir zusammengehören:
Wenn du genau weißt, was dir bestimmt ist:

Erkenne, dass Gott diesen Augenblick für uns geschaffen hat,
für uns allein.
Geliebte Mutter, ich werde immer bei dir sein.

Joanne Cacciatore

TEIL III
Verluste anderer Art

6

Scheidung – der Tod einer Ehe

Wer hat noch nie erfahren, wie weh das Herz tut, wenn die innige Liebe zerbricht? Wenn die Liebe stirbt, dann fühlen wir uns in eine leere, einsame Welt verstoßen. Wir haben etwas verloren und stecken tief drin im Trauerprozess, meist aber erkennen wir das nicht. Eine Scheidung zeigt alle negativen »Nebenwirkungen« eines Todesfalls. Niemand mag das Wort »Scheidung«. Niemand möchte so etwas erleben müssen. Und doch gehört auch die Scheidung zum Leben wie der Tod selbst. Und wie dieser verursacht das Ende einer Ehe tiefe geistige und seelische Störungen. Der Traum von der gemeinsamen Zukunft muss begraben werden. Das Haus ist leer. Wir fühlen uns nur noch als halber Mensch. Und wir durchlaufen dieselben Phasen wie jemand, der seinen Partner an den Tod verloren hat: Das gemeinsame Leben ist urplötzlich vorbei. Ein Leben, das vollkommen sicher schien, findet mit einem Mal ein unerwartetes Ende, und mit dieser erschreckenden Erfahrung müssen wir erst einmal fertig werden. Sind Kinder da, so hat der Elternteil, der allein bleibt, nicht selten das Gefühl, um die Zukunft seines Nachwuchses betrogen zu werden, sie nicht mehr aufwachsen und lernen zu sehen. Und schließlich ist da auch noch der Kreis der engeren Angehörigen, der Freunde und Bekanntschaften, mit dessen Reaktionen man ebenfalls fertig werden muss. Auf Scheidungen reagiert unsere Umwelt gewöhnlich mit Unbehagen und Missbilligung. Freunde und Familie ergreifen entweder für den einen oder den anderen Partner Partei, was alles nur noch verschlimmert. Man verliert also nicht nur seinen Partner, auch im Freundeskreis bekommt man plötzlich von manchen Leuten die kalte Schulter gezeigt. Verheiratete Freunde neigen dazu, einen von der Gästeliste zu streichen, wenn man keinen Partner aufzuweisen hat. Das verschlimmert den Kummer noch, und man fühlt sich vollkommen isoliert.

Scheidungen kommen wie alle Verlusterfahrungen immer zum falschen Zeitpunkt. Vielleicht haben wir gerade ein neues Haus oder ein neues Auto gekauft, wir haben eine neue Arbeitsstelle bekommen oder ein Baby. Das ist ganz normal. Ein grundlegender Wandel im Leben lässt uns häufig auch andere Lebensbereiche in Frage stellen: »Führe ich ein erfülltes Leben? Will ich das wirklich? Bin ich glücklich?« Verfolgen zwei Partner ihre jeweils eigenen Ziele, die sich wechselseitig ergänzen, ist alles in Ordnung. Haben Sie aber das Gefühl, dem anderen über den Kopf gewachsen zu sein oder mittlerweile ganz andere Pläne zu haben, dann scheint die Scheidung manchmal der einzig gangbare Weg zu sein.

Eine Scheidung steht normalerweise am Ende einer Reihe von Jahren, in denen zumindest ein Partner in der Beziehung nicht gefunden hat, was er sich wünschte. Mitunter hat einer den Eindruck, der andere sei emotional nicht mit ihm gewachsen. Oder einer der Partner hat Interessen entwickelt, die sich im Rahmen dieser Beziehung nicht mehr verwirklichen lassen. Auch Träume und Hoffnungen können sich verändern. Hat dann einer der Partner den Eindruck, diese in der gegenwärtigen Situation nicht mehr leben zu können, kommt es zur Trennung. Vielleicht haben auch beide das sexuelle Interesse am anderen verloren. Oder sie spüren, dass sie letztlich doch nicht füreinander geschaffen sind. Unzufriedenheit kann natürlich auch andere Wurzeln haben: den Beruf, die Kinder, das Altern.

Trauer während der Trennung

Menschen, die eine Trennung durchmachen, erleben Verletzungen, Wut und Verzweiflung und reagieren darauf mit Rückzug. Dasselbe geschieht, wenn ein geliebter Mensch stirbt. Viele Menschen, die in Scheidung leben, fühlen sich betrogen: »Wie konnte sie mir das antun?« oder »Warum hat er das nur getan?« Manchmal haben sie Schuldgefühle: »Hätte ich ihr nur öfter gesagt, dass ich sie liebe!«; »Hätte ich nur mehr Zeit für ihn gehabt«; »Wenn ich sie nur nicht so vernachlässigt hätte!« All das ist normal und verständlich. Viele Menschen erleben eine Scheidung als persönliches Versagen und glauben, sie hätten es besser machen können. Sie machen sich Vorwürfe und denken sich alles Mögliche aus: »Ich hätte wissen müssen, dass so etwas passieren wird. Wie konnte ich nur so dumm sein!«

Zu einer Scheidung kommt es dann, wenn ein Partner sich entscheidet, die Beziehung zu beenden. In seinem bzw. ihrem Kopf ist damit alles vorüber. Sinnvoll wäre es, in solch einem Fall professionelle Hilfe zu suchen, bevor man eine endgültige Entscheidung trifft. Immerhin stammen unsere Vorstellungen von einer Beziehung von unseren Eltern: War ihre Ehe schwierig, dann sehen wir Liebesbeziehungen ebenfalls als kompliziert an. Wenn wir selbst als Kinder keine emotionale Unterstützung erfahren haben, wissen wir einfach nicht, wie wir diese jemand anderem schenken können. Wenn wir körperlichem oder seelischem Missbrauch ausgesetzt waren, tragen wir unseren Schmerz in uns und projizieren unsere schmerzhaften Erfahrungen auf andere Menschen. Aber wir können das auch ablegen und noch einmal von vorn anfangen. Daher ist es immer sinnvoll, sich professionelle Unterstützung zu sichern.

Doch wenn ein Partner beschlossen hat, die Beziehung zu beenden, ging dem meist ein längerer Bewusstwerdungsprozess voraus. Fühlt ein Partner sich nicht befriedigt, dann wird er meist sehr streng in seinen Forderungen und entwickelt Erwartungen an den Partner, die dieser gar nicht erfüllen kann. Hat sich ein Partner emotional aus der Beziehung verabschiedet, dann neigt er meist dazu, entsprechende Gefühle für sich zu behalten und sie nicht offen auszusprechen. So bricht die ganze Kommunikation zusammen und übrig bleiben nur Ärger und gegenseitige Vorwürfe. In diesem Stadium ist eine Versöhnung unwahrscheinlich, auch wenn man den besten Therapeuten der Welt aufsucht.

Sind Sie der verlassene Teil, dann sind Sie vermutlich sehr verletzt und glauben, etwas verkehrt gemacht zu haben. Sie denken wahrscheinlich, dass Sie nicht gut genug sind. Der verlassene Partner hat meist mit niedrigem Selbstwertgefühl zu kämpfen. Manchmal hält er auch an der Partnerschaft fest und akzeptiert einfach nicht, dass sie nun zu Ende ist. Unglücklicherweise verlängert dies das Leiden nur noch, denn die Verleugnung der gegenwärtigen Situation verdrängt Gefühle wie Ärger oder Scham tief in die Seele.

Karmische Bande

Auf der materiellen Ebene ist Scheidung eine Form des Todes. Wir fühlen uns vollkommen desorientiert, verletzt, gedemütigt und beleidigt. Das ist einfach die normale Reaktion auf eine Scheidung. Auf der spirituellen Ebene aber geschieht einiges mehr. Ich habe mit sehr vielen Menschen gesprochen, die eine Scheidung hinter sich haben. Die meisten sagten nach mehreren Jahren übereinstimmend eines: »Die Scheidung war eine der Schlüsselerfahrungen in meinem Leben.«

Aus spiritueller Sicht kommt es zur Scheidung, weil den karmischen Bedingungen zweier Seelen entsprochen werden muss. Zwei Seelen kommen zur Welt, weil sie einen gemeinsamen Vertrag zu erfüllen haben. Wenn wir unserem Seelengefährten begegnen, haben wir häufig das Gefühl, diese Person schon sehr lange zu kennen. Wir fühlen uns von ihr intuitiv angezogen. Mit dieser Anziehung gehen die Menschen unterschiedlich um. Manchmal entstehen daraus spirituelle Partnerschaften wie die zwischen Margie und Buddy in Kapitel 4: Zwei

Geistwesen kommen zusammen, um sich bedingungslos der Liebe zum Partner und zu sich selbst zu widmen. Doch es kommt auch vor, dass Beziehungen von Anfang an zum Scheitern verurteilt sind. Wir wissen, dass sie nicht gut für uns ist, fühlen uns aber von der entsprechenden Person aus unerfindlichen Gründen trotzdem angezogen. Das bedeutet normalerweise, dass eine karmische Bindung nach Lösung sucht und dass wir unsere Lebenslektion nicht lernen können, ohne diese Erfahrung zu machen. Manchmal beschließen zwei Seelen, ihr gemeinsames Karma abzutragen bzw. zu »verfeuern«. Das kann mitunter mehr als eine Lebenszeit dauern. Vielleicht besteht unsere Lebenslektion darin, etwas über Unabhängigkeit und Selbstliebe zu erfahren. Vielleicht ist es auch unsere Aufgabe, Schwierigkeiten überwinden zu lernen und Vertrauen zu entwickeln. Mitunter muss eine Seele auch eine Verpflichtung aus einer früheren Lebenszeit abtragen. Um das zu verdeutlichen, habe ich einen persönlichen Erfahrungsbericht angefügt, der zeigt, wie es zu solchen Seelenpartnerschaften kommt. Denn einen Seelengefährten zu finden heißt keineswegs, dass Sie mit ihm oder ihr glücklich leben, bis dass der Tod Sie scheidet.

Geistige Entwicklung ist die Aufgabe jeder Seele auf dieser Erde. Aber jede Seele wächst entsprechend ihren eigenen Gesetzen. Viele Ehen gehen auseinander, weil wir uns unser eigenes Verhalten nicht bewusst machen. Das sollten wir immer im Hinterkopf behalten, wenn wir versuchen, die Gründe für eine Trennung zu begreifen. Wenn wir einen Schritt zurücktreten und die Situation aus der Distanz betrachten, entdecken wir meist, dass wir unseren Partner gewählt haben, um eine bestimmte seelische Entwicklung machen zu können. Gelingt es uns nach einer Scheidung nicht, unseren Zorn allmählich abzubauen, dann werden wir im folgenden Leben diese Erfahrung so lange wiederholen, bis wir lieben und vergeben gelernt haben.

Es sollte so sein

Ich selbst habe auch eine Scheidung hinter mir. Wie alle Menschen habe ich darunter sehr gelitten. Eine Scheidung ist wie ein Todesfall. Man überwindet sie nie vollständig. Aber es kann uns gelingen, uns hinterher wieder ein erfülltes Leben aufzubauen.

Ich lernte Karen im College kennen. Diesen Abend werde ich nie vergessen. Mein Studium begann erst im Sommersemester und ich musste mich ordentlich ranhalten, um noch rechtzeitig ein paar der geforderten Leistungsnachweise zu erbringen. So stieg ich als technischer Assistent bei einem Stück ein, das die Dramagruppe der Fakultät für Theaterwissenschaft produzierte. Ich sorgte dafür, dass die Szenenwechsel klappten und beleuchtete den Bühnenausgang, damit die Schauspieler beim Abgang nicht stolperten.

Es geschah bei der ersten Probe: Ich wartete auf mein Stichwort, um den Spot auf den Bühnenausgang zu richten, als ich ein blondes, blauäugiges Mädchen hereinkommen sah. Als sie die Bühne betrat, spürte ich, wie mir eine Gänsehaut über den Rücken lief. Ich konnte nicht aufhören, sie anzusehen. Als sie zu singen begann, klang das in meinen Ohren wie ein Himmelschor, der seine Stimme durch diesen weltlichen Cherub ertönen ließ. Ich konnte mich gar nicht mehr beruhigen. Ich hatte noch nie eine so schöne Frau gesehen, die gleichzeitig so unschuldig und offen wirkte. Ich hatte das Gefühl, mit ihr aufs Innigste verbunden zu sein, obwohl ich sie noch gar nicht kannte. Und ich weiß noch, wie ich da oben saß und mir sagte: »Eines Tages heirate ich sie. Die oder keine!« Das war lange, bevor ich etwas über frühere Existenzen, übersinnliche Fähigkeiten und Karma wusste. Ich hatte nur einfach das Gefühl, Karen und ich seien füreinander bestimmt.

Da die Proben noch eine Weile dauerten, lernte ich sie mit der Zeit besser kennen. Anfangs schien sie nicht sehr interessiert, doch das legte sich. Wir lachten immer, wenn ich meinen Scheinwerfer auf sie richtete, um sie Schritt für Schritt von der Bühne zu geleiten. Sie war froh, dass ich da war, denn sie hatte einen Autounfall und sah deshalb manchmal doppelt.

Karen und ich wurden schnell Freunde. Bald sahen wir uns regelmäßig, gingen gemeinsam zum Mittag- oder Abendessen und sprachen über unsere Familien, unser Studium und unsere Zukunftspläne. Nach ein paar Monaten gingen wir richtig miteinander aus und genossen die Gesellschaft des anderen. Wir gingen ins Kino, zum Tanzen, machten Picknicks im Park, lasen und studierten gemeinsam. Es war meine erste richtige Beziehung, und ich schwebte auf Wolke Sieben.

Die Beziehung dauerte unser ganzes erstes Jahr am College und den Sommer danach. Ich lebte nur etwa fünfzig Kilometer von Karen entfernt, und so besuchte ich sie in den Ferien häufig. Wie so viele Eltern machten sich auch die ihren um Karen zu viele Sorgen. Sie versuchten, sie von mir fern zu halten, obwohl ich mein Bestes tat, um ihnen zu zeigen, dass ich sie wirklich sehr mochte. Ich hatte den Eindruck, Karens Eltern würden mir sicher mehr vertrauen, wenn sie mich erst einmal besser kannten, und würden dann auch unsere Beziehung akzeptieren. Leider kam es nie dazu.

Nach dem Sommer kehrte Karen nicht ans College zurück. Sie hatte in den Ferien noch einen Autounfall gehabt, und ihr Rücken machte Probleme. Die Ärzte meinten, sie brauche so viel Ruhe wie möglich. So lockerte sich unsere Beziehung langsam. Die Distanz nahm zu, sowohl innerlich als auch äußerlich. Irgendwann war es dann so weit: Wir gingen getrennte Wege, und ich war am Boden zerstört. Ich konnte einfach nicht glauben, dass es vorbei sein sollte. Schließlich glaubte ich immer noch, dass ich dieses Mädchen früher oder später mal heiraten würde. Ich fühlte mich regelrecht betrogen.

Lassen Sie mich den Film nun zwölf Jahre weiterspulen. Ich war von New York nach Kalifornien gezogen und hatte einen Job bei den *Paramount*-Filmstudios angenommen, der mich rund um die Uhr auf Trab hielt. Ich kümmerte mich um die Verträge der Filmproduktionen. Daneben hatte ich begonnen, meine übersinnlichen Fähigkeiten zu trainieren, was für mich eine völlig neue Welt war.

Etwa zweieinhalb Jahre davor hatte Brian Hurst mir gesagt, dass ich ein Medium sei. Mittlerweile ging ich regelmäßig zu Meditationsabenden und führte jeden Tag nach Büroschluss

Readings für andere Menschen durch. Allein durch Mundpropaganda war ich immer auf drei Monate im Voraus ausgebucht. Scheinbar konnte ich anderen Menschen tatsächlich nützlich sein. Ich freute mich auf die Abende, machte es mich doch immer glücklich, mit der Geistwelt zu kommunizieren. Ich brachte fast jeden Abend damit zu, Brücken zur anderen Welt zu schlagen. Je tiefer der Einblick war, den ich in die geistigen Reiche bekam, desto mehr erfüllten mich die liebevollen Gedanken dieser Welt und desto intensiver wurde mein Wunsch, dass alle Menschen davon erfahren sollten. Wenn es mir gelänge, meine Erfahrungen vielen Menschen mitzuteilen, würde die Welt sich wandeln und erneut ein Ort der Wunder werden. Wenn ich sah, wie das Gesicht eines Menschen sich veränderte, der soeben mit einem lieben Verstorbenen gesprochen hatte; wenn ich die Leichtigkeit und Liebe im Raum spürte, wusste ich, dass dies meine Lebensaufgabe war.

Während sich diese Erkenntnis langsam in mir Bahn brach, begann ich mich zu fragen, welche Rolle die Beziehung zu Karen vor einigen Jahren in meinem Leben gespielt hatte. Seit wir uns damals Adieu gesagt hatten, hatte ich nicht aufgehört, an sie zu denken. Die Erinnerung an sie quälte mich immer noch, sogar mehr denn je. Je stärker ich meine intuitiven Fähigkeiten entwickelte, desto intensiver wurden die Gedanken an Karen. Das war wirklich merkwürdig. Ich hatte das deutliche Gefühl, dass wir unsere gemeinsame Aufgabe nicht erfüllt hatten. Da diese Gedanken immer stärker wurden, wurde ich neugierig. Wo konnte Karen jetzt wohl sein?

Als die Erinnerungen immer stärker wurden, griff ich zum Telefon. Ich rief die Auskunft an und fragte nach jemandem ihres Namens im Staat New York, wo sie früher gelebt hatte. Leider war sie dort nicht aufzufinden. Frustriert legte ich den Telefonhörer auf und wandte mich an meine Freunde in den oberen Welten. Laut sagte ich: »Liebe Freunde, ich weiß, dass ich Karen wieder sehen muss. Ich bin sicher, dass ich etwas von ihr zu lernen habe oder dass wir gemeinsam eine Aufgabe erledigen müssen. Bitte sorgt dafür, dass sie mich anruft.«

Heute noch läuft es mir kalt über den Rücken, wenn ich daran denke. Die Bitte kam mir damals zwar ein wenig komisch vor, gleichzeitig erschien sie mir aber auch als das Beste, was ich tun konnte. Wenn es uns denn bestimmt war, so würde es mit Sicherheit auch geschehen. Was dann geschah, war beinahe unheimlich: Zwei Wochen später klingelte das Telefon. Es war um sechs Uhr morgens an einem Dienstag. Ich lief die Treppen hinauf in die Küche. Wenn um diese Zeit jemand anrief, dann bedeutete das gewöhnlich nichts Gutes. Wie Sie sehen, geht es mir in dieser Hinsicht wie allen anderen Menschen. Ich hob also ab und bereitete mich innerlich schon auf schlechte Nachrichten vor. Stattdessen klang eine Stimme durch den Draht, die süßer nicht hätte sein können, eine Stimme, die ich zwölf Jahre lang nicht gehört hatte.

»Hallo, James. James van Praagh? Hier spricht Karen … Wir sind zusammen aufs College gegangen. Erinnerst du dich an mich?«

An sie erinnern? Wenn sie nur wüsste, was ich ihretwegen durchgemacht hatte! Ich war einer Ohnmacht nahe und fragte mich dauernd: »Kann das wahr sein? Träume ich? Oder erlaubt sich da jemand einen Scherz mit mir?« Vorsichtig ausgedrückt könnte man sagen, dass ich unter Schock stand. Meine Bitten waren in der geheimnisvollen Welt der geistigen Reiche angekommen und prompt erhört worden.

»Hallo, James? Bist du das? Kannst du mich hören?«

»Ja, Karen. Wie geht es dir? Ich kann es einfach nicht fassen, dass du anrufst.« Der Schweiß rann mir in Strömen herab.

»Ja, es ist wirklich merkwürdig. Ich habe des Öfteren an dich gedacht, und in den letzten zwei Wochen gingst du mir gar nicht mehr aus dem Kopf. Letzte Woche habe ich dann jemanden getroffen, der deinen Bruder kennt. Er gab mir seine Nummer, ich rief ihn an und ließ mir deine Nummer in Kalifornien geben. Ich hoffe, es stört dich nicht, dass ich anrufe?«

Ich versuchte, so ruhig wie möglich zu bleiben. Trotzdem platzte ich heraus: »O nein. Es ist super, dass du anrufst. Ich habe auch an dich gedacht. Wie ist es dir denn in all den Jahren ergangen? Was hast du gemacht? Wo lebst du denn überhaupt?«

Ich konnte einfach nicht aufhören. Es war, als wolle ich die letzten zwölf Jahre in ein paar Sekunden aufholen. Ich fragte und fragte, während sich langsam Angst in meine Aufregung mischte. Denn was als Nächstes kam, wollte ich nicht unbedingt hören.

»O, mir geht es gut. Ich bin jetzt verheiratet.«

Da war es also! O nein! Genau dieses Wort hatte ich nicht hören wollen. Meine Knie wurden weich.

»Verheiratet?«, fragte ich ein wenig reserviert.

»Verheiratet!« Ich betete das Wort vor mich hin, immer und immer wieder, als würde dies die Situation ändern und uns wieder zurück in unsere Studententage bringen.

»Ja. Ich bin schon seit ein paar Jahren verheiratet. Mein Mann arbeitet in der Medienbranche. Und du? Was machst du so? Weißt du, ich musste die ganzen Jahre immer an dich denken.«

Ich sah einen Hoffnungsschimmer aufkommen.

»Ach, ich tue eigentlich nichts Besonderes. Ich bin nach Los Angeles gegangen und Drehbuchschreiber für Fernsehserien geworden. Jetzt arbeite ich bei den *Paramount*-Filmstudios in der Vertragsabteilung.«

Von meiner Arbeit mit der geistigen Welt wollte ich nichts sagen. Schließlich wollte ich sie nicht erschrecken, wo wir uns gerade wieder einander annäherten. Vielleicht konnten wir ja wenigstens Freunde werden. Ich wollte nicht, dass sie mich für verrückt hielt.

Und so plauderten wir eine gute halbe Stunde und erzählten uns von unserem Leben. Sie berichtete, dass sie sehr aktiv im konservativen *Christian Movement* war – einer Organisation, die das Evangelium in der Gesellschaft verbreiten möchte. Gut, dass ich ihr nichts von meinen medialen Neigungen gesagt hatte.

Sie meinte: »Weißt du, ich habe viel an die alten Zeiten gedacht. Und natürlich an dich.«

Wir lachten und alberten herum, erinnerten uns an alte Freunde, an Dinge, die uns passiert waren. Es war ein sehr angenehmes Telefongespräch, das mir zeigte, dass wir uns immer noch recht gut verstanden. Am Ende tauschten wir unsere Telefonnummern aus und versprachen, einander wieder anzurufen.

Während der nächsten beiden Wochen verbrachten Karen und ich viel Zeit am Telefon. Ich war ein bisschen verwirrt, wusste ich doch, dass sie verheiratet war. Aus unserer Freundschaft konnte also nichts werden. Aber ich war so glücklich, dass ich die Seifenblase noch nicht zerstören wollte. Meine Ängste rationalisierte ich, indem ich mir sagte, wir täten das alles nur »um der alten Zeiten willen«.

Ernster wurde es, als Karen beschloss, mich in Kalifornien zu besuchen. Ich konnte es gar nicht glauben. Vielleicht spielte die Geistwelt mir ja einen Streich. Doch zwei Wochen später stieg Karen mit Handgepäck aus dem Flugzeug. Die Zeit schien stillzustehen.

In dem Augenblick, in dem wir uns sahen, geschah etwas mit uns: Bumm! machte es und man musste nicht erst übersinnlich begabt sein, um das zu spüren. Zwischen uns herrschte eine unglaubliche Spannung. Wir konnten uns kaum ansehen. Doch wir beide spürten, dass es sehr real war. Unsere Begegnung konnte sehr gefährlich werden.

An jenem Abend gingen wir in ein Restaurant. Karen hatte sich kaum verändert. Sie hatte immer noch Sinn für Humor und war von bestechender Anmut. Gleichzeitig hatte ich das deutliche Gefühl, dass hier irgendetwas nicht stimmte. Es war einfach zu schön, um wahr zu sein. Karen erzählte über ihre Aktivitäten in der Kirche und wie wenig diese Arbeit sie in letzter Zeit erfüllte. An diesem Punkt ließ ich die Katze aus dem Sack. Ich musste anfangen, ehrlich mit ihr umzugehen.

»Karen, ich bin ein Medium!«, würgte ich heraus und kniff die Augen zu in Erwartung der Vorwürfe, die jetzt sicher auf mich niederprasseln würden. Vermutlich würde sie mir gleich einen Fahrschein zur Hölle ausstellen.

Überrascht sah sie mich an und antwortete: »Du auch? Gott sei Dank. Ich dachte schon, ich sei die Einzige auf der Welt.«

Die Erleichterung stand uns beiden ins Gesicht geschrieben. Erfreut tauschten wir Details aus.

»In meiner Kirche sprechen wir nur nicht von ›Geist‹«, meinte Karen.

Der Abend war so schön wie merkwürdig. Es schien, als wären zwei verwandte Seelen endlich wieder vereint, und ich

dachte immer nur: »Lieber Himmel, was tun wir jetzt bloß?«
In der kommenden Woche redeten wir quasi ununterbrochen miteinander. Karen erzählte mir, sie und ihr Mann hätten sich zeitweise getrennt. Sie gestand, dass sie sich mit ihm nicht mehr im Geringsten verbunden fühle. Sie wünschte sich einen Mann, der sich mehr um sie kümmerte, sie besser unterstützte und sich für dieselben Dinge interessierte wie sie. An diesem Punkt kam also ich ins Spiel. Es war offensichtlich, dass wir uns immer noch liebten und zusammen sein wollten. Ich richtete meinen Blick zum Himmel empor und hörte die Botschaft: »Achte darauf, was du dir wünschst.«

Karen ging nicht mehr in den Osten zurück. Sie fühlte sich hier frei und lebendig. Und sie wollte auch nicht mehr zum *Christian Movement* zurück. Ich aber wollte sicher sein, dass sie das tat, weil sie es wollte, und nicht meinetwegen. Ich wollte keine karmischen Verstrickungen eingehen. Andererseits war ich mir sicher, dass ich eine Beziehung mit Karen wollte. Ich nahm das Ganze ernst und hatte immer noch das Gefühl, dass es uns bestimmt war, ein Paar zu werden. Karen reichte die Scheidung ein und zog zu mir. Wir lebten ein paar Monate zusammen. Jeder Tag schien schöner zu sein als der vorige. Merkwürdige Dinge geschahen, seltsame »Zufälle«, die mich in meiner Ansicht bestärkten, dass sie und ich Seelengefährten waren.

Einer meiner Freunde verschaffte Karen ein Job bei einem der fünfhundert größten Unternehmen der USA, und sie gewöhnte sich schnell an den neuen Lebensstil. Wie jedes Paar lernten wir uns immer besser kennen. In unserer Beziehung ging es vorwiegend um unsere Verbindung zu den geistigen Reichen. So kam Karen mit in meine Meditationsgruppen. Ich war wirklich gern mit ihr zusammen, trotzdem verließ mich das Gefühl nicht, dass irgendetwas nicht stimmte. Ich konnte nur nicht herausfinden, was genau es war. Wenn ich kurze Zeit weg war, bekam Karen Angstzustände, in denen sie sogar Selbstmordgedanken hegte. Dann sagte sie Dinge wie: »Bitte, geh nicht. Ich habe Angst. Ich traue mir nicht. Vielleicht tue ich mir etwas an.«

Schließlich verwandelten sich diese Ängste in ständig wiederkehrende Albträume, in denen sie sich verlassen fühlte, weil sie der Kirche den Rücken zugewandt hatte. Wir fanden eine ausgezeichnete Therapeutin, die mit uns beiden arbeitete. Karens Verlassensängste ließen allmählich nach. Die Therapie war ein Erfolg auf der ganzen Linie. Am Ende schien Karen vollkommen gesund. Auch die Albträume hörten auf.

Unsere Beziehung wuchs Tag für Tag, wir kamen uns immer näher. Da schien es nur natürlich, an Ehe zu denken. Irgendetwas in mir drängte mich, Karen zu heiraten; es war, als seien wir füreinander bestimmt. Man möchte meinen, dass ich als übersinnlich begabter Mensch es genau hätte wissen müssen. Aber auch ich habe meine Lektionen zu lernen, wie jeder andere Mensch. Für mich selbst ein Reading durchzuführen ist schwierig, denn in diesem Fall beeinträchtigen meine Emotionen meine Wahrnehmung.

Als ich Karen bat, mich zu heiraten, reagierte sie zunächst verhalten. Ich glaubte, ihr Zögern sei darauf zurückzuführen, dass sie kein zweites Mal heiraten wolle. Ich hingegen hatte immer noch das Gefühl, dass es unser Schicksal sei. Ich bat die Geistwelt um Unterstützung und sprach folgendes Gebet: »Liebe Freunde, wenn diese Ehe geschlossen werden soll, gebt uns bitte ein Zeichen.«

Wir versuchten, uns für die Antworten zu öffnen, damit wir sie auch erkannten, wenn sie eintrafen. Monate vergingen. Wir suchten nach Ringen, die uns gefielen, konnten aber keine finden. Nachdem wir Tausende von Ringen angesehen hatten, kamen wir eines Tages in einen Laden in Santa Monica in Kalifornien. Ein netter Mann namens Leo begrüßte uns mit seinem starken italienischen Akzent. Wir sagten ihm, was wir suchten. Er lächelte und führte uns zu einem Glaskasten und zeigte uns ein Paar Eheringe. Karen und ich sahen uns an. Das waren genau die Ringe, die wir gesucht hatten. Wir konnten es kaum glauben. Also baten wir den Juwelier, die Ringe anzupassen, damit wir sie Ende der folgenden Woche abholen könnten.

In der Woche darauf waren wir bei einer Freundin eingeladen und erzählten, wir hätten endlich die passenden Ringe gefunden, suchten aber immer noch nach einem Verlobungsring, der später zu den Eheringen passen würde. Unsere Freundin empfahl uns einen Juwelier, den sie gut kannte, und schrieb uns Namen und Telefonnummer auf. Irgendwie kam uns beides bekannt vor. Als wir am nächsten Tag dort anriefen, meldete sich ein Mann mit starkem Akzent. Als ich ihm erklärte, wonach wir suchten, schlug er mir vor, doch in sein Geschäft in Santa Monica zu kommen. Ich war unglaublich erstaunt. Kein Wunder, dass mir die Nummer bekannt vorgekommen war. Es war derselbe Juwelier, bei dem wir eine Woche zuvor gewesen waren. Ich fragte ihn, ob er Leo kenne. Er antwortete mir, Leo sei sein Vater. Das war in meinen Augen ein Zeichen aus der Welt der Geister.

Am folgenden Sonntag schlenderten Karen und ich durch ein großes Einkaufszentrum in unserer Nähe. Ich sagte: »Warum suchen wir eigentlich nicht gleich das Hochzeitskleid aus?«

Sie sah mich an und meinte: »Was ich suche, gibt es sicher nicht im Kaufhaus.«

Trotzdem ging sie mit, um mir eine Freude zu machen. »Ich glaube zwar nicht, dass ich etwas finde, aber ...«

»Was möchtest du denn?«, fragte ich.

»Ein Jessica-McClintock-Kleid mit elfenbeinfarbener Spitze«, antwortete sie. »Ich habe es in einer Zeitschrift gesehen.«

Also spazierten wir durch die Doppeltüren von *Macy's* und machten uns auf in die Abteilung »Für besondere Anlässe«. Als wir aus dem Aufzug traten, fiel unser Blick auf eine Schaufensterpuppe. Sie trug ein unglaublich schönes Brautkleid aus elfenbeinfarbenen Spitzen.

Karen erstarrte: »Aber das ist es!«

Ich strahlte: »Siehst du.«

»Es ist natürlich wunderbar, aber ob es auch die richtige Größe hat.«

Wir suchten nach dem Schildchen: Jessica McClintock in Größe vierzig! Mit offenem Mund sahen wir uns an. War das ein weiteres Zeichen? Wir machten eine Verkäuferin ausfindig und baten sie, uns den Preis zu sagen.

»Das ist unser letztes Stück von diesem Modell. Wir haben es heute herabgesetzt.« Und das überzeugte mich endgültig: Unsere Ehe sollte wohl zustande kommen.

Die Hochzeit fand im Haus eines Freundes statt, das eine Terrasse mit Blick auf den Strand von Malibu hatte. Unsere Eheversprechen hatten wir selbst geschrieben. Als wir sie uns gegenseitig vorlasen, flatterten plötzlich zwei Tauben auf die Terrasse und blieben dort bis zum Ende der Feier. Es war eine wunderschöne Zeremonie, die mir für immer im Gedächtnis bleiben würde.

Karen und ich machten eine kurze Hochzeitsreise und kehrten dann wieder in unseren Alltag zurück. Kurz darauf stellte sich bei mir das überwältigende Gefühl ein, etwas Großes vollbracht zu haben. Ich weiß nicht genau, wie ich Ihnen das erklären soll: Ich hatte einfach das Gefühl, nun sei etwas Entscheidendes vollendet worden.

Wir kauften ein Haus, richteten es gemeinsam ein und hatten unseren Spaß daran. Wir adoptierten zwei Hunde und mehrere streunende Katzen. Aber weder Möbel noch Haustiere konnten ausfüllen, was uns zu fehlen schien. Bald nachdem wir eingezogen waren, schien unsere Nähe langsam nachzulassen. Wie bei vielen anderen Paaren, so war es auch bei uns: Jeder von uns entwickelte sich in einem anderen Tempo. Unsere Ziele führten uns in verschiedene Richtungen. Tag um Tag entfremdeten wir uns mehr. Monatelang gingen wir zur Paartherapie, und nachdem wir quasi ununterbrochen Partnerübungen gemacht hatten, kam ich zu dem Schluss, dass es mit unserer Ehe vorbei war. Sie hatte eineinhalb Jahre gedauert. Einerseits hatte ich das Gefühl, dass etwas zu einem Ende gebracht worden war, auch wenn ich nicht genau wusste, was. Andererseits war ich darüber auch sehr traurig.

LERNEN

An einer Ehe sind immer zwei Menschen beteiligt, an einer Scheidung auch, ganz egal, wer letztlich die Scheidung einreicht. Als unsere Ehe langsam in die Brüche ging, empfanden Karen und ich beide Wut und Schuld. Wir machten uns gegenseitig Vorwürfe. Manchmal dachte ich: »Ich weiß nicht, wen ich eigentlich geheiratet habe.« Auf einer Ebene schien alles so sinnlos. Meiner Einschätzung nach hatte ich alles mir Mögliche gegeben, um die Ehe zu retten, und trotzdem funktionierte es nicht. Also fragte ich mich: »Ist es nun das, was wir in geistiger Hinsicht durcharbeiten sollten? Und was war mit den Zeichen aus der Geistwelt?« Für mich war das besonders erschütternd. Ich hatte gedacht, wir hätten mit dem Segen des Universums geheiratet. Und trotzdem steckten wir nun mitten in der Trennung.

Wenn ich aus dieser Erfahrung lernen wollte, musste ich die Verantwortung für meine Entscheidung übernehmen. Also begann ich meine Motive zu hinterfragen:

»Warum will ich diese Scheidung?«

»Fühle ich mich einsam, traurig und deprimiert?«

»Habe ich den Eindruck, Karen und ich hätten keinen Draht mehr zueinander?«

»Haben wir dieselben Ziele?«

»Respektieren wir die Einzigartigkeit des anderen?«

»Tragen wir Machtkämpfe aus?«

»Bin ich glücklich?«

»Bekommt meine Seele alles, was sie braucht?«

Die letzte Frage war die wichtigste von allen. Leider musste ich sie mit Nein beantworten. Wenn man in einer Ehe emotional, geistig, körperlich und spirituell nicht bekommt, was man braucht, dann hat es keinen Sinn, sie aufrechtzuerhalten. Ich kam zu der Einsicht, dass wir zwei Seelen waren, die etwas voneinander zu lernen hatten. Unsere Beziehung war eine Gelegenheit zum Wachstum, auch wenn es gerade nicht so aussah. Ich musste über den Schmerz und das Leid hinausgehen, um Liebe und Freude zu finden – das Glück in meinem Inneren.

Monate später ging ich zu einem Hellseher und Heiler namens Michael Tamura, der mir von einem Freund empfohlen worden war. Michael ist ein sehr weiser Mann, der außerdem sehr exakt »sieht«. Als ich ihn zum ersten Mal traf, wusste ich, dass er mir unglaubliche Einsichten schenken würde.

Michael bestätigte mir bei unserem ersten Treffen, dass er

von mir nichts wusste bzw. gehört hatte. Ich war erleichtert, würde das Reading doch wesentlich besser sein, wenn er keine Vorstellung davon hatte, wer ich war. Michael begann mit dem Reading. Er starrte über meinen Kopf und bewegte seine Finger auf und ab.

Dann fragte er: »Sie sind verheiratet, oder?«

»Ja«, antwortete ich.

»Mit einer kleinen Frau mit blonden Locken, nicht wahr?«

»Ja, das stimmt.« Es war klar, dass er auf der richtigen Fährte war.

»Ich sehe ihre Energie um Sie herum. Sie hält Sie immer noch fest. Sie beide haben soeben eine karmische Verpflichtung abgetragen. Ich sehe, dass Sie die Bande der Ehe abgeworfen haben, und ich sehe den Grund dafür.«

»Endlich!«, dachte ich bei mir. Endlich würde jemand mir helfen, die Verwirrung aufzulösen, und mir zeigen, worum es in dieser Ehe wirklich ging. Ich war für jeden Hinweis dankbar.

»Bitte fahren Sie fort. Ich bin sehr neugierig auf Ihre Erkenntnisse.«

Michael begann zu erläutern: »In einem anderen Leben waren Sie und Karen Zigeuner. Sie reisten miteinander in Wagen durchs Land und lebten einmal in diesem Dorf, dann wieder in jenem. Damals, es scheint Ihrer beider letzte gemeinsame Lebenserfahrung gewesen zu sein, versprachen Sie, sie zu heiraten. Doch einige Tage vor der Hochzeit haben Sie kalte Füße bekommen und sie allein gelassen. Das hat sie so verletzt, dass sie sich mit Gift das Leben nahm. Dadurch entstand eine karmische Schuld, die abzutragen war. Vor Ihrer erneuten Inkarnation versprachen Sie einander, die karmischen Folgen dieser Situation ein für alle Mal aufzulösen. Können Sie damit etwas anfangen?«

»Ja, das passt ganz genau auf uns«, gab ich zur Antwort.

Michael fuhr fort: »Sie hatten Ihre Angst vor einer festen Bindung aufzugeben. Gleichzeitig mussten Sie Karen helfen, an ihre eigene Stärke zu glauben.«

Jedes seiner Worte ließ eine Saite meiner Seele erklingen. Ich hatte das Gefühl, in einen Spiegel zu sehen und mein Leben zu erblicken. Schließlich begriff ich, weshalb ich ständig das Gefühl hatte, Karen fehle mir, auch damals schon, als unsere Beziehung zum ersten Mal zu Ende gegangen war. Wie Michael die Ereignisse interpretierte, das ließ auch Karens Verlassensängste in klarerem Licht erscheinen. Sie musste diese Gefühle immer wieder durchleben, um sie endlich überwinden zu können. Ihre Aufgabe war es, Selbstvertrauen zu entwickeln, und meine, ihr dabei zu helfen. Mit diesen Informationen erhielt alles plötzlich einen Sinn. Wir waren zusammengekommen, um unsere karmischen Bande abzutragen und voneinander zu lernen. Ich war erleichtert, dass ich meine Aufgabe offensichtlich erfüllt hatte. Nun war ich mir meiner Entscheidung sicher: Ich wollte die Scheidung, weil ich das Gefühl hatte, dass das, was uns aufgetragen war, nun erledigt war. Nun waren wir beide frei und konnten uns weiterentwickeln.

Im Nachhinein sieht die ganze Geschichte von meiner Ehe und der Scheidung recht einfach aus, doch es war schwierig, die richtigen Entscheidungen zu treffen, als wir noch mitten in der Situation steckten. Unsere Gedanken und Gefühle standen uns im Weg – wie bei allen Menschen. Wir alle kennen den Ausdruck: sich selbst im Weg stehen. Leider tun wir das meistens. Das bedeutet: Wir müssen alles fallen lassen, was auch nur im Entferntesten nach »Ich liege richtig und du falsch!« aussieht. Wenn wir eine Scheidung überleben wollen, müssen wir unseren Verlust betrauern. Das ist normal. Bedauerlicherweise wehren sich viele Menschen gegen die Erkenntnis, dass das Ende einer Beziehung ebenfalls ein Trauerprozess ist. Sobald wir das aber erkannt haben, können wir das Leben fließen lassen, statt uns an der Vergangenheit festzuklammern.

DAS LEBEN NACH DER SCHEIDUNG

Auf psychischer Ebene kann das Single-Dasein in uns viele Ängste wecken. Wir sind unsicher, ob wir finanziell überhaupt überleben können. Plötzlich ist nur noch ein Einkommen vorhanden, und wir müssen wieder aufs Geld achten. Noch schlimmer ist es, wenn man Kinder zu ernähren hat. Manchmal muss man sich nach einer zusätzlichen Einnahmequelle umsehen, was den Groll noch verstärkt. Auch der Haushalt muss mit einem Mal alleine bewältigt werden. Sie sehen: Es ist dieselbe Situation wie beim Tod eines Partners. Man fühlt sich einsam, verdrängt, was man empfindet. Man denkt: »Das kann doch überhaupt nicht wahr sein.« Die eigenen Gefühle abzuleugnen ist sogar eine recht häufige Reaktion. Was wir aus dem Bewusstsein schieben, kann auch nicht Wirklichkeit sein, so glauben wir. Werden Gefühle verdrängt, so trägt das meiner Ansicht nach eine Menge zu den gesellschaftlichen Problemen unserer Zeit bei. Gewalt und Missbrauch kommen immer aus einer tief ins Unterbewusste verbannten, negativen Gefühlswelt.

Wenn Sie sich einsam, verlassen und innerlich wie abgestorben fühlen, sollten Sie sich nicht scheuen, Freunde um Hilfe zu bitten oder eine Selbsthilfegruppe aufzusuchen. Sie müssen sich diese Last einfach von der Seele reden. Wenn Sie weiterhin an Ihrem Ärger und Ihrem Selbstmitleid festhalten, fühlen Sie sich nur noch mehr wie ein Versager. Suchen Sie Wege, Ihre innere Leere auszufüllen, statt dem Gefühl des Versagens weiter Raum zu geben. Wenn Sie erst einmal einsehen, dass Sie diese Beziehung verloren haben, ist der erste Schritt zur Heilung schon getan. Sie werden auf Ihrem weiteren Weg noch viel lernen. Gehen Sie aus sich heraus. Nur so können Ihre Wunden heilen. Sprechen Sie mit jemandem, dem Sie wirklich vertrauen. Wenn Sie Ihre innersten Gefühle erst einmal ausgesprochen haben, werden Sie sich wesentlich besser fühlen. Diese Art innerer Reinigung ist immer gut für die Seele. Außerdem zeigt ein Gespräch mit anderen Menschen Ihnen neue Blickwinkel auf. Sie lernen, die Situation einmal völlig anders zu sehen. Allein das bringt Sie der inneren Heilung bereits ein Stück näher.

Kinder und Trauer

Zwischen unseren letzten Zeiten auf dieser Erde hatten Karen und ich beschlossen, unsere karmischen Bande abzutragen. Sobald das geschehen war, gab es für uns keinen Grund mehr, zusammen zu bleiben. Bei anderen Paaren ist die Lösung nicht immer ganz so einfach. Denn zum Karma vieler Zweierbeziehungen gehören auch Kinder. Vergessen Sie nicht, dass jede Seele ihre Lebensbedingungen vorher auswählt. Das gilt auch für die Kinder geschiedener Eltern. Das heißt nun nicht, dass die Eltern sich in dieser Situation nicht um die Sorgen und Emotionen ihrer Kinder kümmern müssten, was aber leider häufig der Fall ist.

Wenn es zur Scheidung kommt, haben die meisten Kinder schon ihre Erfahrungen mit Konflikten und Spannungen. Da sie wesentlich sensibler und auch sensitiver sind als Erwachsene, entgeht ihnen nichts. Sie nehmen jeden Gedanken, jedes Gefühl, jede einzelne Nuance in sich auf. In ihrem Unbewussten ist alles gespeichert, auch das, was in der materiellen Welt noch gar nicht geschehen ist. Bereits mit drei Jahren sind Kinder für die seelischen Wunden einer Scheidung empfänglich. Glauben Sie also nicht, dass das Kind nichts mitbekommt, nur weil es noch klein ist. Seine Gedanken und Gefühle sind tief in seiner Seele vergraben. Erwachsene merken oft gar nicht, was ein Kleinkind in Wahrheit erlebt.

Ältere Kinder hingegen geraten richtig in Panik, weil sie nicht wissen, was aus ihnen werden soll, wenn die Eltern sich trennen. Ganz egal, wie heftig die Streitereien oder wie schlimm seine Erfahrungen mit diesen Eltern sind, das Kind wird im Normalfall Vater und Mutter immer als sicheren Hafen empfinden. Kinder sprechen nicht über ihre Gefühle. Heimlich aber fragen sie sich: »Was wird aus mir werden? Wer wird sich um mich kümmern?« Dasselbe passiert mit einem Kind, dessen Vater oder Mutter sterben. Kinder spüren den Verlust, wissen aber nicht, wie sie damit umgehen können. Sie fressen alles in sich hinein, was die Probleme meist noch größer erscheinen lässt. In solchen Situationen haben Kinder immer das Gefühl, irgendetwas stimme nicht mit ihnen. Eindrücke dieser Art können ein ganzes Leben prägen. Mitunter zeigen sich diese verdrängten Gefühle in recht destruktiver Form.

Scheidungskinder haben das Gefühl, vom Sturm erfasst und hin und her geworfen zu werden. Sie haben keine Kontrolle über die Situation. Sie lieben beide Elternteile, und trotzdem müssen sie sich für einen von ihnen entscheiden. Was glauben Sie wohl, wie schwer es für ein Kind ist, diese Entscheidung zu treffen? Es ist einfach überfordert. Manchmal streiten die Eltern sich sogar um das Sorgerecht für das Kind, was dessen Ängste zusätzlich steigert. Andere schaffen es, einen Kompromiss über das Sorgerecht zu schließen. Dann bleibt das Kind bei einem Elternteil, während der andere ein Besuchsrecht hat.

Im Erleben des Kindes macht es keinen Unterschied, ob es einen Elternteil durch Tod oder Scheidung verloren hat. Meist entwickelt es Schuldgefühle: »Habe ich etwas falsch gemacht? Wird man mich dafür bestrafen?« Kinder reagieren mit großer Verwirrung auf einen derartigen Verlust. Plötzlich fühlen sie sich unter ihren Altersgenossen nicht mehr wohl, wie Außenseiter. Manchmal unterdrückt das Kind seine Tränen, weil es seine Eltern nicht verletzen möchte. Und es leidet unter Stimmungsschwankungen bzw. Wutanfällen. Es glaubt, verlassen worden zu sein. Es glaubt, die Situation nicht kontrollieren zu können. Vor allem aber denkt es, dass es seinen Eltern nicht besonders viel wert sein kann, wenn sie ihm so etwas antun.

Ist das Kind in einer religiösen Familie aufgewachsen, fragt es sich zumeist, ob Gott es nun straft. Auf der körperlichen Ebene können Kinder mit Schlaflosigkeit, mangelndem Appetit und verminderter Aktivität reagieren.

Jedes Kind hat sich mit dem für ihn unverständlichen Verhalten der Erwachsenen auseinander zu setzen, wenn es größer wird. Das ist so schon schwierig genug. Bei einer Scheidung aber liegen die Dinge weit komplizierter. So könnte die Mutter das Gefühl haben, die Kontrolle über ihr Kind entgleite ihr, weil sie ja die Sorgerechtsvereinbarung einhalten und dem Vater den Umgang mit dem Kind gestatten muss. Also dringt sie in die Welt des Kindes ein, um ihre Vormachtstellung zu behaupten. Oder sie schreibt dem Vater vor, was er tun darf und was nicht. Auf diese Weise schafft sie eine tiefe Kluft zwischen den beiden, worauf der Vater natürlich gereizt reagiert. Möglicherweise enthält er ihr wichtige Informationen vor. Und das Kind muss all diese Kämpfe ausbaden. Die Mutter will nur das Beste für ihr Kind, doch ihre übermäßige Kontrolle macht alles nur noch schlimmer. Auch der Vater möchte eine innige Beziehung zum Kind, um ihm zu zeigen, dass er trotzdem für es da ist. Andererseits versucht er vielleicht, seine Ex-Frau zu verletzen und schafft dadurch für das Kind eine Atmosphäre des Misstrauens. Und Kinder leiden meistens stumm. Es kann auch passieren, dass die Eltern so mit ihren eigenen Gefühlen beschäftigt sind, dass sie ihren Kindern in deren Trauerprozess nicht beistehen können. Oder sie halten die Kinder offen dazu an, ihre Gefühle zu unterdrücken, weil sie selbst mit den ihren nicht fertig werden. Es ist in jedem Falle Aufgabe der Eltern, die Führung zu übernehmen und sich auf die Stimmungen und das Verhalten der Kinder einzustellen. Helfen Sie Ihrem Kind, sich auszudrücken.

Eine weiterer Problembereich ist, wenn der geschiedene Elternteil einen neuen Partner hat. Häufig fühlt das Kind sich durch den Eindringling bedroht: »Liebt sie mich denn nicht mehr? Genüge ich ihm nicht? Bin ich ihnen etwa im Weg? Sollte ich nicht besser verschwinden?« Zu der Furcht des Kindes, diesen einen Elternteil auch zu verlieren, kommt häufig noch der Hass des anderen Elternteils auf den neuen Partner. Das bedeutet für das Kind Unsicherheit und Verwirrung. In dieser Situation müssen die Eltern sich unbedingt fragen, was für das emotionale und seelische Wohlbefinden ihres Kindes am wichtigsten ist. Versetzen Sie sich in die Lage Ihres Kindes und seien Sie ehrlich, auch wenn das nicht leicht ist. Ihr Kind weiß, was Sie tun oder denken. Es absorbiert Ihr negatives Verhalten nicht nur auf seelischer und intellektueller Ebene, sondern nimmt es auch mit seinen ausgeprägten übersinnlichen »Antennen« auf. Kinder wissen meist nicht, weshalb sie niedergeschlagen sind. Wie ein Schwamm saugen sie die Verzweiflung und Traurigkeit der Eltern auf.

Während meiner beruflichen Laufbahn habe ich Readings

für mehrere Kinder gemacht. Kinder können ihre Gefühle, Gedanken und übersinnlichen Eindrücke nicht vollkommen verstehen. Einmal habe ich ein Reading für einen Jungen durchgeführt, dessen Trainer gestorben war. Der Verstorbene versicherte dem Jungen, dass es ihm gut gehe und er im Himmel sei, was das Kind mit Erleichterung aufnahm. Ich glaube, das ist es, was die meisten Kinder interessiert, wenn ein Erwachsener sie verlässt. Sie wollen wissen, dass nach wie vor alles in Ordnung und ihnen nichts Böses geschehen ist. Und schließlich wollen sie hören, dass es Mama und Papa gut geht.

EINEM KIND HELFEN, SEINE TRAUER ZU BEWÄLTIGEN

Als Eltern müssen wir dem Kind helfen, diese schwierige Zeit zu überstehen. Sprechen Sie mit Ihrem Kind. Sagen Sie ihm, was los ist. Lassen Sie es an Ihren Gefühlen teilhaben, aber ohne die Schuld auf den Partner zu schieben. Schließlich soll das Kind nicht zum Schiedsrichter bei einem Boxkampf werden. Und natürlich auch nicht zum Sündenbock.

Das Schlimmste, was Eltern tun können, ist, dem Kind die Scheidung zu verheimlichen. Das wäre genauso, als wolle man dem Kind verbergen, dass ein Elternteil gestorben ist. Die Eltern glauben, dem Kind unnötiges Herzeleid zu ersparen. In Wirklichkeit fühlt das Kind sich nur ausgeschlossen und wertlos. Behandeln Sie Ihr Kind, wie Sie selbst behandelt werden möchten. Lassen Sie es wissen, dass es Teil der Familie ist. Stimmen Sie das, was Sie ihm sagen, auf sein Alter und sein Verständnisvermögen ab. Wenn das Kind noch recht jung ist, sollten Sie es vielleicht mit Bildern versuchen oder mit Märchen (siehe Literaturverzeichnis am Ende dieses Buches). Ist es schon älter, setzen Sie sich zusammen, um ernsthaft miteinander zu sprechen. Es ist wichtig, dass Sie Ihrem Kind helfen, seine Gefühle auszudrücken. Erwarten Sie aber nicht, dass es wie ein Erwachsener reagiert. Kinder sprechen nicht über ihre Emotionen, sie leben sie aus. Eltern müssen also nur auf ihr Verhalten achten, um zu wissen, wie es ihnen geht: Ist es launisch oder lustlos? Zieht es sich zu sehr zurück? Kommt es zu spät nach Hause? – Wir sind da, um unseren Kindern Aufmerksamkeit zu schenken und nicht umgekehrt.

Am wichtigsten ist jetzt, dass Sie Ihrem Kind Liebe, Zuneigung und Unterstützung zuteil werden lassen. Sprechen Sie mit Ihrem Kind. Helfen Sie ihm, seine Sorgen und Ängste auszudrücken. Und achten Sie darauf, dass in Ihrem Heim die Liebe nicht verloren geht: Bitten Sie Ihr Kind, Sie zu umarmen. So sieht es, dass es Ihnen im Trauerprozess wirklich helfen kann. Und gleichzeitig verstärken Sie das Band, das zwischen Ihnen beiden besteht. Ein Kind braucht das Wissen, dass es immer noch geliebt wird, ganz egal, was das Leben mit sich bringt.

Herauszufinden, wie es um ein Kind wirklich steht, ist immer schwierig. Manchmal vergehen Jahre, bevor Sie erfahren, dass das Kind sich die Schuld an Ihrer Trennung gab. Daher sollten Sie möglichst bald mit Ihrem Kind über alles sprechen. Es muss von Ihnen selbst erfahren, dass es nicht die Schuld trägt und nicht bestraft wird. Sie möchten ja nicht, dass sich negative Gefühle dieser Art in Ihrem Kind festsetzen und Jahre später als Minderwertigkeitskomplex wieder zum Vorschein kommen. Denken Sie daran, dass Alkohol- und Drogenmissbrauch sowie Gewalttätigkeit fast immer solche Wurzeln haben.

Sobald Sie mit Ihrem Kind darüber gesprochen haben, darf es Fragen stellen oder Lösungsvorschläge machen. So fühlt es sich als Teil des Ganzen. Welche Probleme Sie mit dem Partner auch haben mögen, für das Kind ist es von äußerster Wichtigkeit, dass Sie und Ihr Partner eine freundschaftliche Beziehung aufrechterhalten. Schaffen Sie eine positive Atmosphäre, in der das Kind seine Neugier ausleben kann. Erklären Sie ihm, dass Sie es lieben, auch wenn Sie nicht mehr mit ihm leben. Lassen Sie es wissen, dass es immer noch eine Familie gibt. Und geben Sie ihm das Gefühl, in Sicherheit zu sein und geliebt zu werden.

Schritte zur Heilung

- Gestatten Sie sich selbst, alle Phasen des Trauerprozesses zu durchlaufen.
- Machen Sie eine Bestandsaufnahme Ihrer Ehe. Was fühlen Sie? Betrachten Sie die Situationen von allen Ebenen aus: emotional, geistig, spirituell und körperlich.
- Entspannen Sie sich und meditieren Sie. Suchen Sie den Weg zurück in Ihre Mitte. Wenn Sie gut geerdet sind, ist alles sehr viel einfacher. Sie sehen klarer, wenn Ihr Blick nicht von Emotionen verdunkelt wird.
- Hören Sie auf, sich als Opfer zu betrachten. Übernehmen Sie die Verantwortung für Ihr Leben, statt sich selbst Leid zu tun.
- Bringen Sie positive Energie in alle Bereiche Ihres Lebens. Versuchen Sie, die Situation als Gelegenheit zur Neuorientierung zu sehen. Sie haben eine neue Chance erhalten. Nutzen Sie sie!
- Lassen Sie los. Versuchen Sie nicht, die Situation unter Kontrolle zu behalten. Geben Sie Ihrem Ärger eine Richtung und nutzen Sie die Kraft dieses Gefühls, um mit der Situation positiv umzugehen.
- Schaffen Sie sich ein Netzwerk von Freunden und Gruppen, in dem Sie als Single leben können. Vielleicht fangen Sie ja eine neue Berufsausbildung an. Oder Sie machen Kurse, die Sie interessieren. Nehmen Sie sich genügend Zeit, um all Ihre Möglichkeiten zu erforschen. Was interessiert Sie wirklich?
- Machen Sie sich mit den Folgen einer Trennung vertraut. Lesen Sie Bücher darüber oder besuchen Sie Seminare. Auch im Internet finden Sie entsprechende Informationen, denn: so etwas passiert öfter. Sorgen Sie dafür, dass Sie alles haben, was Sie brauchen, um Ihr Leben neu zu beginnen.
- Werden Sie nicht zu geschäftig. Nehmen Sie sich Zeit. Sie müssen nicht alles auf einmal schaffen. Gönnen Sie sich eine Atempause. Vor allem: Gehen Sie nicht sofort wieder eine Beziehung ein, ohne sich ausreichend Zeit zum Trauern genommen zu haben. Das wäre nicht besonders fair dem neuen Partner gegenüber.

- Geben Sie der Familie ein neues Gesicht: Die elterlichen Rollen müssen nun neu verteilt werden – den veränderten Umständen angepasst, ohne den Partner oder das Kind manipulieren zu wollen. Für Ihre Kinder ist das lebenswichtig. Außerdem müssen finanzielle Vereinbarungen getroffen werden. Ihre Kinder müssen vielleicht in eine neue Schule, falls Sie umziehen. Sie und Ihr Partner müssen gemeinsam den Besuchsplan festlegen. Dabei ist es wichtig, dass dies in möglichst gutem Einvernehmen geschieht.
- Beziehen Sie Ihre Kinder in Ihr neues Leben ein. Lassen Sie sie ihre Rolle im Entscheidungsprozess übernehmen.
- Halten Sie Ihre Gefühle und Ihre täglichen Erlebnisse in einem Tagebuch fest. Schreiben Sie alles auf, was in der Zukunft für Sie interessant sein könnte.
- Vergeben Sie Ihrem Partner und sich selbst, auch wenn Sie Ihre Trennung nicht begreifen können. Versuchen Sie, sich in Ihren Partner hineinzuversetzen. Machen Sie sich klar, dass die Person, die Sie einst geliebt haben, sich verändert hat. Lassen Sie los. Wünschen Sie Ihrem ehemaligen Partner alles Gute. Es war eine Lektion für Sie beide. Und beide werden Sie auf Dauer davon profitieren.
- Denken Sie daran, dass Sie nie allein sind. Liebe umgibt Sie, eine Liebe, die Ihnen niemand nehmen kann. Sie sind Liebe, und diese Welt bietet Ihnen tausend Gelegenheiten, sie auszuleben.

7

Zeiten des Übergangs

Niemand lehrt uns, wie wir uns auf Misserfolg, Krankheit, Armut und Alter vorbereiten können. Ganz im Gegenteil. Man macht uns glauben, dass der Erfolg auf der Straße liegt; dass wir dafür alles geben müssen, was wir haben; dass wir nach den Sternen greifen und loslegen können. – Was aber geschieht, wenn man krank wird oder ein Unglück geschieht? Dann stehen die meisten von uns unter Schock. Wir wissen nicht, was wir tun sollen. Wir werden mit all dem nicht fertig. Jeder Verlust ist wichtig für uns, auch ein noch so geringer. Wie also können wir mit Krisen und Verlusten in unserem Leben umgehen? Wir müssen lernen zu trauern.

Wenn unser Leben vom Tod eines lieben Menschen aus der Bahn geworfen wird, sind wir unmittelbar mit dem Verlust konfrontiert. In einem solchen Fall ist Trauer eine natürliche Konsequenz. Doch Trauer beinhaltet weit mehr; sie beschränkt sich nicht allein auf den Verlust der körperlichen Anwesenheit eines Menschen, denn das Leben konfrontiert uns durchaus noch mit anderen Verlusterfahrungen. Notwendige Verlusterfahrungen, denn sie helfen uns zu wachsen, uns weiter zu entwickeln und loszulassen. Der Prozess des Trauerns kann von den unterschiedlichsten Erlebnissen ausgelöst werden. Unvermeidliche Verluste etwa sind das Älterwerden oder das Erwachsenwerden unserer Kinder. Andere Verluste erfahren wir, wenn wir ernsthaft krank werden, wenn wir in Rente gehen, unseren Job verlieren, unser Heim, unsere Ersparnisse. Wenn Flutkatastrophen oder Brände uns unserer Lebensgrundlage berauben. Unfälle, Behinderung, seelische Krankheiten, Unfruchtbarkeit oder die plötzliche Pflegebedürftigkeit eines Angehörigen verändern unser Leben von Grund auf. Dazu kommen noch weniger greifbare Verluste: wenn wir zum Beispiel das Vertrauen verlieren, die Freiheit, den Mut, die Würde. Oder wenn wir ein Ziel nicht erreichen, unseren Traum nicht verwirklichen können, unsere Erwartungen sich nicht erfüllen.

Unser Leben ist voll von Anhaftungen an Menschen oder Objekte. Wir stecken unsere Energie in dies oder jenes und sind so erfüllt davon, dass wir glauben, es müsse alles ewig so weitergehen. Wenn dann etwas von uns genommen wird, wenn wir krank werden, das Geld schwindet, die Kinder weggehen, dann fühlen wir uns verwundbar. Solche Lebenserfahrungen erschüttern uns zutiefst. Trotzdem machen wir uns nicht klar, dass wir einen Trauerprozess durchlaufen. Wir glauben vielleicht sogar, dass wir nicht das Recht hätten zu trauern. Daher sollten wir uns mit den Gefühlen und Verhaltensweisen, die ein Verlust mit sich bringt, auseinander setzen. So hart es auch sein mag, diese Erfahrungen helfen uns zu wachsen.

Das Leben ist ein ständiger Wechsel von emotionalen Hochs und Tiefs. Es ist gekennzeichnet von Stress, Unglück und Unsicherheit. All das ist Teil unserer Wirklichkeit. Manchmal ziehen wir uns deshalb ganz auf uns selbst zurück. Wir ahnen nur schwach, weshalb wir uns deprimiert, verwirrt, verlassen oder wütend fühlen. Unsere Gewohnheiten, unsere kindlichen Verhaltensmuster, unser Ego haben uns im Griff und schütteln uns durch wie ein kleines Schiff auf stürmischer See. Auf die Frage, welchen Sinn so ein Dasein haben soll, gibt es keine einfachen Antworten. Auch wenn ich Ihnen versichere, dass es Ihnen so schlecht nicht geht, ist Ihnen damit nicht geholfen. Die Entscheidung muss von Ihnen kommen. Auf spiritueller Ebene haben wir Versprechen einzuhalten und Lektionen zu meistern. Das Auf und Ab unseres Lebensweges gibt uns Gelegenheit dazu.

Wenn der ruhige Fluss unseres Daseins durch ein Verlusterlebnis gestört wird, können wir entweder darüber hinweggehen oder innehalten. Wehren wir uns aber gegen die Trauer, dann öffnen wir Gefühlen wie Hoffnungslosigkeit und Hilflosigkeit Tür und Tor. Erlauben wir uns hingegen, zu fühlen, was in uns vorgeht, dann lernen wir daraus. Nur so haben wir eine Chance, den Schmerz eines Tages hinter uns zu lassen. Wir müssen den Prozess des Trauerns Schritt um Schritt durchlaufen und die Möglichkeiten entdecken, die jenseits des Kummers auf uns warten.

Wenn ich von den geistigen Reichen etwas gelernt habe, dann die Tatsache, dass wir hier sind, um uns selbst und der Welt um uns herum mit Liebe und Mitgefühl zu begegnen. Wenn wir das begreifen, werden wir sehr viel zufriedener sein als vorher. Wir werden uns selbst mit mehr Achtung begegnen und uns an dem freuen, was wir besitzen. Wir werden verstehen, dass Veränderung zwar unausweichlich ist, dass wir aber durchaus mit ihr fertig werden können. Dann können wir auf Antidepressiva und Alkohol verzichten. Wir können alles, was unserer Betäubung dient, in den Mülleimer werfen, denn wir verstehen, dass alles, was kommt, seinen Sinn hat – den Sinn, uns in unserem inneren Wachstum zu bestärken. Wie ich in meinem zweiten Buch *Jenseitswelten* dargelegt habe, kommen wir hierher, damit unsere Seelen sich entwickeln können. Und das ist die einzige Reise, die wirklich aller Mühe wert ist.

Das Zuhause verlieren

Wir können unser Heim verlieren, weil wir Opfer einer Naturkatastrophe wurden, weil wir alt geworden sind bzw. unser Vermögen verloren haben. Oder wir verlieren es, weil wir umziehen, um eine neue Arbeit anzutreten. In all dem liegt ein Anlass zur Trauer. Auch wenn wir freiwillig umziehen, so ist der Wechsel des Wohnorts doch eine recht anstrengende Angelegenheit, die Gefühle von Angst und Desorientierung mit sich bringen kann. Wir hoffen, das Richtige zu tun, sind aber unsicher, weil wir nicht wissen, was uns erwartet. Wenn wir unser Zuhause gar unfreiwillig verlassen müssen, ist die Angst noch größer. Mit unserem Heim verlieren wir einen Teil unserer Identität. Wo wir herkamen, hatten wir Freunde und Bekannte. An jedem neuen Ort aber sind wir zunächst einmal »unsichtbar«. Niemand kennt uns, und auch wir kennen dort niemanden. Wir fühlen uns unruhig, niedergeschlagen und durcheinander. Kisten stehen überall herum. Man findet nichts mehr. Was wird uns hier wohl erwarten? Alles ist unbekannt, und wir Menschen neigen dazu, uns an das Bekannte zu klammern. Wir fragen uns, ob es uns je wieder gut gehen wird. Ob wir je wieder den Normalzustand erreichen werden.

Eltern müssen darüber hinaus noch Sorge für ihre Kinder tragen. Kinder leiden unter einem Umzug manchmal mehr als Erwachsene. Sie verlieren ihre Freunde und Schulkameraden. Für ein Kind ist das ziemlich schwierig. Als ich in der Grundschule war, zog einer meiner besten Freunde weg, weil sein Vater seinen Job verloren hatte und sie deshalb zu Verwandten ziehen mussten. Für mich war das ein trauriger Tag. Auch mein Freund war traurig, wenn er auch versuchte, ein freundliches Gesicht zu machen. Schließlich wollte er Vater und Mutter nicht verletzen. Damals zogen die Menschen noch nicht so häufig um. Ein Umzug war zu jener Zeit ein großes Ereignis. Wir versprachen uns gegenseitig, dass wir weiter befreundet bleiben würden. Er rief mich auch tatsächlich einmal an. Danach aber habe ich nie wieder von ihm gehört. Es war, als sei er vom Antlitz der Erde verschwunden. Ich bin sicher, es ist ihm zunächst schwer gefallen, sich an die neue Schule, die neuen Freunde und seine Verwandten zu gewöhnen. In solchen Situationen ziehen Kinder sich meist in sich selbst zurück, so als habe man sie beiseite geschoben. Sie spüren, dass sie noch keinen festen Platz in den bereits bestehenden Grüppchen haben, und das macht ihnen Angst. Im ersten Jahr werden sie öfter krank, um zu Hause bleiben zu können. Kinder finden für das, was sie empfinden, normalerweise noch keine Worte. Sie wissen nur, dass sie nicht dazu gehören. Sie haben ihre Identität verloren, weil ihr altes Selbst in ihrer alten Umgebung verankert war. Da diese Situation für Kinder so beängstigend ist, ist es besonders wichtig, sich ausgiebig mit ihnen darüber zu unterhalten.

Ein Umzug bedeutet häufig, dass wir auch in einem anderen Lebensbereich eine massive Veränderung erfahren, im Beruf zum Beispiel. Als ich von New York wegzog, brauchte ich eine gewisse Zeit, um mich an das Leben in Kalifornien zu gewöhnen: Ich brauchte zum Beispiel ein Auto, was in New York nicht nötig war. Und ich musste Freunde finden, weil ich in Los Angeles keinen Menschen kannte. Zu Hause hatte ich viele Freunde, die ich alle noch von der Schule kannte. In meiner neuen Umgebung aber war ich nicht viel mehr als ein Schatten meiner selbst. Ich musste herausfinden, in welche Werkstatt ich mein Auto bringen, wo ich essen gehen konnte usw. Ich musste mir mehr oder weniger ein neues Leben aufbauen. Eine Zeit lang war ich niedergeschlagen. Ich vermisste meine Familie, meine Freunde und alles, was mir lieb war. »Dort kennt man mich wenigstens, hier kennt mich kein Mensch«, sagte ich mir. Oder: »Vielleicht war es ein großer Fehler. Warum bin ich nur weggegangen?« All diese Gedanken machten sich ständig in meinem Kopf breit. Ich wollte einen Beruf in der Filmbranche erlernen, also musste ich in eine Stadt ziehen, die mir dies möglich machte. Trotz all meiner Ängste und Bedenken musste ich also entscheiden, ob ich hier bleiben und nach den Sternen greifen oder zurückgehen und es bequem haben wollte. Und für mich war das Loslassen wichtig, auch wenn es wehtat. Ich brauchte fast zwei Jahre, bis ich mich endlich ein wenig zu Hause fühlte.

Wenn ich mir im Fernsehen die Nachrichtensendungen anschaue, sehe ich so viele Menschen, die bei Katastrophen ihr Haus und all ihren Besitz verlieren. Es sieht schlimm aus, auch wenn ich mir den Kummer dieser Menschen nur ansatzweise vorstellen kann. Solche Zeiten verlangen aktives Trauern. Der Verlust unseres Zuhauses erfüllt uns mit Niedergeschlagenheit und Resignation, selbst wenn wir nur umziehen. Doch wir sollten uns klar machen, dass wir tatsächlich einen Verlust zu beklagen haben. Manchmal ist das gar nicht so einfach, vor allem, wenn wir gleichzeitig versuchen müssen, unser Leben wieder in den Griff zu bekommen. Wenn wir an einen neuen Ort gehen, müssen wir uns Freunde suchen. Das bedeutet, dass wir ein freundliches Gesicht aufsetzen sollten, auch wenn uns gar nicht danach ist. In Gesellschaft verbergen wir also unsere wahren Gefühle, doch wenn wir allein sind, können wir sie ruhig wieder hervorholen. Ein Neuanfang, finde er nun in einem neuen Heim, bei einer neuen Arbeitsstelle, in einem neuen Beruf oder gar in einer anderen Lebensform statt, ist mitunter mit viel Hoffnungslosigkeit verbunden. Wir fühlen uns so verwundbar in diesem Moment. Sobald uns bewusst wird, dass wir das Vertraute hinter uns lassen müssen – unsere Angehörigen und Freunde, aber auch Orte oder Ereignisse, die für uns wichtig waren –, beginnt der Prozess des Loslassens. Und das heißt, dass wir alle möglichen Emotionen durchleben müssen: von Ärger und Enttäuschung zu Furcht, Trauer und Verlustgefühlen.

Versuchen Sie nicht, Ihre Gefühle zu leugnen. Nehmen Sie wahr, was in Ihnen vorgeht. Vielleicht kommt zuerst das Gefühl der Trauer in Ihnen hoch. Kommen Sie dann in Ihrem neuen Zuhause an, so empfinden Sie vielleicht eine gewisse innere Stumpfheit oder Gleichgültigkeit. Möglicherweise sind Sie wütend auf sich selbst, Ihren Partner, Ihre Kinder. Und Ihre Kinder sind unter Umständen wütend auf Sie. Diese Gefühle sind völlig normal. Irgendwann vergehen sie wieder.

Viele von uns gehen Trauer und Schmerz gern aus dem Weg. Wir sind einfach so programmiert. Wir wollen »darüber hinwegkommen«, »damit fertig werden« oder ein neues Leben aufbauen«, und so unterdrücken wir alles, was die Gesellschaft nicht gern hört oder sieht. Ich persönlich gelange immer mehr zu der Ansicht, dass diese unterdrückten Gefühle letzlich die Ursache für die enorme Zunahme von Gewalt in unserer Welt sind. Wir wollen diese Emotionen nicht ausdrücken; wir können es nicht und wir haben Angst, uns vor anderen verletzlich zu zeigen. Stattdessen steigen wir ins Auto und beschimpfen lauthals andere Verkehrsteilnehmer. Wir legen uns mit Kollegen an oder lassen unsere Wut an der Familie aus. Wir sollten besser lernen, unsere Gefühle zu respektieren, weil wir sonst die Empfindungen anderer niemals achten werden. Wir müssen diese Gefühlswelt einfach durchqueren, weil wir anders nicht genesen können. Der Prozess des Trauerns ist letzlich sehr gesund: Er hilft uns loszulassen, weiterzugehen und uns der veränderten Situation anzupassen. Je flexibler wir im Denken und Sein werden, umso offener werden wir für Entwicklung und Wachstum.

Als ich noch klein war, zog man ziemlich selten um. Normalerweise blieben die Menschen, wo sie waren. Heute aber sind wir Menschen »mobil«; wir sind eine rastlose Gesellschaft, die keine Wurzeln mehr kennt. Wir ziehen von Stadt zu Stadt und von Land zu Land. Familienmitglieder leben Hunderte von Kilometern voneinander entfernt. Wir bleiben selten lange genug an einem Ort, um dort Wurzeln zu schlagen und an einem gesunden Gemeinschaftsleben teilzunehmen. Das ist eine Tatsache. Und doch ist es Teil der menschlichen Natur, irgendwo zugehörig sein zu wollen.

Menschen aber, die buchstäblich »obdachlos« werden, erleiden einen noch viel schwereren Verlust, der erhebliche psychische Folgen hat. Wenn wir solchen Menschen im Park begegnen, werden wir häufig wütend: »Hier sitze ich!« oder »Wie kann man nur so herunterkommen? Mit denen will ich nichts zu tun haben!« Wir sehen Menschen ohne festen Wohnsitz als gesichtslose Masse – dreckig, betrunken und unordentlich. Meist zeigen wir wenig Mitgefühl für sie, weil wir uns einbilden, sie bräuchten ja nur zu arbeiten, wenn sie wollten, dann müssten sie auch nicht so leben. Aber auf dieser Welt sind wir alle nur Gast. Viele Menschen kommen mit unserer schnelllebigen Welt einfach nicht zurecht. Sie geben auf, aber das bedeutet nicht, dass sie schlechtere Menschen sind als wir. Viele dieser Menschen leiden unter seelischen Krankheiten, wir aber behandeln sie wie Aussätzige. Sie haben nicht nur ihr Zuhause und ihre Identität verloren, sondern auch die Liebe ihrer Familie, ihrer Freunde und die Achtung vor sich selbst. Denken Sie immer daran: Auch Menschen ohne festen Wohnsitz sind mit jemandem verwandt und befreundet. Ein amerikanisches Sprichwort sagt: »Urteile nicht über einen Menschen, bevor du nicht mindestens einen Kilometer in seinen Schuhen gegangen bist.« Wenn wir sonst nichts tun können, so sollten wir Menschen ohne Heim wenigstens unsere positiven Gedanken senden. Stellen Sie sich vor, dass es diesem Menschen gut geht, dass er gesund ist. Vergessen Sie nicht, dass wir alle Teil des Gottesfunkens sind. Was wir mental, emotional und körperlich aussenden, kommt unweigerlich zu uns zurück.

Krankheit

Sieht ein Mensch sich einer lebensbedrohlichen oder chronischen Krankheit gegenüber, dann schaut er seinem eigenen Tod ins Gesicht. Er ist nicht nur mit dem Nachlassen seiner körperlichen Kräfte konfrontiert, sondern kämpft mit der größten Angst überhaupt – der vor dem Tod des Körpers. Naturgemäß haben wir darauf jetzt zunächst einmal das Gefühl, als ob uns unser Leben entgleiten würde. Mit einer lebensbedrohlichen Krankheit verlieren wir unsere Zukunft und alles, was sie in dieser Gesellschaft bedeutet. Die Familie muss nicht nur mit ansehen, wie eines ihrer Mitglieder schwächer und schwächer wird und seinen Platz nicht mehr ausfüllen kann. Gleichzeitig ist ihr ganzes Miteinander bedroht. Alle spüren Trauer und Bedauern über das, was einmal war, aber nie mehr sein wird. Der Kummer sitzt tief. In meiner Familie geschah das, als unsere Mutter einen Schlaganfall hatte. Es ging nicht nur darum, was sie selbst durchzustehen hatte. Wir litten ebenfalls darunter, ihren Verfall und ihre Hilflosigkeit mit ansehen zu müssen. Wir sahen ein wunderbares menschliches Wesen langsam alle Kraft verlieren und konnten nichts dagegen tun, außer ihr das Leiden ein wenig zu erleichtern.

In solchen Fällen gibt es viele praktische Dinge, die erledigt werden müssen. Man muss sich einen Arzt suchen, der Hausbesuche macht; eine Krankenschwester zur Pflege anstellen. Außerdem verursacht eine Krankheit enorme Kosten. Das hat zur Folge, dass einzelne Familienmitglieder dem Betroffenen seine Krankheit übel nehmen. Schließlich bringt er das ganze Leben durcheinander. Zuzusehen, wie die Gesundheit eines geliebten Menschen immer mehr nachlässt, ist Furcht erregend, weil es uns an unsere eigene Zerbrechlichkeit erinnert. Ein kurzer Augenblick nur – und mit einem Fingerschnippen gerät unser ganzes Leben aus den Fugen. Wenn wir einen Kranken pflegen, sind wir den ganzen Tag mit Krankheit konfrontiert: Wir sprechen mit dem Arzt, kümmern uns um die Untersuchungsergebnisse, die Medikamente, eventuelle Klinikaufenthalte usw. Für unsere eigenen Bedürfnisse ist da wenig Raum. Wir verlieren also nicht nur den Menschen, den wir pflegen; wir verlieren auch unsere eigene Identität an die Krankheit. Dauert diese längere Zeit an, dann mag in uns das Gefühl entstehen, die Krankheit bringe uns um Monate und Jahre unseres Lebens.

Was Pflege wirklich bedeutet, habe ich zum ersten Mal erfahren, als ich während der »Aids-Krise« in den achtziger Jahren als freiwillige Hilfskraft in einem Pflegedienst mitarbeitete. Wie die meisten Freiwilligen war ich fast den ganzen Tag damit beschäftigt, die Grundbedürfnisse der Kranken zu erfüllen: Ich brachte sie zum Arzt; holte ihre Medikamente ab; stellte sicher, dass sie für den Tag genug zu essen hatten; half ihnen beim Ausfüllen der Anträge für die Kranken- und Pflegeversicherung; besuchte sie im Krankenhaus etc. Nach einer gewissen Zeit kannte ich einige von ihnen besser und betrachtete sie als erweiterten Teil meiner großen Familie. Die Krankheit schwächte Körper und Geist der Betroffenen immer mehr, und ich stand daneben und sah zu, wie sie langsam vergingen. Ich kann mich an Dutzende von Begräbnissen erinnern, die ich in dieser kurzen Zeit besuchte. Wie Kriegsverletzte starben sie in unglaublichem Tempo dahin. Es war einfach herzzerreißend. Schließlich ergriff die Krankheit auch von den freiwilligen Helfern Besitz. Nach ein paar Jahren musste ich aufhören. Wie die meisten Menschen, die Pflegedienste leisten, war ich irgendwann völlig ausgebrannt. Ich war in einer Art ständigen Trauerprozess begriffen, weil ich so viele liebe Menschen an diese Krankheit verloren hatte. Einerseits hatte ich das Gefühl, dass ich damit etwas »unerledigt« ließ, andererseits musste ich meinen Weg weitergehen, auch wenn es schwierig war. Ich musste mir mein Leben zurückholen. Ich glaube, dass alle Menschen, die je im Pflegedienst tätig waren, dieses Problem kennen. Man muss wissen, wann es Zeit ist, den Stab an jemand anderen weiterzureichen, und das stete Trauern zu beenden.

Wenn Sie selbst unter einer lebensbedrohlichen Krankheit leiden und sich mit Ihrem möglichen Tod auseinander setzen müssen, befinden Sie sich wirklich hautnah in einem Prozess des Trauerns. Sie müssen erkennen, dass Sie Ihr Leben nicht mehr länger in der Hand haben. Das kann bedeuten, dass Sie anderen Menschen die Entscheidung über Ihr Leben überlassen müssen. Es gibt keine Worte für das, was jemand durchlebt, wenn das Ende nahe ist. Viele Menschen erfahren in dieser Situation tiefe Depressionen. Sie müssen alle Hoffnungen, Träume und Gedanken an die Zukunft aufgeben. Sie gelten als kranke Menschen, und alles was sie tun oder was für sie getan wird, wird auf diesem Hintergrund betrachtet. Wenn sie früher über Macht und Einfluss verfügten, werden sie jetzt von ihren Mitmenschen ganz anders wahrgenommen. Wenn sie das Einkommen für ihre Familie verdienten, schämen sie sich vermutlich, weil sie sie im Stich lassen müssen. Es ist, als hätte man ihnen ihre Identität gezogen wie einen kaputten Zahn. Nun sind sie jemand anders, jemand, auf dessen Stärke man nicht mehr bauen kann. Für ihre Lieben sind sie eine Last. Oder zumindest empfinden sie das so. Und eben diese ungeliebte Identität bleibt ihnen nun bis an ihr Lebensende und zerstört ihren letzten Rest von Selbstwertgefühl.

Auch Menschen, die einen Arm, ein Bein, das Augenlicht oder Gehör verlieren, fühlen sich meist unfähig und wertlos. Wenn uns ein Teil unseres Körpers genommen wird, ist das ein Grund für tiefe Trauer. Wir identifizieren uns so sehr mit unserem Körper, dass wir glauben, nun keine vollwertigen Menschen mehr zu sein. Manche Menschen betrachten sich selbst nun als »Missgeburt«, weil ein Teil ihres Körpers nun für immer verloren ist. Hier sind meist viele Probleme mit dem Selbstwertgefühl zu bearbeiten. Doch es gibt auch Menschen, die ihr Selbstmitleid überwinden und ihr Leben ganz leben können. Blinde, Gelähmte oder Taube haben uns längst gezeigt, dass das Leben auch in einem solchen Fall noch Freude und Erfüllung bietet – jeden Tag. Ja, ein Teil des Körpers ist verloren, doch die Seele ist immer noch ganz – der Teil des Menschen, der Gottes Funken in sich trägt, unser wahres Selbst.

Im Falle einer Brustamputation infolge eines bösartigen

Mamma-Karzinoms haben die Betroffenen sich ebenfalls mit einem wahren Ansturm an Gefühlen auseinander zu setzen. Die Bürde, welche die Gesellschaft den Frauen auferlegt, bewirkt, dass sie den Verlust der Brust als Verlust der Schönheit, Weiblichkeit und ihrer Identität als Frau erfahren. Dazu kommt die Angst, dass der Krebs sich ausbreiten könnte. Ich kenne mehrere Frauen, die so etwas gehabt haben, und diese Zeit zum Nachdenken über sich selbst genutzt haben. Da Carol, eine gute Freundin von mir, erst kürzlich eine Brustamputation erlebt hat, bat ich sie, mir von ihren Gefühlen nach der Operation zu erzählen.

»James, dieses Erlebnis hat mir in vieler Hinsicht die Augen geöffnet, was mein Leben angeht. Nun betrachte ich nichts mehr als selbstverständlich und normal, nicht einen einzigen Tag lang. Meine Zeit ist mir viel zu schade für Klatsch und selbstsüchtige Menschen, die sich nur um sich selbst und ihre oberflächlichen Bedürfnisse kümmern.« Carol meint, dass sie nun jeden Tag versuche, so viel Freude als möglich in jeder Lebenssituation zu entdecken. »Es war eine schlimme Erfahrung, aber sie half mir herauszufinden, wer meine wahren Freunde waren. Mir fiel es immer sehr schwer, etwas von anderen Menschen zu akzeptieren. Ich musste immer die Gebende sein. Es war undenkbar für mich, mich umsorgen zu lassen. Langsam aber habe ich gelernt, dass ich nicht dazu da bin, die Erwartungen anderer Menschen zu erfüllen und für mich selbst gar nichts zu verlangen. Ich dachte immer, das wäre falsch. Ich musste lernen, wie ich die Liebe und alles andere, was die Menschen mir schenken wollten, willkommen heißen konnte. Es war sehr schwer für mich, meine Denkmuster zu ändern. Ich musste mich regelrecht zwingen, die Freundlichkeit und Hilfe anderer anzunehmen. Dabei erkannte ich, dass ich fest daran glaubte, Liebe nicht zu verdienen. Ich konnte mich einfach nicht als jemanden sehen, der liebenswert war. Daher dachte ich, ich müsse immer etwas für andere tun, dann würden sie mich mögen und mich für einen netten Menschen halten. So log ich mir selbst etwas vor und fühlte mich die meiste Zeit betrogen. Geliebt habe ich mich nie gefühlt.«

Carol berichtet, dass sie nach der Brustamputation einfach

keine Zeit mehr hatte für diese Art der Selbstverleugnung. Ich war höchst erstaunt über die brüske Art, die sie nach der Operation an den Tag legte. Wenn ich heute zurückschaue, denke ich, dass sie sich eine sehr gesunde Haltung angewöhnt hat. Sie hatte einfach keine Angst mehr. Stattdessen begriff sie, dass dies die richtige Gelegenheit war, all das zu ändern, was an ihr nicht stimmte. Sie öffnete sich für die Möglichkeit, mehr Kühnheit und Mut zu zeigen, als sie je hatte. Außerdem sagte sie: »Es ist ein tolles Gefühl zu wissen, dass du nicht dein Busen bist oder irgendein anderer Teil deines Körpers. Wir sind Seelen in einem Körper, und die Seele ist es, auf die wir achten müssen.«

Glücklicherweise konnte Carol den Krebs besiegen. Heute geht es ihr gut, sie hat sich blendend erholt. Als sie von einer tödlichen Krankheit bedroht war, schuf sie sich eine neue Art und Weise, das Leben zu betrachten. Doch natürlich gibt es auch Menschen, deren Krankheit nicht behandelbar ist. Und auch auf sie wartet eine Erkenntnis. Ich habe von meinen Freunden in den geistigen Reichen gelernt, dass wir mehr sind als unser Körper. Wir müssen uns auf die spirituelle Seite des Lebens konzentrieren, vor allem, wenn wir das bisher vernachlässigt haben. Nun ist die Zeit gekommen, in der wir Wiedergutmachung leisten können, lose Enden verknüpfen und endlich all das sagen, wovor wir bisher immer Angst hatten. – Sprechen Sie mit Ihrer Familie und Ihren Freunden. Lassen Sie sie wissen, wie es Ihnen geht, ohne ihnen die Schuld für irgendetwas zu geben. Manchmal sind wir so abgeschnitten von unserer Gefühlswelt, dass wir gar nicht wissen, wie wir unser wahres Selbst ausdrücken können. Nutzen Sie Ihre Krankheit als Möglichkeit, sich endlich um sich selbst zu kümmern. Hören Sie nach innen. Inmitten all des Neuen, was jetzt auf Sie einstürmt, fühlen Sie sich vielleicht allein, ängstlich, wütend, entmutigt, unbehaglich, verlassen und tun sich unglaublich Leid. Vielleicht beneiden Sie all jene, die gesund sind und weiterleben dürfen. Ihre Familienangehörigen sind jetzt vielleicht überfordert, überarbeitet und nervös. Wenn sie Ihnen also für ein Gespräch nicht geeignet erscheinen, wenden Sie sich an einen Therapeuten oder eine Selbsthilfegruppe. Dasselbe gilt für alle anderen, die von Ihrer Krankheit betroffen sind. Machen Sie sich klar, dass Sie und alle, die Sie lieben, jetzt in einem Trauerprozess stecken. Dafür gibt es Helfer. Es liegt an uns, die Hand nach ihnen auszustrecken und um Hilfe zu bitten. Alles, was Ihre Qual und Ihren Kummer jetzt lindert, ist gut für Sie. Sind Sie bereits zu schwach, dann schließen Sie Frieden mit sich selbst. Vergeben Sie sich all die Verletzungen, Fehler und bösen Worte, die sich über die Jahre so angesammelt haben. Wir alle machen Fehler. Sobald wir das einsehen, wird der Übergang in die nächste Welt schon viel leichter.

Körperliche Krankheiten sind schwierig genug zu meistern, bei seelischen Krankheiten aber baut sich noch weit mehr Druck auf. Ernsthafte seelische Erkrankungen verändern das Leben der Betroffenen meist dramatisch. Das Schlimme ist, dass die Symptome die gesamte Umgebung meist erschrecken. Angehörige leiden darunter, dass sie mit ihrem Erkrankten nicht mehr in normaler Weise kommunizieren und ihm helfen können. Seelische Krankheiten machen die Betroffenen bis heute zu Aussätzigen. Man versucht, die Tatsache zu verbergen, dass ein Mitglied der Familie »geisteskrank« ist. Angehörige werfen dem Betroffenen seine Krankheit mitunter auch vor. Diese Art von Problemen lässt Familien gelegentlich auseinander brechen. Manchmal wird der Betreffende von seinen Angehörigen völlig allein gelassen.

Seelische Krankheiten sind etwas, das unsere Gesellschaft nicht wahrhaben will. Wie ich bereits sagte, sind viele Menschen ohne festen Wohnsitz Opfer einer seelischen Erkrankung wie z. B. Schizophrenie, Verfolgungswahn, Mischpsychosen, Depressionen, Phobien, manisch-depressiven Störungen, posttraumatischem Stress-Syndrom, Essstörungen oder Altersdemenz. Seelische Krankheiten werden häufig durch Ungleichgewichte im biochemischen Stoffwechsel des Gehirns hervorgerufen. Manchmal allerdings kann so etwas durch übersinnliche Angriffe ausgelöst werden. Hier gilt ebenfalls, dass auf der spirituellen Ebene keine Fehler geschehen. Auf der menschlichen Ebene aber leiden der Betroffene und seine Angehörigen enorm darunter, wenn ein Mensch den »Verstand« verliert, das heißt die Fähigkeit, »normal« mit dem Leben umzugehen. Diese Trauer kann sich in Wutanfällen, Angstzuständen und Zorn auf etwas, das man nicht begreift, Luft machen. Eine meiner Bekannten hat eine Cousine, die unter Schizophrenie leidet. Sie hat mir häufig erzählt, wie schwer das für die Familie sei. »Einen Moment lang kann man mit ihr normal reden, im nächsten Moment flippt sie schon aus, als würde etwas in ihrem Gehirn plötzlich zuschnappen. Dann wird sie ganz seltsam und leidet unter Verfolgungswahn. All das scheint völlig widersinnig. Wir können nicht einmal ihre Behandlung mit ihr absprechen. Sie hat Angst vor den Medikamenten, weil sie glaubt, wir wollen sie vergiften. Es wäre schön, wenn wir wüssten, was richtig ist, aber wir wissen es nicht. Viele Menschen haben uns bereits Hilfe angeboten, aber wir können sie einfach nicht dazu bringen, sich behandeln zu lassen. Es treibt uns an den Rand der Verzweiflung, von der Erschöpfung ganz zu schweigen. Wir fühlen uns alle so hilflos.«

Wann immer eine länger dauernde Krankheit in unser Leben tritt, durchlaufen wir eine Form des Trauerprozesses. Und wie bei jedem Verlust müssen wir all seine Stadien hinter uns bringen und inmitten von Kummer und Schmerz nach neuen Lebenschancen suchen. Wir müssen den Blick auf das große Ganze richten, denn all unsere Erfahrungen haben einen Sinn. Vielleicht müssen wir lernen, unser Herz ein wenig mehr für die Liebe zu öffnen.

Freunde im Himmel

1994 erhielt ich einen Anruf von einer Dame namens Toni Sparo, die mich um ein Reading bat, dessen Begleitumstände höchst ungewöhnlich waren. Sie sagte, sie wolle das Reading für ihre Mutter Gloria, die tödlich erkrankt sei und nach Angaben der Ärzte nur noch ein paar Monate zu leben habe. Anfangs dachte ich, sie habe nicht recht verstanden, worum es bei meiner Arbeit ging. Also bat ich sie erst einmal, weiterzusprechen.

»Meine Mutter hat schreckliche Angst vor dem Sterben. Ich dachte, wenn sie ein Reading bei Ihnen haben könnte, würde sie ein wenig von ihrer Furcht verlieren und sich auf das Unvermeidliche besser einstellen können.«

Nun begann es mich doch zu interessieren. Ich sagte zu Toni: »Es ist das erste Mal, dass ich so etwas tue, aber ich denke, für Ihre Mutter wird es ein wunderbares Geschenk sein. Ich werde Ihnen den nächsten freien Termin geben.«

Das Treffen fand ein paar Tage später statt. Am folgenden Donnerstag fuhr ich um elf Uhr morgens die Hollywood Hills hinauf. Ich hielt vor einem kleinen, rosafarbenen Haus, vor dem einige Leute geschäftig hin- und herhuschten. Ich stellte den Wagen ab und ging zur Tür.

Eine mittelgroße Frau mit rotbraunem Haar und einem netten Lächeln begrüßte mich.

»Kommen Sie herein, James«, bat Toni mich. Sie führte mich an den anderen Menschen vorbei in ein großes Wohnzimmer.

Ich sah mich um und fühlte mich angesichts der bombastischen Möblierung ein wenig klein.

»Kann ich Ihnen etwas zu trinken anbieten?«, fragte Toni.

»Nur ein wenig Wasser, bitte.«

Schnell war Toni mit einem Glas Wasser zurück. Dann nahm sie mich bei der Hand und führte mich in einen anderen Teil des Hauses. Sie erzählte mir: »Mutter hat gute und schlechte Augenblicke. Heute geht es ihr ziemlich gut. Sie leidet nicht allzu sehr unter ihren Schmerzen. Ich habe ihr gesagt, dass Sie kommen würden, und sie glaubt, dass ich verrückt sei. Das denkt sie über die meisten Dinge, die ich für sie getan habe. Manchmal ist sie richtig wütend. Dann verflucht sie alles und jeden – ihren Arzt, Gott, sogar die Hunde.«

»Das ist normal für einen Menschen mit einer lebensbedrohlichen Krankheit«, gab ich zurück. »Es scheint einfach unfair. Jeder Mensch glaubt, er sei viel zu jung zum Sterben.«

»Also, nehmen Sie es ihr bitte nicht übel, wenn sie grob und unfreundlich ist. Sie meint es nicht so.«

»Machen Sie sich keine Sorgen. Damit werde ich schon fertig«, antwortete ich.

Wir gingen einen langen Flur entlang und betraten das

Schlafzimmer ihrer Mutter. Die antiseptische, medizinische Atmosphäre in diesem Raum berührte mich unangenehm. Ich hatte das Gefühl, ein Zimmer im Krankenhaus zu betreten statt eines Schlafzimmers. Ich sah mich um und bemerkte sofort die Schläuche, die von den Maschinen zu Glorias Bett liefen und mir krampfte sich der Magen zusammen. Rechts von ihrem Bett standen ganze Batterien von Medikamenten, Salben und anderen medizinischen Hilfsmitteln. Der Stuhl war vermutlich für die Pflegeschwester gedacht. Daneben bemerkte ich einen großen Stapel Decken und Kissen, eine Menge Videofilme, einen Fernseher und mehrere Fotografien. Immer, wenn ich einen sehr kranken Menschen besuche, scheint es, als ob die Lebenden nicht wollten, dass er vergisst, wer er war. Und sie tun alles, um ihnen die letzten Erdentage so schön wie möglich zu machen.

»Wer zum Teufel sind Sie?«, fragte eine kräftige Stimme, die aus einem schmalen Gesicht kam, das unter der Bettdecke hervorlugte.

»Ich heiße James. Ihre Tochter wollte, dass ich mit Ihnen spreche.«

»Mama, ich habe dir von James erzählt. Erinnerst du dich? Sheila hat uns von ihm berichtet. Er ist der Mann, der mit den Geistern spricht.«

»Lieber Himmel, das ist ja nun wirklich ein Haufen Scheiße!«

»Nun ja, das Leben ist manchmal ein Haufen Scheiße«, gab ich zurück.

Toni sah mich überrascht an, Gloria hob den Kopf, um mich besser zu sehen.

Nach ein paar Minuten sagte Gloria zu ihrer Tochter: »Lass uns allein.«

Toni zwinkerte mir zu, als sie den Raum verließ.

»Ich hoffe, Jim, Sie verschwenden mit diesem Besuch nicht Ihre Zeit«, sagte sie noch.

Ich mag es eigentlich nicht, wenn man mich Jim nennt, aber in dieser Situation schien das nicht weiter wichtig. Ich setzte mich auf den Stuhl neben Glorias Bett und sah ihr ins Gesicht. Sie erinnerte mich an die Sophia, die ältere Dame in der Fernsehserie *Golden Girls*. Sie wurde von Estelle Getty gespielt. Gloria hätte ihre Zwillingsschwester sein können, nicht nur vom Aussehen her, sondern auch im Hinblick auf ihren Charakter.

»Was tun Sie denn nun wirklich?«, fragte Gloria.

»Ich kann Geistwesen hören und sehen, die diese Welt bereits verlassen haben. Sie geben sich mir zu erkennen und vertrauen mir Botschaften an, die ich weitergeben soll.«

»Nun, es gibt nichts, was ich von dieser Bande hören möchte. Was könnten sie mir schon sagen? Glauben Sie, dass die alle Antworten kennen? Ich jedenfalls nicht!«

»Sie haben ganz Recht. Sie wissen auch nicht alles. Meist sind sie noch genauso, wie sie waren, als sie auf der Erde lebten.«

»Lieber Himmel, dann Gnade uns beiden!«, rief sie vergnügt.

Wir kicherten. Ich tat mein Bestes, damit sie sich in meiner Gegenwart wohl fühlte und nicht glaubte, ich wolle ihr meinen Glauben aufzwingen. Wir sprachen ein paar Minuten lang miteinander. Schließlich vertraute sie mir, und ich hatte immer mehr das Gefühl, dass sie sich eigentlich wünschte, an eine Kommunikation mit der anderen Welt glauben zu können. Wie bei den meisten Menschen so war auch Glorias Weltbild sehr von ihrem Verstand bestimmt. Ich hoffte, dass sich das nach diesem Tag ändern würde. Während wir plauderten, meditierte ich, ohne dass sie es bemerkte. Ich sah mehrere Wesen, die mit Gloria Kontakt aufnehmen wollten. Ich bat sie im Geiste, mir ihre Botschaften langsam Stück für Stück zu schicken, da ich unmöglich alle auf einmal verstehen könne.

»Wohin starren Sie denn, Jim?«, hörte ich Gloria sagen.

»Nichts Besonderes. Da sind nur ein paar Menschen hinter Ihrem Bett.«

»Aha! Und was wollen die?«

Ich beschrieb sie einen nach dem anderen.

»Da ist eine Dame, die Ihre Mutter sein könnte. Sie ist sehr glücklich, hier zu sein, und sagt mir, Sie seien ihre dritte Tochter. Sie sagt, Theresa sei bei ihr. Und Ihr Vater. Sie meint, er habe Ihnen ein Stück Seife mitgebracht, weil Sie so ein braves Mädchen gewesen seien. Können Sie damit etwas anfangen?«

Ich sah, wie Glorias Unterkiefer buchstäblich nach unten fiel. Sie war mehr als erstaunt, um nicht zu sagen »platt«.

»Wie können Sie das wissen? Mein Gott. Hat Toni Ihnen all das gesagt?«

Ich hielt ihre Hand und versicherte ihr noch einmal, dass diese Informationen von den Geistwesen kämen, direkt aus der anderen Welt.

Sie brauchte einen Moment, um zu verdauen, was sie gerade gehört hatte. Dann sah sie mich an und sagte: »Ich war die dritte Tochter in meiner Familie. Meine Schwester Theresa starb schon als Kind. Und mein Vater, der Toni hieß, hatte eine Seifenfabrik. Als ich noch klein war, brachte er öfter Seifenproben mit nach Hause und versprach mir, dass ich sie bekommen würde, wenn ich brav sei.«

Gloria wusste nicht, was sie mit den Informationen anfangen sollte, die ich ihr gerade gegeben hatte. Ich glaube, dass sie nach einer rationalen Erklärung für das suchte, was hier eben passiert war. Das Geschehen entzog sich ihrer Kontrolle. Sie dachte ein wenig nach und bat mich dann, ihr zu sagen, was ihr die Geister mitteilen lassen wollten.

»Ein Mann steht links von Ihnen. Er hat schwarzes Haar mit grauen Strähnen und gibt mir den Namen ›Mack‹ durch. Kennen Sie diesen Mann?«

»Ja. Mack war mein erster Mann. Er trank sich zu Tode.«

»Ich habe den Eindruck, dass er sich auch zu Tode geraucht hat«, fügte ich hinzu, weil ich Zeichen für einen Lungenkrebs sah.

»Ja, das stimmt. Er hatte immer eine Zigarette im Mund. Wie seltsam! Der gute, alte Mack. Wie zum Teufel geht es dir, Mackie?«

Sofort antwortete ich: »Alles in Ordnung, Glo. Mein Schiff ist endlich eingelaufen.«

Ich sagte Gloria, dass diese Worte plötzlich in meinem Kopf aufgetaucht seien.

»Das war sein liebster Spruch«, antwortete sie. »›Warte nur, bis mein Schiff einläuft.‹ Ich sagte immer zu ihm: ›Dein Schiff wird einlaufen, wenn du tot bist. Jetzt hilft uns das gar nichts.‹«

Gloria berichtete, dass Mack Tonis Vater sei. Er sei nie lang genug an einem Arbeitsplatz geblieben, um die Familie ernähren zu können. »Wir ließen uns scheiden. Ich nahm Toni und zog wieder zu meiner Mutter. Aber wir sind Freunde geblieben. Wie hätte ich dem Vater meines Kindes auch böse sein können? Es war nur einfach nicht das Richtige. Er war ein netter Typ, hatte nur einfach nicht die richtigen Gene für die Rolle des Ernährers. Ich habe das verstanden.«

»Er möchte, dass ich Ihnen sage, der Himmel würde bereits auf Sie warten. Sie hätten nichts zu befürchten.«

»Wenn er dort ist, kann das gar nicht stimmen!«, gab sie lachend zurück.

Mack sprach über ihre gemeinsame Tochter, und wie stolz er sei, dass sie so liebevoll und fürsorglich mit ihrer Mutter umgehe. »Er sagt, Toni zeigt ihm sogar jetzt noch, was Mitgefühl ist.«

Mack hatte mir alles mitgeteilt, und nun wandte sich ein anderer Mann namens Joe an mich. »Dieser Mann kennt Sie aus New Jersey. Er möchte Sie wissen lassen, dass der Tod vollkommen schmerzfrei ist, etwas ganz Natürliches.«

»Er hat gut reden. Er ist schließlich im Schlaf gestorben. Ich hätte ihn umbringen können, weil er mich einfach so hat sitzen lassen«, meinte sie.

»Wer war dieser Mann?«, fragte ich Gloria.

»Er war mein dritter Mann. Er war ein guter Junge, auch wenn er mir immer sagen musste, was ich zu tun hatte. Als ob jemand anders mir das abnehmen könnte!«

»Keine Chance!«, dachte ich bei mir. »Ich würde es nicht einmal im Ansatz versuchen.«

»Er erzählt von Atlantic City, wo Sie sich mit Freunden am Spieltisch amüsiert haben.«

»Ja, das war eine schöne Zeit. Betty und Earl hießen unsere Freunde. Ich habe schon seit Jahren nicht mehr an sie gedacht.«

»Joe sagt, er habe gewusst, dass er im Himmel sei, weil er mit Earl Stud Poker gespielt und jedes Spiel gewonnen habe.«

Gloria lachte so laut und lang, dass Toni an die Tür klopfte und wissen wollte, ob alles in Ordnung sei.

Gloria brüllte durch die Tür: »Könnte gar nicht besser sein! Hau ab!«

Sie sah zu mir herüber und erzählte, dass Joe und Earl immer zusammen gepokert hätten. »Joe hat sich immer beschwert, dass er gegen Earl nicht gewinnen konnte. Er verlor nicht gern und dachte immer, Earl würde betrügen.«

»Joe erzählt mir, wie erstaunt er gewesen sei, als er in die andere Welt gekommen sei. Alles sei so real und so natürlich gewesen. Er meint: ›Hier ist alles einfach in Ordnung. Nichts ist hier irgendwie schräg, und wenn doch, dann merkt man es sofort und bringt es in Ordnung. Hier ist alles so, wie es sein soll. Niemand muss sich Gedanken oder Sorgen machen. Es ist alles so, wie der Himmel es haben will.‹«

Gloria schüttelte den Kopf und sagte spöttisch: »Na, das ist ja nett!«

Dann wurde ich von der Stimme einer Frau unterbrochen, die sich rechts von mir befand.

»Hier ist eine Dame namens Betty«, sagte ich zu Gloria. »Sie bittet mich, Ihnen mitzuteilen, Sie habe ein blaues Kleid für Sie, wenn Sie nach drüben kämen. Und dass Sie wohl ziemlich schockiert sein würden, weil sie so jung aussehe.«

Gloria dachte über das eben Gesagte einige Minuten nach. Dann rief sie unvermittelt aus: »O mein Gott, *das* blaue Kleid. Wie konnten Sie das nur wissen?«

Und Gloria erzählte mir folgende Geschichte: »Als wir noch jünger waren, arbeiteten Betty und ich zusammen. Wir aßen gemeinsam zu Mittag. Auf unserem Weg ins Restaurant kamen wir an einem Schaufenster vorbei, in dem ein wunderschönes, blaues Kleid hing, Importware aus Paris oder Mailand. Und wir stellten uns immer vor, wie toll wir darin aussehen würden. Und wir versprachen uns gegenseitig, dass diejenige von uns, die zuerst eine Gehaltserhöhung bekommen würde, der anderen zum Zeichen der Freundschaft das Kleid kaufen würde. Ist das nicht toll?«

Gloria schaute vor sich hin, als sei sie auf einer Zeitreise.

Ich fuhr mit der Sitzung fort und berichtete Gloria noch einige emotional sehr bewegende Einzelheiten. Gloria nahm sie begierig auf. Irgendwie wusste ich, dass ihre Angst vor dem Tod nun geschwunden war. Als ich aufstand, schien sie fast fröhlich zu sein. Ich glaube, sie hatte einfach begriffen, dass die Krankheit nur ein vorübergehender Zustand ihres Körpers und dass sie am Ende eines erfüllten Lebens angekommen war. Ihr Gesicht schien frisch und munter, ihr ganzes Wesen strahlte neuen Mut aus. Sie wirkte, als könne sie es gar nicht erwarten, ihre alten Freunde und Angehörigen wieder zu sehen.

»Jim, ich danke Ihnen. Nun ja, Dank ist vielleicht nicht das richtige Wort. Trotzdem: Danke, dass Sie einer alten Dame ein wenig Frieden geschenkt haben.«

Ich hatte plötzlich Tränen in den Augen.

»Würden Sie mir einen Gefallen tun, Jim? Ich möchte Toni hier nicht mit einer Menge Probleme zurücklassen. Ich möchte ihr helfen. Denken Sie, ich könnte, wenn ich drüben bin, vielleicht mit ihr sprechen ...« Ihre Stimme erstarb.

Ich wusste genau, was sie wollte. »Aber ja, natürlich. Ich werde mich sehr freuen, wieder mit Ihnen zu sprechen. Aus welcher Dimension auch immer Sie kommen mögen.«

Gloria dankte mir, weniger mit Worten als mit ihren wunderschönen Augen und einem Händedruck, der gar nicht aufhören wollte. Dieser Tag bescherte mir ein Gefühl tiefer Erfüllung.

NACHTRAG

Gloria starb friedlich im Schlaf, wie Joe es angedeutet hatte, und zwar drei Monate nach unserer gemeinsamen Sitzung. Ihre Tochter rief mich an, und wir vereinbarten ein Reading. Als die Sitzung begann, teilte Gloria uns mit, wie glücklich sie sei, nun endlich keine Schmerzen mehr zu haben.

»Ich sehe jetzt alles viel klarer«, sagte sie. »Ich verstehe viel mehr als zu meiner Erdenzeit. Und alle sind hier bei mir. Joe, Mack, Betty, Earl, Papa und Mama.«

Gloria ließ uns wissen, dass ihre Krankheit ein Geschenk ihrer Seele gewesen sei.

»Ich musste lernen, dass ich nicht alles im Leben kontrollieren konnte. Krank zu werden war der einzige Weg, das zu erkennen. Nun habe ich mehr Mitgefühl für andere. Wenn ich das nächste Mal komme, werde ich mit anderen Menschen in derselben Situation viel achtsamer umgehen.«

Toni war sehr glücklich, als ihre Mutter ihr den Sinn ihrer Krankheit erklärte.

»Ich habe gelernt, Liebe anzunehmen und die Dinge so zu akzeptieren, wie sie wirklich sind«, fügte Gloria hinzu.

Ich sagte zu Toni: »Ihre Mutter hat nun begriffen, dass sie versuchte, Ihr Leben für Sie zu leben, und dass dies nicht richtig war. Sie sagte, Sie sollten jeden Tag so leben, als sei es Ihr letzter auf Erden. Machen Sie das Beste aus Ihrem Leben.«

Gloria ließ uns außerdem wissen, dass sie nun mehr Achtung vor dem Leben habe. Die Liebe sei nichts, das wir uns aussuchen könnten. Wir müssten sie vielmehr jeden Tag leben. Sie erzählte uns von all den Dingen, die sie früher nie getan hatte, und dass sie nun die Möglichkeit dazu habe. Und sie dankte ihrer Tochter dafür, dass sie ihr in ihren letzten Lebenstagen noch so viel Frieden und Freude geschenkt habe.

»Sie sagt, sie sei tatsächlich im Himmel, weil sie sich glücklich, erfüllt und geliebt fühle. Sie wacht über Sie und alle anderen Menschen, die sie auf Erden geliebt hat. Und ihre Lieben, die jetzt mit ihr zusammen sind, kümmern sich um sie.«

Glorias letzte Worte waren: »Ich trage sogar das schöne blaue Seidenkleid, das Betty mir versprochen hat.«

Die Midlife-Crisis

Ich fragte kürzlich eine gute Freundin, die gerade ihren fünfzigsten Geburtstag gefeiert hatte: »Was wolltest du eigentlich werden, wenn du mal älter bist?« Und sie antwortete: »Jung! Vor allem jung!« Der Jugendwahn dieser Gesellschaft diktiert uns allen dasselbe. Bereits mit vierzig haben wir das Gefühl, jenseit von gut und böse zu sein. Ich persönlich habe über das Älterwerden nie viel nachgedacht – bis letztes Jahr. Da war ich in Sachen »neues Buch« unterwegs: zwanzig Städte – das bedeutete eine Unmenge von Readings, Workshops, Signierstunden, Fernseh- und Radioauftritten. Manchmal wusste ich einfach nicht mehr, wo mir der Kopf stand. Und zwischendrin musste ich auch noch in den Osten zurück und meinem Vater bei ein paar Dingen helfen, die er nicht mehr allein schaffte. Nach Hause zurückgekehrt, standen die Arbeiten zum vorliegenden Buch an. Und außerdem hatte ich ja eigentlich auch noch ein Privatleben. Jeder von uns fühlt sich manchmal überfordert, ich aber war unglaublich erschöpft und hatte beinahe das Gefühl, nicht mehr atmen zu können. Das öffnete mir die Augen: Ich war schließlich nicht mehr zwanzig. Ich hatte längst nicht mehr die Energie, die mir früher zur Verfügung stand. Es fiel mir schwer, mir einzugestehen, dass mein Körper mich zwang, kürzer zu treten, und dass ich absolut nichts dagegen tun konnte. Offen gestanden hatte ich mehr als nur einen schlechten Tag. Es war vielmehr ein ziemlich böses Erwachen. Ich sehnte mich plötzlich nach meiner Jugend zurück – in die Zeit, als ich mein ganzes Leben noch vor mir hatte.

In der Mitte des Lebens erwartet uns eine ganze Reihe von Verlusterlebnissen, die uns letztlich alle zeigen, dass unsere Jugendjahre endgültig vorüber sind. Manche Männer versuchen, sich darüber mit schnellen Autos und jungen, gut aussehenden Frauen hinwegzutrösten, und füllen die Vorzimmer der Scheidungsanwälte. All das in der festen Überzeugung, so ihre Ängste in den Griff zu bekommen, welche das Nachlassen ihrer Männlichkeit und sexuellen Attraktivität in ihnen erweckt. Frauen gehen zum Schönheitschirurgen und lassen sich die Fettpölsterchen absaugen. Auch sie in der Überzeugung, dass Schönheit ihr Selbstwertgefühl steigert. Unglücklicherweise stricken Zeitschriften, Fernsehsendungen und Filme kräftig an diesem Mythos mit, sodass er im Unterbewusstsein jeder Frau garantiert lebendig bleibt.

Natürlich wartet die Mitte des Lebens mit so mancher Unsicherheit auf: Wir haben Angst, unseren Arbeitsplatz zu verlieren und durch jüngere, billigere Kräfte ersetzt zu werden; schließlich lesen wir davon jeden Tag in der Zeitung. Große Firmen »schrumpfen sich gesund« und entlassen dabei vorwiegend Männer und Frauen in mittleren Jahren, um Kosten zu sparen und den Wert ihrer Aktien in die Höhe zu treiben.

Männer trifft der Verlust ihrer Arbeit besonders hart, weil sie meist ihr Selbstwertgefühl vorwiegend aus ihrem Beruf ziehen. Selbst wenn genügend Geld da ist, um das Überleben weiterhin zu sichern, so fürchtet man doch, all das zu verlieren, wofür man so lange und hart gearbeitet hat, und dadurch seinen Verpflichtungen nicht mehr nachkommen zu können. Man neigt dazu, die Vergangenheit zu glorifizieren ... weil damals ja alles viel einfacher war und weil man damals noch nicht so sehr unter Druck stand. Häufig fühlt man sich unverstanden und allein gelassen. Irgendwie scheint man aus dem Mittelpunkt der Welt geworfen zu sein. Außerdem gibt es da ja auch noch die körperlichen Merkmale des Alterns: Bei Männern ist es die Kahlheit, die ihnen zu schaffen macht – eine ziemlich harte Lektion, die uns geradezu zur Korrektur unseres Selbstbildes zwingt. Die meisten Männer werten das als verloren gegangene Männlichkeit. Heutzutage legen wir so viel Wert auf die äußere Erscheinung, dass wir uns mehr denn je mit unserem Spiegelbild identifizieren.

Frauen haben mit noch deutlicheren Anzeichen des Älterwerdens zu kämpfen, wenn sie in die Wechseljahre kommen. Die biochemischen Veränderungen, die der weibliche Körper in dieser Zeit durchläuft, bringen viele Probleme mit sich: der Verlust der Empfängnisfähigkeit; man fühlt sich körperlich und sexuell vielleicht weniger vital. Depressionen und Stimmungsschwankungen lassen Frauen glauben, sie hätten sich selbst verloren. Die Menopause ist für alle Frauen schwierig, auch wenn manche stärker, andere weniger stark darauf reagieren. In unserer Gesellschaft tragen viele Frauen negative Programmierungen mit sich herum, die ihnen das Älterwerden bedeutend erschweren, weil sie Angst haben, ihren Stellenwert zu verlieren. Doch sollten wir nicht vergessen, dass unsere innere Haltung entscheidend ist: Legen wir die Furcht ab und machen wir uns klar, dass Altern auch Reifen heißt und alles, was reift, sich ständig verbessert.

Neben den psychologischen Problemen des Älterwerdens kann es bei Frauen auch zu körperlichen Schwierigkeiten kommen. Die Entfernung der Gebärmutter ist eine davon. Für eine fünfundzwanzigjährige Frau, die gerade davon träumt, eine

Familie zu gründen, mag eine solche Operation ein Drama sein. Sie muss ihre ganzen Zukunftspläne umschreiben, sich einen neuen Lebenssinn suchen. Für eine Frau Mitte fünfzig, die ohnehin keine Kinder mehr möchte, stellt die Situation sich anders dar. Ich fragte meine zweiundfünfzigjährige Freundin Erica, wie es ihr nach der Operation ergangen sei. Und sie antwortete: »Na ja, schön war's nicht. Ich hatte ziemlich starke Schmerzen. Aber irgendwie habe ich es trotzdem überlebt. Mir wäre lieber gewesen, ich hätte es nicht machen lassen müssen.« Glücklicherweise musste Erica nicht den Aufruhr der Gefühle erdulden, den alle ihr prophezeit hatten. Doch es gibt durchaus Frauen, die mit anhaltender Niedergeschlagenheit darauf reagieren. Ihnen würde ein bewusster Trauerprozess sicherlich helfen.

Viele Frauen trifft außerdem das so genannte »Empty Nest Syndrome«, sobald die Kinder aus dem Haus sind. Die meisten Mütter erleben es als herben Verlust, wenn die Kinder das Heim verlassen. Meine Freundin Michelle berichtete mir, dass sie ständig durchs Haus spaziert sei, als ihre Tochter ausgezogen war. Schließlich verkaufte sie es und ging nach Paris. Sie meinte: »Ich bin jeden Tag in ihr Zimmer gegangen, stand dort und starrte die Wand an. Die Vorstellung, dass meine Kleine jetzt erwachsen war und mich nicht mehr brauchte, ließ mich frösteln. Ich fühlte mich so unendlich allein und konnte nur noch daran denken, wie viel Spaß wir miteinander gehabt hatten. Es war, als hätte ich meine beste Freundin verloren.«

Eltern haben häufig das Gefühl, Kinder seien eine Art Verlängerung ihrer selbst. Wenn ihre Kinder älter werden, fällt es ihnen unheimlich schwer, sich von ihnen zu trennen. Einige ängstigen sich sehr um das Wohlbefinden und die Sicherheit ihrer Kinder. Sie empfinden den Auszug als Kontrollverlust. Kinder loszulassen bedeutet auch, ihnen ihre Individualität zuzugestehen. Ja, wir haben Träume, die sich um unsere Kinder ranken, aber es ist allein ihre Sache, ob sie diese verwirklichen wollen. Wir müssen unsere Kinder loslassen, damit sie lernen, selbstständig zu leben. Das ist sicher eine Zeit der Trauer, doch auch eine der Freude und der Freiheit, nicht nur für sie, sondern auch für uns. Wenn die Kinder ohne uns zurecht kommen, erhalten wir unser Leben zurück. Die Anforderungen des Familienlebens werden geringer. Jetzt haben wir mehr Freiheit – so, wie wir es uns immer gewünscht haben. Wenn wir das Ende dieses Lebensabschnittes bewusst betrauern, öffnen wir uns damit für neue Horizonte.

Sind wir noch jung, dann glauben wir immer, alles würde ewig dauern. Wir denken einfach nicht daran, dass wir einmal alt oder krank werden könnten. Werden wir aber vierzig oder fünfzig, dann blicken wir zurück und fragen uns, wo denn die Zeit geblieben ist. Wir erkennen, dass es Träume gibt, die wir nicht verwirklichen werden. Es hat keinen Sinn mehr zu glauben, dass wir jetzt noch ins Olympiateam aufgenommen werden. Vielleicht haben wir unsere Arbeit verloren und denken, es sei zu spät, noch einmal neu anzufangen. Oder schlimmer noch: Wir haben einen neuen Kollegen um die zwanzig. Wir müssen uns damit auseinander setzen, dass wir irgendwann in den Ruhestand gehen müssen, dass wir weniger Geld, Macht und Einfluss haben werden. Die Wucht all der Dinge, die wir nicht mehr umsetzen werden, mag uns in dieser Situation erdrücken.

Der Abschied von den Hoffnungen unserer Jugendjahre kann die unterschiedlichsten Gefühlsregungen mit sich bringen. Enttäuschung zum Beispiel, weil unsere Träume sozusagen gestorben sind. Wir denken über das »Hätte« und »Könnte« nach und bedauern unsere Fehler. Manchen Menschen kommt das Leben in dieser Situation wie eine einzige große Enttäuschung vor. Wir fragen uns, was aus unseren Hoffnungen auf Ruhm, Vermögen und Triumphe geworden ist. Doch nicht jedes Leben ist darauf ausgerichtet, diese Art von weltlichen Erfolgen einzuheimsen. Unsere Erfahrung auf der Erde dient der Entwicklung unserer seelischen Qualitäten, nicht der unseres materiellen Reichtums.

Es kommt uns zumindest so vor, als würden die jungen Leute mit uns reden, als ob wir schon total alt und langsam wären. Das macht uns wütend und ein klein bisschen ängstlich. Lassen wir denn wirklich schon so nach? Wir könnten jede Minute einen Herzanfall erleiden. Am Ende fühlen wir uns von der Zeit überholt und irgendwie nutzlos.

Wie unsere Trauerrituale aussehen sollten, hängt davon ab, welchen Stellenwert das, was wir verloren haben, für uns hatte. Manche von uns haben enorme Probleme mit dem Erwachsenwerden und noch größere mit dem Älterwerden. Doch an einem bestimmten Punkt sollten wir unser jugendliches Selbstbild loslassen und die Schönheit unserer mittleren Jahre begrüßen. Jede Altersstufe hält ihre ureigensten Erfahrungen bereit. Die mittleren Jahre sind eine gute Zeit, um eine körperliche, geistige und spirituelle Bestandsaufnahme zu machen. Konzentrieren wir uns doch auf innere Werte statt auf die äußere Erscheinung. Statt zu versuchen, mit der nächsten Generation Schritt zu halten, sollten wir innehalten und nach dem Sinn unseres Lebens suchen. Die Natur ist vollkommen ... und so ist unser Alter immer das gerade richtige. Wir müssen nicht »mithalten« aus Angst, dass uns das Leben sonst davonläuft. Es geht jetzt nicht darum, den Schrecken des Alters und des Todes zu entkommen, sondern die tiefere Bedeutung unseres Lebens zu erforschen. Was nicht heißen soll, dass wir das, was wir augenblicklich tun, aufgeben sollen. Wichtig wäre, unser jetziges Leben genauestens zu studieren, um herauszufinden, ob es uns auch wirklich das gibt, was wir uns wünschen, was uns uns selbst und die Welt um uns herum genießen lässt. In den mittleren Lebensjahren ist es normal, dass man sich selbst, seine Arbeit und Interessen in Frage stellt. Und es ist absolut normal, ein unbestimmtes Gefühl von Verlust zu empfinden, so, als würden wir langsam, aber sicher an Bedeutung verlieren. Aber denken Sie daran: Ihre Seele altert nicht. Schmerzen, Kummer, Widrigkeiten, aber auch Genuss können sie nicht berühren. Egal ob Sie die Falten und Furchen mögen, die Ihnen der Spiegel mit zunehmendem Alter zurückwirft, Sie sind und bleiben dasselbe, wahre, alterslose Wesen ... für immer und ewig.

Das Altwerden

Andere Kulturen ehren alte Menschen. Bei uns werden sie ausgemustert wie Abfall. Statt ihr Wissen und ihren Erfahrungsschatz willkommen zu heißen, verspotten wir sie als hoffnungslos zurückgeblieben; als lästige Überbleibsel, die Platz kosten und die Wirtschaft des Landes belasten. Wir respektieren alte Leute wenig. Wir besänftigen sie, geben ihnen Beruhigungsmittel und nehmen ihnen ihre Wurzeln, indem wir sie in Altenheime schicken, wo wir uns mit ihnen nicht mehr auseinander setzen müssen. Dabei möchte wohl niemand von uns später einmal so behandelt werden.

Unsere Gesellschaft vergöttert die Jugend. Daran gibt es keinen Zweifel. Wir schämen uns, alt zu werden und das zu zeigen. Und wir sind nur zu schnell bereit, uns über die netten, alten Damen lustig zu machen oder über die schmutzigen, alten Männer zu schimpfen, die nicht in das Bild passen, das die Medien von Schönheit, Gesundheit, Jugend und Vitalität zeichnen. Mittlerweile wissen wir alle, dass alt zu werden einfach unannehmbar ist. Es ist unschön und vollkommen überflüssig. Jugend, so haben wir gelernt, ist alles, was zählt. Und so geben wir Milliarden unseres sauer verdienten Geldes dafür aus, uns mit Cremes, Operationen, Diäten und Sport jünger zu machen, als wir sind. Dem gesellschaftlichen Druck in dieser Hinsicht entgeht niemand.

Leider aber entspricht all das nicht der Wahrheit. Wir haben etwas Falsches gelernt. Wir haben gelernt, die Dinge umzukehren: Statt einen Menschen nach seinem Inneren zu beurteilen, schätzen wir ihn nach seiner Erscheinung ein. Dem Tod ist es egal, wie wir aussehen. Im Moment des Sterbens zählt, ob wir uns innerlich entwickelt haben. So gesehen haben wir alle eine 180-Grad-Wendung vor uns. Wir müssen lernen, uns neu zu sehen. Am Ende nämlich zählt nur das gute Herz, und das lässt sich an den Augen ablesen.

Viele unserer älteren Mitmenschen werden wie nahezu schwachsinnige Tattergreise behandelt, die nichts mehr zu geben haben. Das führt dazu, dass sie sich machtlos fühlen, als gehörten sie gar nicht mehr dazu. Und wenn sie erst beginnen, diesem Bild vom Verfall zu glauben, bauen sie wirklich schnell ab, weil es genau das ist, was von ihnen erwartet wird. Doch da die älteren Mitbürger langsam immer mehr werden, wird es in dieser Hinsicht wohl geradezu revolutionäre Veränderungen geben. Es gibt schon heute viele schöpferische und äußerst kreative Menschen in den Achtzigern oder Neunzigern. Sogar die Zahl der Hundertjährigen nimmt zu. Diesen Menschen sollten wir zuhören, weil sie am meisten gesehen und gehört haben. Sie können uns vieles lehren, was die jüngere Generation gut gebrauchen kann.

Wir alle hoffen auf ein erfülltes Alter, doch wenn damit Krankheit, Gedächtnisverlust, niedriges Einkommen und psychische Probleme einhergehen, wirkt der Gedanke ans Altwerden schon weit weniger verlockend. Wir verlieren ja nicht nur die Freiheit, zu kommen und zu gehen, wann wir wollen. Wir verlieren auch unsere Freunde. Daher ist das Alter eine Zeit ständiger Trauer. Je länger ein Mensch lebt, desto weniger vertraute Gesichter hat er um sich. Freunde, Angehörige und Partner sind längst tot. Wir fürchten also nicht nur unser eigenes Hinscheiden, sondern fühlen uns zudem verlassen und vergessen.

Die meisten älteren Menschen haben Angst davor, die Kontrolle über ihr Leben zu verlieren. Sie wissen ja, dass sie hinfällig werden, und fürchten, in einem Heim zu landen, in dem andere die Entscheidungen für sie treffen. Ich weiß, dass dies für meinen Vater eine schreckliche Vorstellung war. Ich habe ihm versprochen, dass man ihn nicht zum Sterben abschieben wird. Allein zu wissen, dass er nicht in ein Heim muss, hat ihm schon neue Kraft gegeben. Er weiß, dass er sein Leben selbst bestimmen wird. Er wird entscheiden, wann er fernsehen will, wann er was essen möchte und wann er mit seinen Freunden oder Angehörigen telefonieren will. Diese Kleinigkeiten geben ihm die Möglichkeit, Kontakt mit der Umwelt aufrechtzuerhalten. Und er hat weiterhin das Gefühl, Herr seiner Welt zu sein. Er mag Einschränkungen hinnehmen müssen, aber er ist trotzdem immer noch ein aktives Mitglied der Gesellschaft.

Ich war erst vor kurzem zu Hause, um meinen Vater zu besuchen. Eines Nachmittags saßen wir zusammen und aßen Hühnersalat und Gemüse und tranken von ihm heiß geliebte Coca-Cola. Mein Vater sah mich an und sagte ganz ernst: »James, ich habe gestern von meinem alten Viertel geträumt. Ich würde gern hinfahren und es mir ansehen. Denkst du, du könntest mich hinfahren?«

»Aber ja, Paps. Wann immer du willst …«, antwortete ich.

Am nächsten Tag zog er einen Anzug an und band sich eine Krawatte um, was bei ihm äußerst selten ist. Er lachte über das ganze Gesicht wie ein siebenjähriges Kind am Weihnachtsabend.

»Bist du so weit?«, fragte er.

»Natürlich«, sagte ich.

Seine Krankenschwester Margaret und ich setzten ihn auf den Beifahrersitz meines Wagens. Er kann nicht mehr so gut gehen, seit er sich letztes Jahr bei einem Sturz die Hüfte gebrochen hat. Meistens verlässt er sich auf seinen Rollstuhl. Doch kaum saß er im Auto und war angeschnallt, war er auch schon mit den Gedanken bei seinem Ausflug. Es war wunderschön zu sehen, wie lebendig und strahlend er wirkte. Er hatte sein altes Stadtviertel seit mehr als zehn Jahren nicht mehr gesehen und natürlich war er neugierig, wie es jetzt dort aussah. Ich machte mir ein bisschen Sorgen, wusste ich doch, dass in zehn Jahren allerhand geschehen sein konnte. Vielleicht würde er den alten Stadtteil gar nicht mehr wiedererkennen.

Wir nahmen die Umgehungsstraße und fuhren dann über die Whitestone-Brücke. Bei jeder sich bietenden Gelegenheit sagte Paps mir, wie ich fahren musste. Er kannte den Weg immer noch, als sei er ihn gestern zum letzten Mal gefahren. Wir kamen nach Long Island und schließlich in die Bronx. Je mehr wir uns seinen alten »Jagdgründen« näherten, desto aufgeregter wurde er. Wie ein kleiner Junge freute er sich auf alles, was immer hinter der nächsten Biegung auftauchen mochte. Rechter Hand ließen wir einen Park hinter uns, und er erzählte mir, dass er dort als Kind Ball gespielt hatte. Und sonntags habe seine Familie dort immer ein Picknick gemacht. Damals habe es noch keine Klimaanlagen gegeben. Es habe also nichts

Schöneres gegeben als ein Picknick im Park, wenn man an einem heißen Nachmittag etwas frische Luft schnappen wollte.

Wir fuhren weiter und bogen schließlich nach links ab, wo wir sofort in einen Stau gerieten. Langsam rollten wir weiter nach Westen, und ich hörte, wie mein Vater vor Freude tief seufzte, als er sein Viertel, den Pelham Bay Park, erblickte. »Ich glaube es einfach nicht«, meinte er. »Schau mal dort hinüber. Siehst du das?« Er zeigte auf einen alten Ziegelbau, offenkundig ein Schulgebäude. »Dort bin ich zur Schule gegangen. Es hat sich überhaupt nichts verändert.«

Ich war froh, das zu hören.

Er dirigierte mich durch sein altes Viertel, von Bäumen gesäumte Straßen hinunter, zu deren Seiten links und rechts Backsteinhäuser standen. Früher hatten hier in erster Linie griechische Einwanderer gewohnt. Mein Vater meinte, es habe sich in all den Jahren nicht allzu sehr verändert. Wo früher seine Lieblingsbäckerei war, befand sich jetzt eine Videothek. Solch kleinere Veränderungen gab es einige, aber dafür, dass er vor über sechzig Jahren dort weggezogen war, war es nicht viel.

Mein Vater hatte sich mit seinem alten Jugendfreund Alex verabredet und ihm gesagt, wir würden so gegen ein Uhr mittags ankommen. Wir stellten den Wagen vor dem gelben Haus ab, das nicht direkt am Straßenrand lag. Im Vorgarten standen viele Obstbäume, was das Haus inmitten der vielen Ziegel- und Betonhäuser zu etwas Einzigartigem machte. Wir waren einen halben Häuserblock von der äußerst belebten Ellery Street entfernt, und alle paar Minuten rauschten die Schnellzüge vorbei.

Ich klopfte, und der alte Mann öffnete uns mit einem strahlenden Lächeln. Ich hatte Alex vorher nur einmal getroffen, und das war bei Mutters Beerdigung gewesen. Er kam zum Wagen und begrüßte meinen Vater mit großem Hallo. Sie begannen sofort, über die alten Zeiten zu plaudern, da sie beide im Zweiten Weltkrieg gedient hatten. Dann fragte ich Alex, ob er uns auf unserer Tour nicht begleiten wolle.

Alex stieg ein und sagte mir sofort, wohin ich fahren musste. Als wir uns so um die Häuserblocks bewegten, kamen wir immer wieder an den Orten ihrer Jugend vorbei – ein Schulhof, ein altes Pub, ein Feuerwehrhaus, die kleine Kirche und verschiedene Wohnhäuser aus jener Zeit, die immer noch standen. Ich lauschte den Geschichten über Menschen, die für meinen Vater als Kind wichtig gewesen waren. »Ich kann mich noch gut erinnern, als meine Mutter, deine Großmutter, einen brandneuen Buick bekam. Jedes Mal, wenn sie versuchte, aus der Einfahrt zu kommen, blieb sie stecken, weil das Auto einfach zu breit war«, erzählte mein Vater lachend. »Und dein Großvater schlief immer im Schnellzug ein, weil das hier die letzte Station war. Dann verbrachte er die halbe Nacht im Zug und fuhr immer weiter durch die Bronx.«

Die beiden Freunde erinnerten sich gegenseitig an Menschen aus ihrer Vergangenheit und fragten sich gemeinsam, was wohl aus ihnen geworden sein mochte. Ich hatte das Gefühl, auf einer Zeitreise zu sein, so sehr nahm mich die Erinnerung der beiden Männer mit in eine Epoche, in der man sich noch mit seinen Freunden traf, um tanzen zu gehen, oder der Freundin im Drugstore ein Milchmixgetränk kaufte. Jedenfalls hatte ihr Zeitvertreib damals nichts mit Fernsehen oder Computern zu tun. Sie träumten vom Baseball oder davon, mit dem Zug das Land zu durchqueren. Das Leben war einfacher damals und wurde wohl auch mehr geschätzt. Ihre Erinnerungen waren angefüllt von Kinokarten für fünf Cent und vergilbten Baseballkarten in alten Zigarrenschachteln.

Nachdem wir so ein paar Stunden lang durch das Viertel gerollt waren, brachte ich Alex wieder nach Hause. Wir verabschiedeten uns und ließen hinter uns, was von dem Leben übrig war, das einst pulsierend die Straßen erfüllt hatte.

Als wir die Brücke wieder überquerten, fragte ich meinen Vater: »War es so, wie du es dir vorgestellt hast?«

Er zögerte ein wenig. Dann schüttelte er bedächtig den Kopf. »Nein. Ich dachte, es wäre ganz genauso wie früher, aber das ist nicht so. Ich kam mir so alt vor dort. Findest du mich alt?«

Ich sagte: »Nun, für deine siebenundsiebzig Jahre siehst du ziemlich gut aus!« Und so begann ein langes Gespräch, das bis in den Abend hinein dauerte. Ich fragte ihn, ob ich seine Erfahrung in diesem Buch verwenden dürfte, und er meinte, dass ihm das gefallen würde. Er fügte hinzu: »Ich habe vielleicht nicht allzu viel an guten Ratschlägen zu bieten, doch wenn ich damit Menschen helfen kann, das Alter besser zu verstehen und alte Menschen besser zu behandeln, dann soll mir das recht sein.«

Ich fragte ihn: »Paps, was ist deiner Meinung nach das Schlimmste am Altwerden?«

»Nun, das Schlimmste ist wohl, dass man seine Unabhängigkeit verliert. Ich konnte immer für mich selbst sorgen; tun, wozu ich Lust hatte. Jetzt kann ich das nicht mehr. Ich kann seit zehn Jahren nicht mehr Auto fahren, weil ich so schlecht sehe. Ich fühle mich wie ein Invalide. Bei allem, was ich tue, brauche ich Hilfe. Jemand muss meine Rechnungen bezahlen, du zum Beispiel, wenn du in der Stadt bist. Und jemand muss für mich kochen. Ich hasse das. Ich komme mir dann so überflüssig vor. Und andauernd tut mir irgendetwas weh. Allein das Bücken ist schon eine Qual, vom Gehen gar nicht zu sprechen. Und aus dem Bett zu steigen, um ins Badezimmer zu gehen, fällt mir wirklich schwer. Niemand hat mich darauf vorbereitet, dass es so sein würde.«

»Hat das Altsein dich etwas gelehrt?«, fragte ich.

Nach ein paar Minuten der Besinnung sagte er: »O ja. Ich hatte viel Zeit, um über mein Leben nachzudenken, und ich denke oft: ›Hätte ich doch damals nur gewusst, was ich heute weiß.‹ Ich habe das Leben viel zu selbstverständlich hingenommen. Man merkt gar nicht, wie kostbar es ist. Es geht alles so schnell, und ich glaube, den richtigen Standpunkt hat man erst, wenn man alt ist. Wenn man älter ist, lebt man von Erinnerungen. Das zehrt, denn man erinnert sich daran, wie man früher ausgesehen hat und was man alles tun konnte. Man fragt sich immer wieder, ob man noch derselbe Mensch ist. Wenn man alte Freunde sieht, ist das wie ein Stich ins Herz – die faltigen Gesichter, die zitternden Hände. Das Leben kostet so viel Kraft. Und am Ende bleibt man sich selbst überlassen. Man ist mit seinen Erinnerungen allein. Ich denke nicht an morgen. Das bedeutet mir einfach nichts mehr.«

»Gibt es noch etwas, das du im Alter gelernt hast?«

»Wenn man alt wird, wird man entweder netter oder schrulliger. Für mich bedeutet das Alter, dass ich mich ständig auf andere verlassen muss. Ich kann meinen Tag anders gar nicht bewältigen. Ich hätte nie geglaubt, dass ich eines Tages nicht mehr ohne Hilfe in ein Auto steigen, einkaufen oder auf die Toilette gehen könnte. Nun muss ich mich mit so etwas abplagen. Ich habe es einfach für selbstverständlich gehalten, dass ich all das bis an mein Lebensende selbstständig tun könnte. Ich wünschte, das wäre so. Aber das ist es nun mal nicht. Ich brauche Hilfe. Ich habe eine sehr nette Dame, die mir hilft. Sie ist so freundlich, wenn sie sich um mich kümmert. Ich bezahle sie, aber was sie bekommt, ist wenig im Vergleich zu dem, was sie mir gibt. Und weißt du was?«

»Was, Paps?«

»Sie tut es sogar gern. Sie behandelt mich wie einen König, weil sie weiß, dass ich es entwürdigend finde. Ihre Güte hat mir gezeigt, was im Leben wirklich zählt – andere so zu behandeln, wie man selbst behandelt werden möchte.«

Was für ein gewaltiger Unterschied zu früher! Noch vor Monaten wäre meinem Vater so etwas nie über die Lippen gekommen. Er wäre wütend gewesen über seine Hilflosigkeit. Er hatte also nicht nur gelernt, seine Situation zu akzeptieren, sondern konnte sogar sehen, wie schön das Leben war, das er hinter sich hatte. Ich war sehr stolz auf ihn.

»Was glaubst du, hält dich am Leben? Warum machst du weiter?«, fragte ich ihn.

»Nun, ich glaube, man hört nie auf zu lernen. Der Geist ist immer offen und beweglich, egal, wie alt du bist. Ich interessiere mich für Kreuzworträtsel und Astronomie. Vor einigen Jahren habe ich einen Kurs im Hayden-Planetarium gemacht. Es war wunderbar. Ich habe mich mit jungen Leuten unterhalten, die halb so alt waren wie ich. Das war toll. Es hat mir gezeigt, dass das Gehirn aktiv bleibt, solange du es forderst. Das heißt, dass man geistig nicht unbedingt alt werden muss. Außerdem gibt es noch eine Menge Erfahrungen zu machen. Ich habe Glück, weil ich nie Zeit damit verloren habe, mich zu bemitleiden. Ich denke immer, dass es da draußen sicher Menschen gibt, die schlechter dran sind als ich. Warum also sollte ich mich bedauern?«

»Was möchtest du deinen Kindern oder anderen jüngeren Menschen gern über das Leben sagen?«

Er antwortete: »Dass das Leben da ist, um gelebt zu werden. Ich hoffe, ihr Kinder werdet einmal mindestens halb so glücklich wie ich, denn dann wird es euch gut gehen. Ich wünsche mir, dass jeder begreift, wie kurz das Leben ist. Tut alles, was in eurer Kraft steht, um eure Träume zu verwirklichen. Lasst euch nicht davon abbringen. Ihr könnt tun, was immer euer Herz euch sagt. Versucht dabei, auch anderen Menschen zu helfen, so gut es geht.«

So unterhielten wir uns noch etwa eine halbe Stunde lang, und dabei spürte auch ich mein Alter. Ich gab meinem Vater einen Kuss auf die Wange.

»Gute Nacht, Paps. Danke für deine Erinnerungen und deine Ratschläge.«

Ich bin froh, dass mein Vater das Alter akzeptiert. So viele alte Menschen schämen sich, weil sie von anderen Menschen abhängig sind, die ihnen durch den Alltag helfen. Wenn wir älter werden, müssen wir uns intensiv mit dem Thema »Verlust« auseinander setzen. Wir verlieren unsere Körperkraft und Energie, Freunde, Angehörige, Träume, Wünsche und Ziele. Und das beschäftigt uns. Es löst eine Menge Gedanken und Spekulationen aus, die wiederum unsere Gefühle beeinflussen. Auch hier müssen wir den Trauerprozess durchlaufen. Wie wir das tun, das hängt ganz von uns ab. Wir können uns damit arrangieren – wie mein Vater. Wir können lernen, dass »Altwerden« nicht das Ende bedeutet. Vergessen Sie nicht, dass Seelen alterslos sind. Der Körper ist nur eine Schale, eine Muschel, die wir mit Freuden ablegen werden, wenn wir uns erst auf den Weg in die strahlende Ewigkeit machen.

Schritte zur Heilung

Wenn Sie Ihr Zuhause verlieren

– Erlauben Sie sich, alle Stadien des Trauerprozesses zu durchlaufen.
– Sagen Sie den Dingen Lebewohl, die Sie nicht mitnehmen können. Betrachten Sie das Ganze als Möglichkeit, Ihr Leben zu vereinfachen, Raum für Neues zu schaffen.
– Verschenken Sie Ihren Besitz an Freunde und Verwandte. Er kann anderen ebenso viel Freude machen wie Ihnen selbst. Sie werden sich auch später freuen, wenn Ihre Sachen in guten Händen sind.
– Führen Sie Rituale durch, die Ihnen das Gefühl geben, dass Sie Dinge abschließen können. Besuchen Sie jene Orte noch einmal, die Ihnen besonders am Herzen liegen. Lassen Sie den Tränen ruhig freien Lauf. Sie helfen Ihnen, sich vom Verlust zu erholen.
– Verabschieden Sie sich von Ihrem Zuhause. Alles ist Energie. Es steckt bestimmt eine Menge von Ihrer Energie darin. Wenn ich umziehe, spreche ich mit allem, was ich hinter mir lasse: mit dem Haus, dem Auto, den Pflanzen, den Tieren. Ich sage Ihnen, wie glücklich sie mich gemacht haben, und dass ich sicher bin, dass sie auch weiterhin gut behandelt werden.
– Lassen Sie Ihre Kinder am Umzug teilhaben. Übertragen Sie Ihnen Aufgaben, lassen Sie sie Entscheidungen treffen. Wenn Sie sie gar nicht beteiligen, fühlen sie sich leicht abgeschoben. Machen Sie langsam. Versuchen Sie nicht, alles an einem Tag zu erledigen.
– Nehmen Sie Ihr neues Zuhause in Besitz. Kleine Gesten wirken da oft Wunder. Ihre Lieblingsblumen oder Kerzen in »Ihrer« Farbe machen einen noch fremden Ort gleich viel vertrauter.
– Nehmen Sie Kontakt zu Ihren Nachbarn auf. Laden Sie sie zu einer Party ein. Es muss ja nichts Großes sein.
– Sehen Sie sich die Schule Ihrer Kinder an. Am besten an einem Elternsprechtag oder bei einem Schulfest.

– Halten Sie den Kontakt mit Ihren Freunden und Verwandten aufrecht, dann fühlen Sie sich gleich weniger fremd in der neuen Umgebung. Telefon und E-Mail sind wunderbare »Werkzeuge«, um mit unseren Lieben zu kommunizieren.
– Tun Sie sich selbst etwas Gutes. Lassen Sie sich massieren. Manchmal ist es sehr wohltuend, den Ortswechsel mit einer neuen Frisur oder etwas Schickem zum Anziehen zu feiern.

WENN SIE MIT EINER KRANKHEIT
FERTIG WERDEN MÜSSEN

– Gestatten Sie sich selbst, alle Phasen des Trauerprozesses zu durchlaufen.
– Versuchen Sie nicht, Ihre Gefühle zu verbergen. Seien Sie ehrlich zu sich selbst. Und machen Sie aus einer Mücke keinen Elefanten.
– Drängen Sie auf klare Verhältnisse zwischen Ihnen und Ihrem Arzt sowie dem medizinischen Personal, das Sie betreut. Wenn Ihnen etwas nicht gefällt, äußern Sie Ihre Bedenken. Wenn Sie Ihren Arzt nicht mögen, wechseln Sie ihn. Höflichkeit oder Selbstverleugnung haben in Ihrer Situation keinen Platz. Dass Sie Ihrem Hausarzt vertrauen, ist ein wichtiger Teil des Heilungsprozesses.
– Hören Sie auf, sich wegen Ihrer Krankheit Vorwürfe zu machen. Lernen Sie, Tag um Tag zu meistern. Suchen Sie nach Möglichkeiten, Stress abzubauen und sich zu entspannen. Visualisierungen, Hypnose, Gebete erleichtern den Umgang mit Kummer, Schmerz und Stress erheblich.
– Schaffen Sie sich ein »Lebensprojekt«: Besorgen Sie sich die Bücher, die Sie immer schon mal lesen wollten. Besuchen Sie alte Freunde. Reisen Sie an Orte, die Sie schon immer sehen wollten.
– Schließen Sie sich einer Selbsthilfegruppe an. Es gibt zum Beispiel Selbsthilfegruppen für Krebs-, aber auch für Aids-Patienten etc. Fragen Sie bei Ihrer Krankenkasse nach. Auch Krankenhäuser oder Seelsorger können hier oft weiterhelfen.

Recherchieren Sie im Internet alles, was Sie über Ihre Krankheit finden.
- Halten Sie Kontakt zu Freunden und Verwandten, die eine positive Ausstrahlung haben. Menschen mit destruktivem oder pessimistischem Verhalten sind im Moment kein geeigneter Umgang für Sie.
- Weinen Sie ruhig. Lassen Sie alles heraus. Tränen haben eine positive Auswirkung auf die Biochemie unseres Körpers.
- Sprechen Sie mit Angehörigen und Freunden über Ihre Gefühle, wenn Sie sich besser fühlen. Es ist für alle eine schwierige Zeit. Erlauben Sie Ihrer Familie, auch über ihre Gefühle zu sprechen, wenn es Ihnen gut geht und Sie keine Schmerzen haben. Und sagen Sie klar, wenn es genug ist.
- Setzen Sie eine so genannte »Patientenverfügung« auf. Die großen Kirchen haben hierzu Formblätter. Darin regeln Sie, wie Ihr Leben als Patient aussehen soll, wenn Sie nicht mehr für sich selbst entscheiden können.
- Bringen Sie Ihre Angelegenheiten in Ordnung, solange es Ihnen noch gut geht und Sie sich wohl fühlen. Wenn Sie etwas zu vererben haben, stellen Sie sicher, dass Ihre letzten Wünsche erfüllt werden. Machen Sie es Ihrer Familie so leicht wie möglich.
- Beenden Sie Streitigkeiten mit nahe stehenden Menschen. Vergebung bringt die Gottesenergie in uns zum Fließen.
- Akzeptieren Sie Ihr Leben. Schenken Sie sich selbst Liebe. Sie sind niemals allein.

WENN SIE IN DER MIDLIFE-CRISIS SIND

- Gestatten Sie sich selbst sämtliche Schritte des Heilungsprozesses.
- Machen Sie eine Liste all der Dinge, die Sie am Altwerden ängstigen: Einkommensverlust, Krankheit, Schwäche, Einsamkeit, kein oder wenig Sex, Furcht vor dem Sterben. Nehmen Sie nun das Blatt Papier und verbrennen Sie es. Machen Sie sich klar, dass dies Ihre Ängste waren, nicht die Realität.
- Machen Sie eine Liste der Dinge, die Sie in der nächsten Hälf-

te Ihres Lebens noch machen möchten: eine Fremdsprache lernen, mehr Zeit mit Freunden oder Enkelkindern verbringen; als Freiwillige eine Sache unterstützen, an der Ihnen etwas liegt; Tanzstunden nehmen; mit dem Computer umgehen lernen oder ein Ferienhaus kaufen. Diese Liste bewahren Sie auf. Sie stellt die Landkarte für die nächste Hälfte Ihres Lebens dar.

- Wenn Sie bislang noch keiner spirituellen Gemeinschaft angehören, wollen Sie das jetzt vielleicht ändern. Möglicherweise wollen Sie auch ein paar spirituelle Übungen machen wie zum Beispiel ein Retreat oder ein paar Tag-Exerzitien.
- Wenn Sie den Eindruck haben, dass die Religion, mit der Sie groß geworden sind, Ihnen nicht mehr entspricht, machen Sie sich daran, andere spirituelle Traditionen zu erforschen. Machen Sie Kurse in Meditation, Yoga oder Tai Chi. Andere Menschen schätzen eher Seminare zum Thema »Schamanismus« oder »Lichtarbeit«.
- Suchen Sie die Einsamkeit. Lauschen Sie der Stille. Auf diese Weise kommen Sie in Kontakt mit Ihren innersten Gefühlen. Hören Sie auf Ihre Intuition. Was sagt sie Ihnen über Ihr Leben? Welche Veränderungen werden Ihnen mehr inneren Frieden, Befriedigung und Freude bringen?
- Schalten Sie den Fernseher aus und gehen Sie spazieren. All die Shows und Werbesendungen, die einzig und allein auf die Jugend setzen, verstärken nur jene falschen Ansichten, die dafür verantwortlich sind, dass Sie sich klein und mickrig fühlen.
- Sollte es in Ihrem Leben Menschen geben, die eine negative Wirkung auf Sie haben, dann lassen Sie sie jetzt voller Liebe gehen. Verzeihen Sie Ihnen. Toleranz ist eine gute Sache.
- Nutzen Sie Ihre kreativen Energien, um sich selbst und anderen etwas zu geben.
- Finden Sie Möglichkeiten, zwischen den verschiedenen Lebensbereichen zu vermitteln. Das Geheimnis eines erfolgreichen Lebens liegt nicht in Geld und Reichtum, sondern in der Liebe, die wir uns selbst und anderen zu schenken vermögen, und im Mitgefühl für alles, was lebt.

– Körperliche, seelische und geistige Probleme in der Mitte des Lebens werden aufgefangen durch ein dichtes soziales Netz und das Gefühl, etwas Sinnvolles zu tun.

Wenn Sie alt werden

– Erlauben Sie sich selbst, den gesamten Trauerprozess zu durchlaufen.
– Schließen Sie sich, wenn möglich, einer Seniorengruppe in Ihrer Stadt oder Gemeinde an. Diese Gruppen veranstalten eine Vielzahl interessanter Ausflüge und Vorträge. Sie werden Menschen kennen lernen, die eine Menge zu geben haben und die neugierig darauf sind, was Sie beitragen möchten.
– Wenn Sie Probleme haben, scheuen Sie sich nicht, einen Therapeuten oder psychologisch geschulten Berater aufzusuchen. Sie müssen Ihr Selbstwertgefühl wieder aufbauen und lernen, sich und anderen Menschen zu verzeihen, wenn Ihnen in der Vergangenheit ein Leid geschehen ist.
– Machen Sie eine Bestandsaufnahme aller verfügbaren Unterstützung. Es gibt immer Möglichkeiten, dies oder jenes zu organisieren. Und es ist nie zu spät, etwas völlig Neues zu lernen.
– Die meisten Menschen fürchten sich nicht so sehr vorm Sterben als vielmehr vor den Umständen, unter denen es geschieht. Treffen Sie alle Vorbereitungen für einen möglichen Krankenhausaufenthalt, setzen Sie zum Beispiel eine Patientenverfügung auf: Lassen Sie Ihre Angehörigen wissen, was mit Ihnen geschehen soll, wenn das Ende näher rückt. Tun Sie alles, was Ihnen möglich ist, um sicherzustellen, dass Sie unter würdigen Umständen sterben können und so, wie Sie selbst es wollen (siehe unter »Tipps und Hinweise« am Ende dieses Buches).
– Bleiben Sie guten Mutes. Konzentrieren Sie sich auf jeden einzelnen Tag. Wenn Sie in Erinnerungen schwelgen oder negative Gedanken haben, schadet das Ihrem Immunsystem.
– Halten Sie Kontakt zu anderen Menschen und Ihrer Umwelt. Dann versinken Sie nicht so sehr in sich selbst.

– Geben Sie Ihrem Verstand ordentlich »Futter« und vergessen Sie auch Ihre Sinne nicht. Ein Tag mit den Enkelkindern oder als freiwilliger Helfer (im Waisenhaus oder im Tierheim zum Beispiel) hält Sie fit.
– Bringen Sie Ihre Beziehungen in Ordnung. Die geistige Welt zeigt mir immer und immer wieder, dass es unsere größte Aufgabe ist, die menschlichen Beziehungen zu heilen. Wenn Sie die Möglichkeit haben, versöhnen Sie sich mit den Menschen, mit denen Sie in Streit leben. Vergeben Sie allen, die Ihnen Probleme bereitet haben. Verzeihung und Liebe gehen Hand in Hand.
– Lachen ist die beste Medizin. Seine heilende Energie wirkt in höchstem Maße ansteckend.

8

Ein Haustier verlieren

Im Garten meines Elternhauses befindet sich in einer Ecke der Backsteinmauer hinter unserem Haus ein eingeritzter Pfeil. Er zeigt auf das Stück Rasen neben dem Haus. Über dem Pfeil steht: »Tierfriedhof zum Heiligen Michael«. Ich habe diesen Pfeil dort angebracht, als ich sieben Jahre alt war. Inzwischen ist er kaum noch zu erkennen.

Wie jedes Kind hatte auch ich Hamster, Goldfische und Schildkröten. Und ich liebte sie heiß und innig. Jeden Tag, wenn ich von der Schule nach Hause kam, lief ich zuerst zu meinen Tieren und erzählte ihnen von meinem Tag. Die Tiere waren meine Familie. Ich weiß noch, dass ich jedem von ihnen einen Namen gab und das Namensschild dann an den Käfig klebte – wie einen Adressaufkleber sozusagen. Als mein erster Goldfisch starb, war ich am Boden zerstört. Ich fragte meine Mutter, was denn geschehen sei. Sie sagte mir: »Weißt du, es war an der Zeit, dass der Fisch in den Himmel zurückging, wo er herkam. Gott hat mit ihm nun etwas anderes vor.« Aber ich verstand nicht, was das bedeuten sollte. Was auch immer meine Mutter sagte, wie auch immer sie mich zu beruhigen versuchte, ich war untröstlich. Wahrscheinlich habe ich den Friedhof deshalb angelegt. Ich wünschte mir einen Ort, an dem ich sitzen und mit meinen Freunden sprechen konnte. Ich weiß noch, wie ich Gottesdienst hielt, wenn eines meiner Tiere starb. Ich zündete Kerzen an und sprach ein paar Gebete. Dann marschierte ich zum »Tierfriedhof zum Heiligen Michael« und legte die Zigarrenschachtel mit dem toten Körper in das Erdloch, das ich vorher gegraben hatte. Ich bedeckte die Zigarren-schachtel mit Erde und steckte am Ende ein aus zwei Eiscre-me-Stäbchen gefertigtes Kreuz hinein, auf das ich den Namen meines Tiers eingeritzt hatte.

Der Friedhof war nach meinem Bruder Michael benannt, der Tiere ebenfalls sehr liebte. Er brachte ständig tote Hunde und Katzen mit, die überfahren worden waren; auf meinem Friedhof fanden sie ein würdiges Begräbnis. Ich dachte immer: Wenn ich selbst einmal unter die Räder eines Autos kommen würde und in den Himmel zurückmüsste, dann wollte ich eben-so begraben werden. Alles in allem haben wir wohl zwischen fünfzig und sechzig Tiere in unserem Garten begraben.

Meine Liebe zu Tieren und meine Achtung vor ihnen haben nie aufgehört. Tiere sind mir heilig, und zwar wirklich alle. Ich glaube, sie teilen das Leben auf der Erde mit uns, um uns das beizubringen, was sie über Leben, Heilen und unbedingte Lie-be wissen. Tiere sind großartige Sozialarbeiter, Therapeuten und Ärzte. Mehr und mehr erkennen wir, wie wichtig Haus-tiere sind – etwa um älteren Menschen Gesellschaft zu leisten oder Kranke zu trösten. Wissenschaftliche Studien zeigen, dass Katzen, allein weil sie da sind, den Blutdruck senken und die Grundstimmung »ihres« Menschen deutlich verbessern kön-nen. Und wir alle wissen, wie unmöglich manchmal die Auf-gaben erscheinen, die Such- und Rettungshunde mit Bravour erledigen. Es gibt Hunde, die für ihre Besitzer zu lebendigen Augen werden, und andere, die ihnen hören helfen. Bei sehr vielen Krankheiten können Hunde als Helfer wahre Wunder wirken.

Auf die ein oder andere Weise haben die meisten von uns schon Bekanntschaft mit Tieren geschlossen. Meist erobern sie unser Herz im Sturm; wir lieben es, niedliche Hunde und Kätz-chen zu liebkosen. Zu Hunderten stehen wir vor einem Mee-reswasseraquarium an, um Walen und Delphinen bei ihren Kunststücken zuzusehen. Kinder haben eine ganz besondere Beziehung zu Tieren. Ich kann mich noch erinnern, dass ich als Kind in den Zoo ging, so oft ich nur konnte, um dort die majestätischen Tiger, Löwen und Elefanten zu beobachten.

Für viele von uns spielen Tiere im Familienleben eine wesentliche Rolle. Einige sind gar der Meinung, der Umgang mit tierischen Familienmitgliedern sei leichter als der mit menschlichen. Denn Tiere urteilen nicht. Sie kritisieren uns nie und sind selten ungerecht. Sie haben keinen Zeitplan, den sie uns aufzwingen möchten, und keine Glaubenssysteme, von denen sie uns überzeugen wollen. Sie sind treu bis zur Selbstaufgabe, ganz egal, wie wir gelaunt sind. Sie bleiben immer bei uns, sogar wenn wir sie schlecht behandeln. Tiere sind göttliche, außergewöhnliche Wesen, die uns Tag für Tag die Macht des Gebens und der Liebe zeigen. Daher ist es für uns so leicht, ihnen zu vertrauen und eine Beziehung zu ihnen aufzubauen. Wir sprechen mit ihnen, spielen mit ihnen, reisen mit ihnen. So rücken sie schnell ins Zentrum unserer Aufmerksamkeit. Ein Großteil unseres Tagesablaufs hat irgendwie mit unseren tierischen Hausgenossen zu tun. Ein Haustier zu haben ist daher auch keine Teilzeitbeschäftigung. Es ist vielmehr eine Lebensart. Und bei den wichtigen Entscheidungen in unserem Leben müssen wir das Wohl unserer Haustiere immer mit berücksichtigen.

Die Bindung an unser Tier gibt uns vieles. Und sie wird sogar noch enger, je besser wir seine individuellen Züge kennen lernen. Dabei hilft uns das Tier, eine vollkommen selbstlose Liebe zu leben. Es lehrt uns, Verantwortung zu übernehmen. Wie unsere Kinder sind auch unsere Tiere vollkommen von uns abhängig. Wir füttern sie, geben ihnen ein Zuhause und kümmern uns um sie, wenn sie krank werden. Dafür widmen sie uns ihre liebevolle Gesellschaft. Sie nehmen uns so, wie wir sind, was in unserer schnelllebigen Welt heute selten geworden ist. Ihr liebevolles Wesen schenkt uns Freude und Erfüllung, wodurch wir uns besser fühlen. Unsere Haustiere sind unsere Freunde und Vertrauten. Wenn wir niedergeschlagen und traurig sind, spenden sie uns Trost. Wir sehen in ihre Augen, streicheln ihnen über das Fell und schon spüren wir die Liebe, die sie uns zu geben vermögen. Sie erinnern uns immer daran, wer wir wirklich sind. Wir teilen unser Leben mit ihnen, und sie schenken uns ihre Hingabe, ihr Vertrauen und ihre absolute Verlässlichkeit.

Tiere spüren *immer*, wie es uns geht, denn ihre Intuition ist viel ausgeprägter als unsere. Allein ihr Gespür sagt ihnen, ob jemand ihnen feindselig oder freundlich gegenübersteht. Der sechste Sinn ist bei Tieren sehr ausgeprägt. Wenn Sie das nächste Mal eine Reise planen, achten Sie darauf, welch winzige Veränderungen sich im Verhalten Ihres Tieres zeigen: Ihre Katze, Ihr Hund oder Vogel wissen, dass Sie wegfahren. Und deshalb spreche ich auch immer mit meinen Tieren, wenn ich sie verlassen muss, und versichere ihnen, dass ich zurückkommen werde.

Als ich noch ein Junge war, war die Fernsehserie *Lassie* sehr beliebt. Ich bin sicher, dass viele von Ihnen sich ebenfalls erinnern: Lassie rettete eine Menge Menschen aus Not und Gefahr. Sie war nicht nur ungeheuer klug und mutig, sie liebte ihren Herrn auch über alles. Lassie ist sozusagen die Quintessenz eines Haustiers. Wie Lassie so tun auch unsere Tiere ihr Bestes, um uns zu unterstützen. Sie geben uns alles, was sie haben, und wollen nur wenig zurück. Darum lieben wir sie so sehr. Und darum fühlen wir uns auch so verloren, wenn wir sie nicht mehr um uns haben.

Geistwesen aus der Tierwelt

Eine der Fragen, die ich am häufigsten höre, ist zweifellos die, ob Tiere ein Leben nach dem Tod haben. Die Antwort ist ein klares »Ja«. Tiere sind geistige Wesen wie wir. Jedes Tier hat seine eigene Persönlichkeit und hat sich ein göttliches Ziel gesetzt. Wie beim Menschen geht auch der Geist des Tieres in die andere Welt ein, wenn der materielle Körper ihm nicht mehr länger dienen kann. Bei vielen meiner Kontakte zur Geistwelt bekam ich zu hören, dass es auf der »anderen Seite« einen »Hüter der Tiere« gebe, ein Wesen, das sich um die spirituellen Bedürfnisse dieser Lebewesen kümmert. Es scheint so, als dienten die Tiere immer dort, wo sie am meisten gebraucht werden. Sie unterstützen die Geistwesen in der menschlichen Welt. Sehr häufig gehören Tiergeister auch zu jenen Wesen, die einen Verstorbenen »abholen« und in die geistigen Reiche bringen. Das geschieht vor allem dann, wenn man eine sehr liebevolle Bindung zu einem oder mehreren Tieren hatte.

Die zweite Frage, die mir im Zusammenhang mit Tieren immer wieder gestellt wird, lautet: »Können auch sie Botschaften aus der anderen Welt senden?« Und auch das kann ich nur mit Ja beantworten. Ich habe schon viele Botschaften aus dem geistigen Reich der Tiere empfangen und an Menschen übermittelt. Die liebende Energie, die mit solchen Botschaften einhergeht, ist voller Segen – deutlich mehr als in der »ungewöhnlichen« Kommunikation mit der Geistwelt. Anders als bei den Menschen ist die Energie der Tiere nicht mit irdischen Gedanken, Urteilen und Meinungen befrachtet. Gewöhnlich übermitteln sie reine Liebe, Dankbarkeit, ja Anbetung.

Mir drängt sich immer wieder der Eindruck auf, als würden Mensch- und Tierreich zusammenarbeiten, um einen göttlichen Plan zu erfüllen. Wobei wir diesen Plan von unserem gegenwärtigen Standpunkt aus nicht immer verstehen mögen. Ich bin mir aber sicher, dass das Bewusstsein der Tiere nicht wenig dazu beiträgt, dass wir die Quelle der vollkommenen Liebe erkennen, von der wir alle abstammen. Dabei geht es mir nicht um die Taten der Hingabe, die wir alle kennen. Ich beziehe mich vielmehr auf die spirituelle Ebene, auf der man gemeinsam wirkt. Tiere sind für Botschaften aus der Geistwelt sehr empfänglich. Und ich kenne viele Beispiele, bei denen Tiere im Augenblick des Todes oder kurz danach eine wichtige Rolle spielten. Sie sind wie »Leiter«, die uns Zeichen und Botschaften durchgeben.

So geschieht es nach einem Todesfall häufig, dass uns irgendwie ein Tier in den Sinn kommt, welches uns an den Verstorbenen erinnert. Manchmal sind solche Erlebnisse offensichtlich, manchmal weniger. Als meine Mutter starb, sprach der Priester in seiner Grabrede davon, dass ihre Seele wie ein Schmetterling sei, der sich nun von der Gefangenschaft im Kokon des Körpers befreit habe und in den Himmel entschwebe. Für meine Familie war dieser Gedankengang tröstlich. Sogar ich, der ich ständig mit solchen Dingen zu tun habe, brauchte diesen sanften Schub, um mich an das zu erinnern, was wirklich ist. Ich brauchte das Bild in diesem Moment.

Der Schmetterling ließ uns auch später nicht los. Wenn wir Geburtstage oder einen gemeinsamen Jahrestag zu feiern hatten, tauchten häufig Schmetterlinge auf. Wir Geschwister dachten immer, das sei Mom, die uns besuchen komme. Im Frühling, Sommer und Herbst waren diese Vorfälle ja noch verständlich, doch manchmal kamen die Schmetterlinge auch in den Wintermonaten. Ich zerbrach mir wirklich den Kopf, um dafür eine Erklärung zu finden, bis ich zu der Einsicht gelangte, dass es einfach keine gibt. Meine Geschwister bestanden darauf, dass es Mom sei, die zu uns komme oder die uns zumindest auf diese Weise ein Zeichen schicke. Ich aber gab diesen Schmetterlingen höchstens symbolische Bedeutung.

Erst auf einer Reise durch Brasilien lernte ich, dass es damit mehr auf sich hatte. Ich besuchte mit einer Reisegruppe verschiedene Orte im ganzen Land, an denen geistige Heiler und Medien tätig waren. Wir wurden Zeugen unglaublicher Heilvorgänge. Als wir uns eine Woche lang auf die Nähe des Heiligen konzentriert hatten, nahmen wir quasi »Urlaub« und besuchten einen wunderbaren Wasserfall im Süden Brasiliens. Ich trennte mich von der Gruppe, setzte mich unter einen Baum und machte dort meine Abschiedsmeditation. Ich dankte der geistigen Welt für die Erlebnisse, die sie uns in der vergangenen Woche hatte zuteil werden lassen – sie würden das Leben vieler Gruppenteilnehmer von Grund auf verändern. Mitten in der Meditation ließ sich auf einmal meine Mutter vernehmen. Sie meinte, sie sei sehr stolz darauf, dass ich so vielen Menschen zur Einsicht verhelfe. Ich konnte ihre Stimme ganz deutlich hören, als sie mir sagte, sie sei immer bei mir. »Sieh dich um, James, und nimm es an«, waren ihre Worte. Ich dankte ihr, segnete sie und sagte: »Ich weiß, dass du bei mir bist, Mom.« Als ich meine Augen öffnete, saß ein wunderschöner blau und orangefarben gemusterter Schmetterling in meiner offenen rechten Hand. Mir liefen Tränen die Wangen hinunter. Von diesem Augenblick an habe ich nie wieder an den Schmetterlingen gezweifelt. Auf diese Art und Weise gab meine Mutter meiner Familie und mir zu verstehen, dass sie uns immer leiten und behüten würde.

Spencer – unser Held

Wir Menschen verstehen die außergewöhnliche Intelligenz und den Mut unserer Tiere kaum. Dabei kennen wir doch die Geschichten von Tieren, die ihr Leben riskierten oder entgegen allen Erwartungen Hunderte von Kilometern zurücklegten, um ihr geliebtes Herrchen oder Frauchen wieder zu finden. Tiere sind mitunter unsere Schutzengel. Sie wachen auf vielen Ebenen über unser Wohlbefinden. Manche Tiere haben gar eine Art »geheimer Mission«. Gott schickt sie, damit wir unseren spirituellen Weg nicht verlieren. So ähnlich war es auch in der folgenden Geschichte.

Es geschah während einer öffentlichen Veranstaltung, bei der ich für das Publikum Readings hielt. Ich sprach mit einer Frau namens Corey und übermittelte ihr eine Botschaft von ihrem Vater, der erst kürzlich verstorben war. Während ich sprach, kam plötzlich ein riesiger, schwarzer Hund auf mich zu. Das Bild blitzte nur ganz kurz auf, noch bevor ich den Hund beschrieben hatte, war es wieder verschwunden.

»Ich habe eben ein lustiges Bild erhalten. Ihr Vater zeigt mir einen Hund. Er sieht aus wie ein schwarzer Schäferhund. War es sein Hund? Er läuft dauernd um ihn herum.«

»Nein«, gab Corey zur Antwort.

Unsicher, was sich da meldete, beschrieb ich ihr ein paar weitere Details. Schließlich wusste sie, worum es ging.

»Das Tier zeigt mir sein linkes Auge. Ich habe den Eindruck, als habe es Probleme mit seinem linken Auge gehabt. Ich sehe Blut darin. Hatte er grauen Star?«

Coreys Gesicht nahm einen verblüfften Ausdruck an. Ihre Augen weiteten sich, und sie schlug beide Hände vor den Mund.

»O, mein Gott. Ja, das stimmt!«, rief sie aus.

»Der Hund möchte Sie wissen lassen, dass er jetzt wieder sehen kann. Er dankt Ihnen, weil Sie ihm mit seinem Auge geholfen haben.«

»Ja. Ich habe ihn zum Tierarzt gebracht. O Gott!«, rief sie nochmals aus.

Jemand, der neben ihr gesessen hatte, stand auf und legte den Arm um sie. Sie war schockiert.

»Es ist Spencer! Spencer!«, rief sie. »Ich erkenne ihn. Es ist mein Hund Spencer.«

Corey brach in Tränen aus. Wir mussten ein paar Minuten warten, bis sie weitermachen konnte. Als ich das Gefühl hatte, sie habe sich wieder gefangen, fuhr ich fort.

»Der Hund bringt sehr viel Liebe mit. Es war wohl ein ganz besonderer Hund.«

In diesem Moment sprang der Geist-Hund auf sie und leckte ihr Gesicht.

»Er drückt Ihnen gerade einen Schmatz auf«, sagte ich.

Aus dem Publikum war ein lautes »Ah!« zu vernehmen.

»Ich sehe ein Band um seinen Hals. Eine Goldmedaille an einem violetten Band. Dieser Hund war mehr als nur ein x-beliebiger Familienhund, nicht wahr? Er lässt Ihnen mitteilen, dass er ausgeschickt wurde, um Sie zu beschützen.«

Corey nickte. Als sie sich langsam beruhigte, machte sich ein Lächeln auf ihrem Gesicht breit. »Ich kann gar nicht glauben, dass es Spencer ist.«

Dann wurde mir ein Name durchgegeben.

»Kennen Sie jemanden, der Tracey heißt? Ich glaube, der Name ist Tracey.«

»Ja. Sie ist meine Tochter. Aber sie lebt noch.«

»Seltsam, ich sehe den Namen Tracey ganz deutlich vor dem Hund auftauchen. Und ich fühle Rauch. So, als sei ich eingeschlossen und könnte nicht atmen.«

Ich war nicht sicher, worum es ging, daher interpretierte ich die Zeichen zunächst einmal falsch: »Hatte ihr Vater Atemschwierigkeiten? Zumindest kommt so etwas jetzt hier an.«

»Nein, er starb auf andere Weise. Aber ich glaube, ich weiß, worum es geht, James. Bitte machen Sie weiter. Ich möchte mehr wissen.«

»Ich weiß nicht, warum, aber der Hund scheint zu wollen, dass sie Tracey von ihm erzählen. Er wäre gerne bei ihr. Ergibt das für Sie einen Sinn?«

»Ja, James. Das tut es.«

Das Reading ging noch weiter. Coreys Vater wollte, dass sie

den anderen Familienmitgliedern versicherte, dass er nun nicht mehr leiden würde. »Er sagt, er fühlt sich so voller Leben, wo er nun endlich seine körperliche Hülle verlassen konnte.«

Nach der Veranstaltung kam Corey zu mir und sagte, dass alles, was ich ihr gesagt hätte, durchaus Sinn gehabt habe. Sie entschuldigte sich, dass sie nicht gleich dahinter gekommen war, aber alles sei so unglaublich gewesen.

Dann fuhr sie fort: »Als ich zum ersten Mal verheiratet war, wollten mein Mann Tom und ich einen Hund. Wir waren nicht sicher, ob wir zu einem Züchter fahren oder einen Hund aus dem Tierheim nehmen sollten. Aber am Ende gingen wir doch ins Tierheim und verliebten uns sofort in einen süßen kleinen Welpen. Wir fuhren nach Hause, um das Ganze noch einmal zu überschlafen, und als wir zwei Tage später zurückkamen, war der Welpe weg. Man hatte für ihn ein neues Heim gefunden. Wir waren ein wenig geknickt, doch als wir das Tierheim wieder verließen, sahen wir diesen wunderschönen, schwarzen Schäferhund im letzten Käfig auf der linken Seite. Er war älter als der Rest der Hunde. Als wir vorbeigingen, kam er ans Gitter und sah mich an. Ich ging in die Hocke und streichelte ihn, da leckte er meine Hand, als würde er mich schon seit jeher kennen. Und so beschlossen Tom und ich, dass wir diesen nehmen würden, einfach weil er so lieb war – obwohl wir eigentlich einen viel kleineren Hund gewollt hatten.

Wir nahmen ihn mit nach Hause und nannten ihn Spencer. Innerhalb kürzester Zeit wurde Spencer zum Familienmitglied. Einige Monate später wurde ich schwanger, und von diesem Moment an lief Spencer mir ständig nach, als müsse er nun besonders auf mich aufpassen. Doch erst kurz bevor das Baby geboren wurde, entdeckten wir, was für ein außergewöhnlicher Hund Spencer war. Tom hatte damals Nachtschicht, und eines Tages war Spencer außerordentlich nervös, bevor Tom zur Arbeit ging. Er lief dauernd auf und ab und gab keine Minute Ruhe. Ich musste mitten in der Nacht aufstehen, um mir ein Glas Wasser zu holen. Dabei stolperte ich über eine Schachtel und fiel hin. Ich hatte schreckliche Schmerzen, dann fing ich auch noch an zu bluten. Das Letzte, woran ich mich erinnerte, war Spencers Gebell. Er war irgendwie aus dem Haus gekommen und bellte sich vor der Tür die Seele aus dem Leib. Der Lärm weckte meine Nachbarin Judy. Sie stand auf und kam herüber, um nachzusehen. Nun ja, um es kurz zu machen: Sie holte die Sanitäter, man brachte mich ins Krankenhaus und dort kam, gesund und munter, Tracey zur Welt. Der Arzt meinte, wenn ich nicht rechtzeitig gekommen wäre, hätte ich das Kind wohl verloren.

Aber das ist noch nicht alles. Im ersten Jahr nach Traceys Geburt wachten Tom und ich eines Nachts auf, weil Spencer uns die Decken wegzog. Er bellte wie verrückt und lief uns voran in Traceys Zimmer. Als wir dort ankamen, sahen wir, dass sie aufgehört hatte zu atmen und ganz blau angelaufen war. Tom rief sofort den Notarzt, ich machte Mund-zu-Mund-Beatmung, und sie überlebte. Wäre Spencer nicht gewesen, wäre sie heute nicht mehr am Leben.«

NACHTRAG

Spencer lebte noch weitere vier Jahre mit Corey, Tom und Tracey, bevor er starb. Corey sagte, dass er eine ganz besondere Beziehung zu ihrer Tochter gehabt habe, die jetzt fünf Jahre alt ist. »Er schlief jede Nacht neben ihrem Bett. Wenn etwas mit ihr nicht stimmte, bellte er so lange, bis wir aufwachten. Kein Wunder, dass er möchte, dass sie ihn in Sicherheit weiß. Spencer war unser Held. Wir verdanken ihm alles. Und wir vermissen ihn schrecklich.«

Skylark

Häufig lassen Tiere mich wissen, wie glücklich sie über das waren, was »ihre« Menschen für sie getan haben. Lesen Sie einfach die folgende Geschichte:

Byron und Joanne Baker verloren ihren Sohn Brian, als er acht Jahre alt war. Er hatte Leukämie. In den beiden folgenden Jahren versuchten sie zusammen mit ihrer Tochter Marlene, genannt Marlee, Kontakt mit ihm aufzunehmen. Als Brian während eines Readings zu uns kam, gab er seiner Familie eine Botschaft durch, die voller Freude und Optimismus war.

Ich hörte, wie aufgeregt er war, als er mit mir kommunizierte: »Er sagt, dass er keine Schmerzen hatte, als er starb, und dass er jetzt im Himmel ist. Dort bekäme er Eiscreme, so viel er nur wolle.«

Brian erzählte, er sei in einer Art Schule zusammen mit anderen Kindern und vielen, vielen Freunden.

Ich sagte: »Er möchte wissen, weshalb Sie so traurig sind, wo es ihm doch so gut geht.«

Der Junge berichtete, eine Dame namens Ta-Ta sei bei ihm und sorge für ihn.

Seine Mutter meinte: »Das ist meine Großtante Tamara. Sie starb vor zehn Jahren.«

Als ich dachte, das Reading sei zu Ende, weil wir alle mit den Ergebnissen so unglaublich zufrieden waren, hatte Brian offenkundig eine andere Ansicht und ließ uns etwas äußerst Erstaunliches wissen.

»Marlee, Brian möchte dir noch etwas sagen. Er sagt, Ta-Ta habe ihm Skylark als Haustier gegeben. Er müsse sie nun jeden Tag füttern.«

Marlee stiegen die Tränen in die Augen. Sie legte die Hände vors Gesicht.

Vor meinem geistigen Auge erschien nun das Bild eines großen Pferdes.

»Ich sehe ein großes, graues Pferd vor mir. Es hat einen weißen Fleck auf der Stirn und wirft den Kopf auf und ab. Ist das Skylark?«

»Ja«, meinte Marlee.

»Marlee, das Pferd scheint hohes Fieber gehabt zu haben, bevor es starb. Habt ihr, du und dein Vater, viele Tierärzte geholt, um ihm zu helfen?«

»Ja, sie hatte angeblich einen tödlichen Virus«, antwortete das Mädchen.

Der Vater schaltete sich ein: »Wir haben jeden Tierarzt in

unserem Bundesstaat angerufen, um herauszufinden, was sie hatte. Keiner konnte ihr helfen.«

Joanne fragte neugierig: »Sie sagen, dass Brian sie jetzt hat. Wie ist das denn möglich?«

Diese Frage wird oft gestellt, wenn Tiere am Reading beteiligt sind.

Ich erklärte: »In den geistigen Welten trifft man häufig auf Tiere oder Menschen, die man einst kannte. Es scheint aber einen Grund dafür zu geben, dass Brian nun die Aufgabe erhält, sich um Skylark zu kümmern. Vielleicht soll er sich drüben mehr zu Hause fühlen. Die Tiere leben meist in einer Umgebung, in der sie sich wohl fühlen. In Skylarks Fall ist das vermutlich eine grüne Weide.«

»Skylark liebte es, über die Wiesen zu traben«, erzählte Marlee.

Ich fuhr mit dem Reading fort. »Das Tier zeigt mir eine sehr starke Persönlichkeit. Es mochte nicht jeden Menschen. Es scheint sehr wählerisch gewesen zu sein.«

Ich sah die drei an und fragte, ob sie damit etwas anfangen könnten.

Ihr Gesichtsausdruck war ebenso erstaunt wie amüsiert.

Joanne antwortete mir: »O ja, das war wirklich so! Wenn Skylark jemanden nicht mochte, drehte sie sich einfach um und ging weg. An Skylarks Verhalten konnten wir ablesen, welchen Charakter ein Mensch hatte.«

»Marlee, Skylark weiß, dass du im Stall geschlafen hast, als sie krank war. Sie möchte dich wissen lassen, wie dankbar sie dir dafür war.«

Marlee begann zu weinen. Unter Tränen nickte sie.

Das beeindruckende Tier ließ mir weitere Botschaften zukommen. Mit jedem Gedanken, der bei mir ankam, wurde der Eindruck einer innigen Liebe stärker.

»Das musst du unbedingt wissen, Marlee. Das Pferd kommt jeden Abend, um dich zu besuchen. Es sagt, dass du immer noch ihre alte Decke besitzt. Du würdest sie in deinem Zimmer aufheben. Ist das richtig?«, fragte ich.

Und wieder waren alle vor Verblüffung still.

Marlee sah zu ihren Eltern hinüber, dann zu mir her, und

sagte: »Ja, ich habe die Decke noch. Ich habe sie unter dem Bett versteckt. Ich sehe sie jeden Abend an und denke an Skylark. Das ist wirklich unglaublich!«

»Skylark sagt, dass ihr gute Freunde wart. Sie meint, sie hätte beim Springen ihr Bestes gegeben. Sie habe es wirklich versucht. Sagt dir das etwas?«

Nun war es Byron, der Überraschung zeigte.

»Skylark war ein starkes Pferd, das Wettkämpfe liebte«, sagte er.

Dann beendete Marlee seinen Satz: »Wir ritten Parcours, Skylark und ich. Wir haben sogar ein paar Preise gewonnen.«

»Ein paar Preise? Du hast über zwanzig gewonnen, im ganzen Land«, fiel ihre Mutter stolz ein.

Es freute mich, dass Marlees geliebtes Pferd sich bei ihr gemeldet hatte.

»Werde ich sie je wieder sehen?«, fragte Marlee.

»Aber natürlich!«, antwortete ich. »Skylark wird dich dein Leben lang begleiten, gerade so, als wäre sie noch hier. Und wenn es Zeit für dich ist, in die geistigen Reiche einzugehen, wird sie dort auf dich warten. Das Schönste an den Tieren ist, dass sie für uns da sind, solange wir sie brauchen.«

Als ich das sagte, begann Skylark vor meinem geistigen Auge, heftig den Kopf auf und ab zu bewegen, wobei sie fröhlich wieherte. »Skylark scheint mir zuzustimmen.«

Dann sah ich ein blaues Band, das von der Wand fiel. Ich fragte die Familie, ob das für sie einen Sinn ergebe.

»Ja«, sagte Marlee. »Heute Morgen fiel ein blaues Band von der Wand. Es hing genau über meinem Bett. Das blaue Band ist der letzte Preis, den wir zusammen gewonnen haben, bevor Skylark starb. Seltsam, dass Sie das jetzt erwähnen. Es ist erst heute Morgen passiert, und als ich das Band anfasste, hatte ich den Eindruck, als fließe Skylarks seidige Mähne durch meine Finger.«

Ins Leben der Familie Baker ist etwas Neues getreten, seit sie mich besucht hat. Ein Reading bedeutet nicht automatisch, dass der Schmerz verschwindet. Es bietet nicht mehr und nicht weniger als klare Informationen darüber, wie das Leben nach dem Tod aussieht. In der Zwischenzeit geht Marlee zur High School. Sie hat mit dem Turnierreiten aufgehört und sagte mir, dass sie kein anderes Pferd mehr wolle. »Ich führe jetzt Tagebuch und schreibe alle meine Gedanken und Träume hinein.« Besonders gern schreibt sie natürlich über Skylark: »Ich träume davon, wie wir gemeinsam über eine leuchtend bunte Wiese galoppieren. Die Farben sind so klar wie die eines Regenbogens. Wir springen über Zäune und fliegen hoch durch die Luft. Ich weiß nun, dass wir immer zusammen sein werden.«

Erinnerungen an Tiere

Ich bekomme häufig Briefe, in denen Menschen ihrer Liebe zu einem Haustier Ausdruck verleihen. Diese Briefe berichten, wie Tiere uns Menschen in einem bestimmten Moment des Lebens hilfreich zur Seite stehen und sie bei der Selbstheilung unterstützen. Einige dieser Schreiben waren so wunderbar, dass ich sie mit Ihnen teilen möchte.

ANNIE

Acht Jahre lang war ich stolzer Besitzer eines Nymphensittichs mit Namen Annie. Annie war eine wunderbare Gefährtin. Sie schenkte mir viel Freude und Inspiration. Sie war weiß mit einer strahlend gelben Federkrone auf dem Kopf und gelben Spitzen an Federn und Schwanz. Die orangeroten Flecken auf ihren Wangen verliehen ihr ein ganz besonderes Aussehen. Natürlich wusste sie, dass sie gut aussah, und scheute sich auch nicht, das zu zeigen.

Ich lebte damals nahe am Strand und nahm Annie zu meinen Spaziergängen mit wie andere Leute ihre Hunde. Annie saß eben auf meiner Schulter statt an einer Leine neben mir herzulaufen. Da ich die Freiheit und Anmut des Vogelfluges immer besonders schätzte, ließ ich ihre Flügel nicht stutzen. Ich setzte sie auf meine Schulter und los ging's. So wusste ich immer, dass Annie freiwillig bei mir blieb. Sie hätte ja jederzeit auf und davon fliegen können. Bevor wir am Ufer angekommen waren, hob ich meinen Zeigefinger zu ihr hoch, damit Annie heruntersteigen konnte. Sie biss spielerisch hinein, wie um mich wissen zu lassen, dass jetzt ihre Zeit gekommen war. Ihr Beißen war eine liebevolle Geste, die das Band zwischen uns noch verstärkte. Dann saß sie auf meinem Finger, und in einem wundervollen Augenblick schwang ich sie hoch in die Luft, damit sie losfliegen konnte. Es war eine wahre Freude, das mit anzusehen. Klar, dass es toll für sie war nach dem ganzen Tag im Käfig. Die Menschen am Strand hielten inne bei dem, was sie gerade taten, und sahen ihr zu. Sie war ein kleines Tier, aber sie flog riesige Kreise über dem Strand, bevor sie zurückkehrte. Dann landete sie direkt auf meiner Schulter. Ich kraulte ihr den Kopf, weil sie so eine prächtige Landung hingelegt hatte, und sie knabberte wieder zärtlich an meinem Zeigefinger – ein Zeichen für ihre Unabhängigkeit, Liebe und Dankbarkeit. Wir gingen immer bei Sonnenuntergang spazieren. Irgendwie war das unsere Zeit. Annie war meine beste Freundin und Gefährtin in harten Zeiten. Sie schaffte es immer, mich zum Lachen zu bringen, wenn ich sie am meisten brauchte. Als sie starb, hatte ich das Gefühl, mein Herz müsse brechen. Ich fühlte eine große, untröstliche Leere in mir.

Vierzehn Jahre nach Annies Tod war ich zum Schnorcheln auf eine kleine Insel bei Bora Bora gefahren, die zu Tahiti gehörte. Der Ort war traumhaft, das Wasser türkisklar, als ich mich zu meinem ersten Ausflug aufmachte. Ich schwamm zu einem Riff, wo ich einen Schwarm bunter tropischer Fische aufstörte. Ein großer, gelber Fisch aber schwamm direkt auf mich zu. Irgendetwas sagte mir, dass er mich willkommen heißen und mir sein Reich zeigen wolle. Als ich näher kam, bemerkte ich die beiden orangefarbenen Flecken auf seinen Kiemen. Ich streckte die Hand aus, um ihn zu streicheln, und er knabberte an meinem

Zeigefinger. Das erinnerte mich so sehr an Annie, dass ich plötzlich nicht umhin konnte, mich zu fragen, ob dieser tolle Fisch vielleicht die Reinkarnation meines Vogels war. Annie hatte das Meer immer geliebt. Und in den stillen, blauen Wassern dieses herrlichen Inselreiches war sie sicher ebenso frei wie ein Vogel. In diesem Augenblick wurde mir klar, dass auch die Liebe zu einem Haustier niemals stirbt. Sie lebt immer weiter in unseren Herzen. Ich weiß jedenfalls, dass ich Annie niemals vergessen werde.

Lindy Caroll, Hermosa Beach, Kalifornien

CHESTER, DER KATER

Ich habe immer mit Katzen zusammen gelebt. Wir hatten immer ein besonderes Verhältnis zueinander. Wir verstehen und achten uns. Vor vier Jahren fand ein wunderschöner kastanienbrauner Kater den Weg an meine Schwelle. Es war klar, dass diese Katze niemanden hatte, der für sie sorgte, und dass sie Wasser und Nahrung brauchte. Und sie hatte ganz sicherlich den richtigen Platz gefunden. Er wusste vermutlich, dass ich eine Schwäche für Katzen hatte. Ich stellte ihr also sofort eine Schüssel mit Futter auf die Veranda. Ich wollte die Katze nicht hereinlocken. Sie würde schon selbst entscheiden, ob sie bleiben oder wieder verschwinden wollte.
Nach ein paar Wochen kam der Kater ins Haus. Bevor ich mich's versah, hatte er den Haushalt übernommen. Ich nannte ihn Chester, von *chestnut*, dem englischen Wort für »Kastanie«. Er hatte eine so schöne Farbe. Chester brauchte nicht lange, um herauszufinden, wo der bequemste Sessel im ganzen Haus stand, und nahm ihn von da an in Beschlag. Chester und ich wurden sofort gute Freunde. Überraschenderweise kam er mit den anderen Katzen unseres Haushalts gut klar und passte sich bald perfekt an unseren Alltag an. Er schlüpfte abends durch die Katzentür hinaus und kam jeden Morgen zum Frühstück zurück. Eines Morgens kam er nicht. Ich wartete den ganzen Tag und die ganze Nacht auf ihn, aber er tauchte nicht auf. Ich hatte das

Gefühl, dass er nicht mehr zurückkommen würde, und das brach mir das Herz. Mit der Zeit habe ich mich des Öfteren gefragt, was wohl aus Chester geworden ist.

Eines Tages aber, als ich spazieren ging, entdeckte ich eine Katze auf der Veranda eines anderen Hauses. Er sah aus wie Chester, und beim Näherkommen bemerkte ich, dass es Chester war. Ich rief ihn, er lief zu mir her und strich mir schnurrend um die Beine. Ich war so glücklich, ihn wieder zu sehen! Als ich mich zu ihm hinunterbeugte, hörte ich die Stimme einer Frau: »Smoky! Komm hierher, Smoky!« Der Kater drehte sich um und lief auf die Stimme zu. Ich sah auf. Eine ältere Dame stand in der Tür. Ich ging hinüber, um mich vorzustellen und ihr von Chester zu erzählen. Sie lud mich zu einer Tasse Tee ein.

Als wir in der Küche saßen, erzählte sie mir, wie die Katze plötzlich aus dem Nichts bei ihr aufgetaucht war und auf der Schwelle gesessen hatte. Sie meinte: »Er wollte unbedingt bleiben.« Aber sie bot mir an, ich könne Chester gern mit nach Hause nehmen, wenn ich das wolle, und ich sagte erfreut Ja. Doch als ich mich zu ihm hinunterbückte und ihn hochnehmen wollte, schlüpfte er mir geschickt zwischen den Fingern durch. Wir sahen uns an. Ich spürte seine Energie. Ich spürte, dass er mich zwar mochte, er hier aber eine Aufgabe zu erfüllen hatte. Damit war klar, dass ich ihn bei der Dame lassen würde. Ich drückte ihm einen Kuss auf den Kopf und sagte: »Ich glaube, er möchte lieber bei Ihnen bleiben. Das ist nun sein Zuhause.« Sie lächelte. Ich hatte den Eindruck, dass sie sehr erleichtert war, ihren kleinen Freund behalten zu können. Als ich ging, dankte sie mir immer und immer wieder.

Etwa sechs Monate später traf ich sie im Supermarkt wieder. Ich fragte nach Chester, und sie berichtete mir, dass man kurz nach unserem ersten Treffen bei ihrem Ehemann Krebs festgestellt habe. Er sei bald darauf gestorben. Ich war schockiert und sprach ihr mein Beileid aus. Sie aber erzählte mir, dass Chester während der Krankheit ihres Mannes jeden Tag auf seinem Bett gesessen sei und ihren Mann getröstet habe. »Ich weiß nicht, was ich ohne ihn angefangen hätte. Ihn hat wirklich der Himmel geschickt.« Wir verabschiedeten uns und versprachen einander, uns hin und wieder auf eine Tasse Tee zu besuchen. Als ich mich umdrehte, wurde mir klar, dass das Chesters Aufgabe gewesen war. So, als sei er ein Engel, vom Himmel gesandt, um diese Frau zu trösten. Ich war so froh, dass er bei ihr gewesen ist, als sie ihn am meisten brauchte. Und gleichzeitig war ich glücklich, dass er auch einmal Teil meines Lebens gewesen war.

Carol Carpenter, Reseda, Kalifornien

NELLIE UND DIE ALTE HENNENMUTTER

Ich war Hühnerfarmer, und zwar mehr als 35 Jahre lang. Natürlich hatte ich eine Menge Tiere auf meiner Farm. Ich weiß, dass sie ein Geschenk für uns sind, solange wir hier auf der Erde weilen. Ich hoffe, dass ich von meinen Tieren begrüßt werde, wenn meine Zeit gekommen ist. Sie haben mein Leben begleitet und es schöner gemacht.

Wir hatten natürlich auch immer ein paar Enten und Gänse. Ich dachte, ich hätte wirklich schon alles gesehen, doch das Folgende überraschte sogar mich. Vor etwa fünf Jahren hatten wir eine weiße Mandarinente namens Nellie, die bald zum Liebling unserer Enkelkinder wurde. Sie fütterten sie jeden Tag und nahmen sie zum Spielen mit in ihr Plantschbecken. Als Ostern näher rückte, banden sie ihr ein Band um den Hals und nannten sie die »Osterente«. Als die Kinder beim Eiersuchen waren, lief Nellie hinter ihnen her und schnatterte fröhlich. Nellie war keine gewöhnliche Ente, wir betrachteten sie alle als Familienmitglied. Und so war es nicht ungewöhnlich, dass sie während der Essenszeit bei uns im Haus war. Meine Frau stellte ihr auf einem Teller etwas Futter hin, und sie fraß, wobei ihr Schnabel laut über das Porzellan kratzte. Im Frühling legte Nellie mehrere Eier in die Scheune. Sie baute kein Nest, aber sie versteckte die Eier und hielt sie immer schön zugedeckt.

Eines Tages kam ein Lieferwagen unsere Einfahrt herauf. Leider konnte der Fahrer Nellie nicht sehen, als sie ihm über den Weg lief. Er überfuhr sie; sie war sofort tot. Es war eine Tragödie. Zuerst waren wir alle wie vom Blitz getroffen. Jeder trauerte um sie, vor allem unsere Enkel. Meine Frau Helen und ich wussten nun nicht recht, was wir mit Nellies Eiern anfangen sollten. Wenn möglich, so dachten wir, sollte ihre Nachkommenschaft gerettet werden. Helen war es, die dann vorschlug, wir sollten Nellies Eier einer unserer Legehennen unterschieben. – Die Idee war einen Versuch wert. Wir mussten darauf vertrauen, dass wir die Eier nicht allzu sehr stören würden, wenn wir sie bewegten. Auch die noch so kleinste Erschütterung wäre für die heranwachsenden Enten tödlich gewesen. Und dann mussten wir noch beten, dass unsere Henne die Eier nicht als fremde erkennen und aus dem Nest schubsen würde.

Wunderbarerweise klappte alles. Dreißig Tage später zeigten sich die ersten Risse in den Eiern. Heraus kamen drei bezaubernde Entenküken. Sie sahen zwar völlig anders aus als die Küken, die sonst im Stall herumliefen. Trotzdem nahmen sie die Henne sofort als ihre Mutter an. Die Henne wiederum akzeptierte diese seltsamen Geschöpfe als ihre eigenen. Es war wirklich hübsch anzusehen.

Am nächsten Tag verließ die Henne den Stall, gefolgt von den Entchen. Als sie an einer Pfütze vorbeikamen, stürzten die Kleinen sofort auf das Wasser zu und begannen, darin herumzupaddeln. Die Henne bekam fast einen Herzschlag und gackerte, was das Zeug hielt. Meine Frau und ich rannten hinaus, um zu sehen, was los sei. Die Henne umkreiste die Entchen und wollte sie unbedingt dazu bringen, das Wasser zu verlassen. Die armen Kleinen waren völlig verwirrt. Schließlich hatte ihr natürlicher Instinkt sie hierher geführt. Wir holten sie heraus, um die Henne zu beruhigen. Sie kontrollierte jedes der drei Entchen gründlich, um festzustellen, ob sie auch gesund seien.

Die Tierchen sind mittlerweile ausgewachsen und kräftige, junge Enten geworden. Sie laufen unseren Enkelkindern nach, wie Nellie es tat. Aber sie treiben sich auch oft im Hühnerstall herum und besuchen ihre Adoptivmutter. Wenn meine Frau und ich die Tiere ansehen, wissen wir, dass Nellie stolz auf sie wäre. Wir haben Nellies Schleife im Hühnerhaus aufgehängt: zur Erinnerung an die Osterente. Und an Mutter Henne, die ihre Küken rettete.

Benson Whittier, Aberdeen, Texas

Um den Tod eines Tieres trauern

Der Tod eines Tieres ist niemals leicht für die Menschen, die mit ihm gelebt haben. Wir betrauern seinen Verlust, als wäre ein geliebter Mensch von uns gegangen. Wenn Ihr Tier in die geistigen Reiche eingeht, beginnt für Sie der Trauerprozess, als würden Sie um einen Angehörigen trauern. Sie stehen unter Schock, die Wut steigt in Ihnen hoch. Sie leugnen, was geschehen ist, und plagen sich mit Schuldgefühlen, Trauer und Einsamkeit. Verleihen Sie diesen Gefühlen Ausdruck. Wenn Sie sie unterdrücken, verlängert das den Schmerz bloß unnötig. Lassen Sie sich von niemandem einreden, es sei »ja nur ein Tier« gewesen. In Wirklichkeit ist ein Freund von Ihnen gegangen, mit dem Sie ein Stück Ihres Lebensweges geteilt haben. Daher ist der emotionale Aufruhr, den Sie im Moment empfinden, ganz normal. Ihr Alltag ist nun ganz anders und Sie müssen Ihr Verhalten vollkommen verändern. Ihr Schmerz und Ihre Trauer sind also sehr berechtigt. Erliegen Sie dabei nicht der Versuchung, Ihre Gefühle abzustreiten, sie für albern oder dumm zu halten.

Vergessen Sie nicht, dass jedes Familienmitglied anders auf die Situation reagiert. Erwarten Sie von niemandem, dass er oder sie die Situation so aufnimmt, wie Sie es erwarten. Menschen gehen mit Verlusten unterschiedlich um.

Manche Menschen empfinden Schuldgefühle, wenn ein Tier stirbt. Auch das ist normal. Sie glauben, sie hätten das Geschehen verhindern können. Wir alle fühlen uns hilflos, wenn ein Tier alt oder krank wird. Wir wünschen uns, es könnte sprechen und uns sagen, was ihm fehlt. Als ich mich scheiden ließ, musste ich ein neues Heim für unsere Hunde finden. Tatsächlich fiel es mir schwerer, mich von den Hunden zu trennen als von meiner Frau. Ich hatte schlimme Trennungsängste. Glücklicherweise brachte ich sie bei liebevollen Familien unter, was mir die Sicherheit gab, dass es ihnen gut gehen würde. Nichtsdestotrotz habe ich um sie getrauert.

Die Trauer um das Tier kann noch herzzerreißender sein, wenn Sie allein leben und das Tier Zentrum Ihrer Liebe und

Aufmerksamkeit war. Weinen Sie ruhig, das ist nur natürlich. Lassen Sie Ihren Gefühlen freien Lauf – das hilft Ihnen, den Trauerprozess zu beginnen.

Lassen Sie Ihre Angehörigen oder Freunde am Trauerprozess teilhaben. Sie können Ihnen viel Unterstützung geben. Es gibt allerdings auch Menschen, die für diese Art von Trauer kein Verständnis haben. Wenden Sie sich lieber an andere tierliebe Menschen. Dort werden Sie Verständnis finden. Lassen Sie sich nicht einreden, Sie bräuchten sofort ein neues Tier. Zuerst müssen Sie Ihren Verlust überwunden haben. Versuchen Sie nicht, ihn mit Hilfe eines anderen Tieres zu überdecken.

Wenn Sie Kinder haben, müssen Sie ihnen wohl oder übel erklären, was geschehen ist. Für die Kinder ist das meist eine sehr traurige Erfahrung, vor allem dann, wenn sie zum ersten Mal mit dem Tod konfrontiert sind. Kleinen Kindern etwas über Tod und Sterben zu erzählen ist beileibe nicht einfach, aber Sie sollten auf keinen Fall behaupten, dass das Tier einmal wiederkommen wird. Unterstützen Sie Ihre Kinder vielmehr, ihre Gefühle angesichts dieses Verlusts auszudrücken. Versuchen Sie, ihnen zu erklären, dass jeder Mensch anders empfindet und dass diese Emotionen auch nicht immer da sein müssen. Bereiten Sie sie darauf vor, dass sie nicht nur traurig sein, sondern auch Einsamkeit und Zorn verspüren werden. Manche Kinder werden sogar sehr wütend, weil sie nicht begreifen, *warum* ihr geliebtes Tier nicht zurückkommt. Auf jeden Fall brauchen Ihre Kinder jetzt Ihre Unterstützung. Nutzen Sie die Gelegenheit, sie an das Thema »Leben und Tod« heranzuführen. Unterstreichen Sie immer wieder, dass das Hinscheiden ihres Tieres zum Leben gehört. Versichern Sie den Kindern, dass es dem Tier jetzt gut geht und dass sie sich auch bald besser fühlen werden.

Eine Freundin hat mir folgende Geschichte über ihre Lieblingskatze berichtet: Eines Abends kam sie vom Büro nach Hause und fand eine Nachricht an der Tür. Darauf stand, dass ihre wunderschöne, weiße Angorakatze aus dem Haus gelaufen und überfahren worden war. Der örtliche Mitarbeiter des Tierschutzvereins hatte ihr die Nachricht hinterlassen. »Ich schloss die Tür auf und begann, hemmungslos zu weinen. Dabei stand mir das Schlimmste noch bevor. Ich musste meine kleine Tochter vom Babysitter abholen und ihr erklären, dass unsere geliebte Queenie tot ist, was sie mit Sicherheit sehr durcheinander bringen würde. Und ich musste meiner Tochter erklären, dass niemand daran Schuld trug.« Sie setzten sich an diesem Abend zusammen und sprachen über Queenie, über das Leben, das sie mit ihnen geteilt hatte. Natürlich flossen dabei auch viele Tränen. »Am nächsten Tag erklärte meine Tochter: ›Mama, ich kann nicht mehr weinen. Es tut einfach zu weh. Reden wir doch eine Weile nicht mehr von Queenie, bis es leichter geworden ist.‹ Ich fand, dass sie wahrscheinlich Recht hatte. Gott sei Dank ging es wenigstens unseren anderen beiden Katzen gut.« Meine Freundin respektierte die Wünsche und Gefühle ihres Kindes. Sie wischte sie nicht als unbedeutend vom Tisch, sondern erlaubte ihrer Tochter, auf deren Weise zu trauern. Jedes Familienmitglied sollte seinen eigenen Weg der Trauer gehen können.

Viele Menschen geben der Liebe zu ihrem Tier Ausdruck, indem sie es beerdigen. Sie können das im Garten tun, solange das Tier nicht zu groß ist. Markieren Sie die Stelle mit einer Pflanze, einem Kreuz oder einem Gedenkstein, wie mein Bruder und ich es getan haben. Suchen Sie alle Bilder von Ihrem Tier zusammen und kleben Sie sie in ein Erinnerungsalbum. Was immer sich für Sie richtig anfühlt, ist es auch. Wenn Sie keine Möglichkeit haben, das Tier zu begraben, und es auch nicht der Tierkörperverwertungsanstalt überlassen wollen, können Sie es einäschern lassen. Ihr Tierarzt weiß darüber sicherlich Bescheid. Oder Sie rufen beim örtlichen Tierschutzverein an.

Die Trauer um ein Tier dauert ebenfalls längere Zeit. In dieser Zeit sind Sie besonders verwundbar, auch wenn nicht jeder Tag gleich ist. Stellen Sie sich jedem einzelnen Tag. Am Ende wird sich die Leere, die Sie jetzt empfinden mögen, mit liebevollen Erinnerungen an Ihren freundlichen Hausgenossen füllen. Rufen Sie sich die lustigen, glücklichen Momente ins Gedächtnis. Auf diese Weise wird die Erinnerung zur Freude. Schließen Sie die Augen und lachen Sie. Versetzen Sie sich in die entsprechende Situation zurück und versuchen Sie dann, dieses Gefühl mit in die Gegenwart zu nehmen. Und vergessen Sie nicht: Trauer kennt keine Zeit. Werden Sie nicht wütend, wenn Sie nicht so schnell über den Verlust hinwegkommen, wie Sie es gern hätten. Langsam wird sich Ihr Alltag auf die neue Situation einpendeln, dann werden auch Trauer und Schmerz nachlassen und Sie können daran denken, einem neuen Gefährten ein Heim zu bieten.

Ein Tier einschläfern lassen

Viele Menschen, die ihr Tier einschläfern ließen, fragen mich, ob sie denn auch richtig gehandelt hätten. Sie leiden sehr unter Schuldgefühlen und können sich ihren Entschluss kaum vergeben. Die Entscheidung, die Sie getroffen haben, ist keine einfache. Daher löst sie viele widerstreitende Gefühle in uns aus.

Ob das Einschläfern-Lassen generell richtig oder falsch ist, hängt von der Motivation ab, die damit verbunden ist. Haben Sie Ihre Entscheidung aus Liebe zum Tier getroffen? Wollen Sie ihm Schmerzen ersparen oder ein Leben, das seiner Art nicht mehr entsprochen hätte? – Jeder Tierbesitzer muss in diesem Moment tief in sich gehen und sein Herz befragen, was für das Tier das Beste wäre. Denken Sie daran, dass die Seele des Tieres unverletzlich ist.

Man fragt mich häufig, ob es dem Tier wehtut, wenn man es einschläfern lässt. Ich bin leider kein Tierarzt. Vielleicht sollten Sie einen Fachmann befragen. Mir haben Tierärzte durchweg versichert, dass das Tier davon nichts spürt. Normalerweise gibt man ihm vorab ein Betäubungsmittel. Das Tier schläft dann ein, während seine Seele langsam den Körper verlässt.

Bruce Fogle, Tierarzt und Autor des Buches *Pets and Their People* (Tiere und ihre Menschen), hält diese Maßnahme in folgenden Fällen für angebracht:

1. bei massiven körperlichen Verletzungen
2. bei einer unheilbaren Krankheit, die so weit fortgeschritten ist, dass ihre negativen Auswirkungen nicht mehr kontrolliert werden können
3. bei massiven Altersproblemen, die mit Medikamenten nicht mehr in Schach gehalten werden können
4. bei unfall- oder krankheitsbedingten Verletzungen, welche die normalen Körperfunktionen beeinträchtigen
5. bei Aggressivität gegenüber Kindern, dem Halter oder anderen Menschen
6. bei unheilbaren Krankheiten, die auf den Menschen übergreifen können

Wenn Sie feststellen, dass Sie Ihr Tier einschläfern lassen müssen, versuchen Sie vorher schon, liebevolle Menschen zu finden, die Sie unterstützen. Lassen Sie diese wissen, dass Sie ihre Hilfe brauchen. Bitten Sie jemanden, mit Ihnen den letzten Gang zum Tierarzt anzutreten oder das Tier mit Ihnen zum Einäschern zu bringen. Vergessen Sie nicht, dass nicht einmal Sie selbst vorhersagen können, wie sehr dieser Tod Sie treffen wird. Daher sollten Sie Menschen um sich wissen, denen Sie vertrauen können. Es ist schon erstaunlich, was wir alles tun, um unserem Tier all das zu erleichtern, während wir gleichzeitig oft versäumen, uns um uns selbst zu kümmern. Die Entscheidung liegt letztlich bei Ihnen. Denken Sie daran, dass Ihr Tier im Geiste bei Ihnen bleibt. Wenn Sie dann in die geistigen Reiche eingehen, werden Sie die liebevolle Beziehung, die Sie zu ihm hatten, erneut erfahren.

Schritte zur Heilung

– Gestatten Sie sich selbst, den gesamten Trauerprozess zu durchlaufen.
– Verleugnen Sie Ihre Gefühle nicht. Sie haben einen Lebenspartner verloren, Trauer ist in dieser Situation völlig normal.

Weinen Sie. Sprechen Sie mit anderen über Ihre Empfindungen. Achten Sie vor allem auf die Gefühle Ihrer Kinder.

- Sagen Sie Ihrem Tier Lebewohl. Vielleicht wollen Sie seinen Übergang in die geistige Welt ja mit einer Gedenkfeier begehen. Zünden Sie eine Kerze an und sprechen Sie ein Gebet. Sie können auch ein Ritual mit Gedichten, Bildern und seinen Spielsachen ersinnen. Tun Sie, was immer Ihre Bedürfnisse und die Ihrer Familie erfüllt. Die Gedenkfeier ist ein wichtiges Abschiedsritual.
- Nehmen Sie Kontakt zu anderen Tierfreunden auf, denen Ähnliches widerfahren ist. Geben Sie im Internet das Stichwort »Tiertrauer« ein, so finden Sie eine Menge Gleichgesinnter. Fragen Sie Ihren Tierarzt, ob er Informationen über solche Organisationen besitzt.
- Hören Sie Ihren Kindern zu, wenn sie darüber sprechen, welche Gefühle sie für das Tier hatten. Tun Sie sie nicht als unwichtig ab und drängen Sie das Kind nicht, seinen Verlust schnell zu überwinden. Sind die Kinder noch klein, lassen Sie sie Bilder malen und Geschichten erzählen, in denen das Tier eine Rolle spielt.
- Sagen Sie dem Lehrer des Kindes Bescheid. Kinder zeigen ihre Trauer auch in der Schule. Da ist es gut, wenn der Lehrer auf Stimmungsschwankungen oder eventuelle Wutanfälle verständnisvoll eingehen kann.
- Gestalten Sie langsam Ihren Alltag um, während Sie trauern. Tun Sie etwas, was Sie von dem Verlust ablenkt. Etwas, das die Zeit des täglichen Fütterns oder Spazierengehens ausfüllt. Stellen Sie die Möbel um, um den frei gewordenen Platz nicht immer vor Augen zu haben.
- Spenden Sie im Namen Ihres Tieres einen Baum oder einen Rosenbusch. Rufen Sie ruhig Ihre Stadtgärtnerei an und fragen Sie danach. Vielleicht können Sie sogar ein kleines Schildchen mit seinem Namen anbringen lassen. Sie können auch eine Parkbank spenden, auch wenn das etwas teurer ist. Oder Sie machen in seinem Namen eine Spende an den Tierschutzverein oder andere Organisationen, die sich aktiv dem Wohlergehen von Tieren widmen.
- Räumen Sie das Bett, die Futterschüssel und die Spielsachen

Ihres Tieres weg. Diese Dinge wühlen nur weiter Ihr Inneres auf und verlängern die Trauer unnötig.

– Schreiben Sie auf, was an Ihrem Tier besonders war: Was hat dieser kleine Kamerad Ihnen über das Leben und über Sie selbst beigebracht? Haben Sie sich durch das Tier verändert?

– Wenn Sie für ein neues Tier bereit sind, machen Sie sich eine Liste: Wie sollte dieses Tier sein? Was möchten Sie ändern, wenn ein neuer Gefährte zu Ihnen ins Haus kommt?

– Machen Sie sich klar, wie viel Glück und Freude diese Erfahrung Ihnen schenkte. Sie haben ein Stück Ihres Lebensweges mit einem anderen Lebewesen geteilt. Sie haben es geliebt und sind geliebt worden.

– Tun Sie jeden Tag etwas Schönes für sich selbst.

– In der Trauer haben wir viel zu lernen. Wir müssen Verständnis und Liebe für uns selbst entwickeln. Daher ist es gerade im Trauerprozess wichtig, dass Sie sich täglich Zeit für sich selbst nehmen. Ich kenne viele Menschen, die sogar ein paar Tage freigenommen haben, als ihr Tier starb.

Die Regenbogenbrücke

Am Waldrand, wo sich der Hügel erhebt,
liegt eine saftige Wiese, wo die Zeit stillsteht.
Dort leben all die Freunde von Männern und Frauen,
deren Zeit auf Erden abgelaufen.
Hier, zwischen dieser Welt und der anderen,
liegt der Ort, an dem sie ruhen und wandern.
Ein Land von Gold, in dem sie spielen und warten,
bis die Regenbogenbrücke sich öffnet zum Garten.
Sie leiden nicht, ihre Pein ist vorüber,
hier sind sie glücklich, ohne Nasenstüber.
Ihre Glieder gesund, ihre Kraft wie neu,
ihr Körper geheilt, ihr Herz immer noch treu.
Schnüffelnd toben sie durchs Gras,
bis eines Tages, wer weiß schon, was
ihnen sagt, es sei Zeit.

Die Ohren gespitzt, die Schnauze gestreckt,
einmal noch über die Lippen geleckt,
schießen sie los wie von der Sehne der Pfeil.
Denn jenseits der Brücke liegt doch ihr Heil:
Mensch und Tier sehen sich in die Augen,
und mögen es beide noch gar nicht glauben.
Sie sind wieder beisammen, die alten Freunde,
vorbei die Zeit, in der sie getrennt,
vorbei die Trauer, die den anderen nicht kennt.
Nun herrscht wieder Freude in beider Herzen,
Gemeinsam spüren sie keine Schmerzen.
Die Ewigkeit soll nun ihre sein,
gemeinsam gehen sie ins Licht jetzt ein.

Steve und Diane Bodofsky

TEIL IV

Ein neues Leben

9

In Einklang mit uns selbst

Die Zeit der Trauer ist einesteils das Ende eines Lebensabschnitts, andererseits setzt sie auch Signale für einen Neuanfang. In der Trauer durchlaufen wir einen tief greifenden Reinigungsprozess, sodass wir das neue Stück Weges mit frischer Kraft und ein wenig weiser beginnen können. Das Universum hat uns alle mit der nötigen Stärke ausgerüstet, um Verluste zu überstehen.

Jeder Abschied stellt – wie alle Hindernisse – auch eine Gelegenheit zur Erneuerung dar. Wir können spirituell wachsen, wenn wir uns dieser Herausforderung stellen. So wird die Erfahrung für uns zur Entdeckungsreise in eine neue Welt. Wir lernen einen Teil unseres Selbst kennen, der uns bisher verborgen war. Und das verändert uns, ob wir es wollen oder nicht.

Ich will die Qual und den Schmerz, die ein Trauernder ertragen muss, nicht herunterspielen, doch wenn wir lernen, diese Erfahrung zu akzeptieren, macht sie uns reicher. Wir sehen die Dinge im richtigen Licht. Meine Botschaft für Sie ist: Verluste auf der menschlichen Ebene sind nur kurzfristige Trennungen zweier geistiger Wesen, die vereinbart haben, einen Teil ihrer irdischen Existenz gemeinsam zu erleben. Meiner Erfahrung nach aber bleiben die Bande der Liebe, die in dieser Welt geschmiedet wurden, über alle Zeiten hinweg bestehen.

Wenn Sie glauben können, dass es ein ewiges Leben gibt, dass Sie Ihre Lieben wieder sehen werden und dass sie immer bei Ihnen sind, dann können Sie auch Ihr Versprechen dem Leben gegenüber erneuern. Der Tod ist nicht das Ende, sondern der Anfang.

In diesem Kapitel soll es nun darum gehen, wie Sie den Prozess des Trauerns bewusst unterstützen und dieses neue Leben einläuten können. Ich habe Meditationen und andere Übungen zusammengestellt, die Ihnen helfen werden, Ihre Gefühle auszudrücken sowie unsinnige Verhaltensweisen loszulassen, die Ihnen nicht gut tun. Auf diese Weise erweitern Sie Ihr Bewusstsein und gelangen schließlich zu der Erkenntnis, dass Sie Ihre Trauerzeit überleben werden.

Was Sie heilen kann

Immer, wenn ich einen unerwarteten Todesfall zu betrauern habe, ist es für mich wichtig, dass ich mich an einige Leitsätze erinnere, die die geistige Welt mich gelehrt hat. Dazu gehört zum Beispiel, dass ich für mein Leben selbst verantwortlich bin. Nur ich allein kann den nächsten Schritt tun: Werde ich auf die Situation nur reagieren? Oder bin ich in der Lage, so zu »agieren«, dass mein Leben einen neuen Sinn erhält? – Manchmal geht alles so schnell, dass wir kaum Zeit haben nachzudenken. In einem solchen Fall ist es sinnvoll, sich einige wichtige Punkte ins Gedächtnis zu rufen.

Wenn Sie über Kummer und Trauer hinausgelangen und den Kontakt zu Ihrem wahren Selbst wiederherstellen wollen, müssen Sie destruktive Einstellungen gegenüber dem Leben ins Positive verwandeln. Nur so werden Sie aus den Erfahrungen, die noch auf Sie erwarten, das Beste herausziehen. Ich hoffe, die positiven Leitsätze, die ich hier zusammengetragen habe, werden Ihnen ebenso helfen wie mir.

1. Liebe hat kein Ende.
2. Angst ist Täuschung. Allein die Liebe lebt.
3. Jeder Augenblick ist voller Segen.

4. Tränen lösen den Schmerz und öffnen mein Herz für eine glücklichere Zukunft.
5. Ich lasse meinen Kummer los, damit Angst, Bitterkeit und Schmerz in meinem Herzen sich auflösen und der Lebensfreude Platz machen können.
6. Jeder Gedanke erschafft meine Zukunft.
7. Jede meiner Tränen birgt einen Regenbogen.
8. Die Verluste von heute sind die Gewinne von morgen.
9. Ein kluger Mensch lernt immer dazu.
10. Ich bin bereit, mich neuen Möglichkeiten zu öffnen, wenn die Gelegenheit dazu an meine Tür klopft.
11. Ich schätze jeden Augenblick, den ich mit meinen Lieben verleben darf, und lasse sie wissen, wie es in meinem Herzen aussieht.
12. Ich entscheide mich dafür, inmitten der Verwirrung ruhig zu bleiben.
13. Die Erde ist ein Klassenzimmer, wir alle sind Schüler. Wir machen unsere Kurse und Prüfungen, wenn es für uns richtig ist.
14. Das Universum kann ich nicht kontrollieren, aber mich selbst.
15. Ich nehme teil am Tanz des Lebens.
16. Tränen, Gelächter und Seufzer sind etwas, das ich mit Freunden teilen sollte. Gegenseitiges Verständnis heilt.
17. Statt über mich und andere zu urteilen, pflege ich liebevolle Gedanken.
18. Ich gebe, ohne etwas zu erwarten.
19. Nichts geht verloren. Alles wird nur umgewandelt.
20. Ich weiß, dass die Liebe die heilende Kraft meines Lebens ist.

Einige Grundlagen

In den folgenden Meditationen und Übungen beziehe ich mich immer wieder auf bestimmte Grundlagen, die ich Ihnen vorher erläutern möchte, denn Ihre spirituelle Arbeit wird sehr viel erfolgreicher sein, wenn Sie ein paar Regeln befolgen.

DER RAUM

Wenn Sie die folgenden Übungen machen, sollten Sie völlig entspannt sein und sich wohl fühlen. Am besten ist es, sie setzen sich dazu auf ein Sofa oder in einen Sessel, wo sie aufrecht sitzen können, ohne steif zu werden. Ein Bett ist normalerweise zu verführerisch. Sie könnten einschlafen. Bei den Übungen sollten Sie aber aufmerksam und wach sein. Halten Sie ein Glas Wasser bereit, falls Sie Durst bekommen. Auch Papier und Bleistift sollten in Reichweite liegen. Möglicherweise wollen Sie etwas notieren. Wenn Sie sich dadurch unterstützt fühlen, sollten Sie ein wenig Weihrauch verbrennen. Blumen können ebenfalls helfen, weil sie Ihren Raum verschönern. Sie sollten vor Geräuschen von außen geschützt sein, soweit sich das eben bewerkstelligen lässt. Telefon, Fax, Radio und alles, was die Stille stören könnte, wird abgestellt. Schalten Sie äußere Reize möglichst aus. Außerdem sollte es in Ihrem Raum weder zu warm noch zu kalt sein. Und Sie sollten möglichst bequeme Kleidung tragen.

DIE ZEIT

Die Übungen erreichen ihre volle Wirkung nur dann, wenn Sie aktiv an der Heilung mitarbeiten. Nehmen Sie sich also ausreichend Zeit. Es ist gleichgültig, welche Tageszeit Sie auswählen – Morgen, Mittag oder Abend sind gleich gut geeignet. Am besten funktioniert es, wenn Sie allein sind und nicht gestört werden. Ihre Tür bleibt verschlossen, während Sie die

Übungen machen. Störungen von außen vermindern die Heilkraft der Meditation. Es ist also unabdingbar, dass Sie für ein paar Minuten Ruhe sorgen, um die positive Wirkung der Übungen in sich aufnehmen zu können.

DAS ZENTRIEREN

Bei den folgenden Übungen lassen Sie Ihre Aufmerksamkeit auf der Mitte der Stirn ruhen. Schließen Sie die Augen und atmen Sie langsam ein und aus ... Ihre Atemzüge werden allmählich tiefer und tiefer und sorgen für Entspannung im Körper. Sie werden geatmet, nicht umgekehrt. – Was spüren Sie in Ihrem Körper? Gehen Sie ihn Stück für Stück durch ... zuerst den Kopf, dann Nacken, Schultern und Arme. Achten Sie darauf, wie Ihre Brust sich hebt und senkt, während die Lungen sich mit Luft voll saugen und diese wieder loslassen. – Was geschieht in der Magengegend? Im Becken? Richten Sie die Aufmerksamkeit auf Rücken, Hüften, Beine, Füße ... Atmen Sie ein und stellen Sie sich vor, wie jedes Molekül der Atemluft Sie erfrischt, entspannt, erneuert und mit Leben füllt ... Körper und Geist sind eins. Entspannen Sie sich, seien Sie einfach da ... Nun richten Sie die Aufmerksamkeit auf das »dritte Auge«, einen Punkt zwischen den Augenbrauen, genau an der Nasenwurzel. Jetzt sind Sie völlig zentriert und können mit der Übung fortfahren.

LOSLASSEN

Während dieser Übungen lassen Sie einfach los: Gedanken, Gefühle, Glaubenssätze ... Wenn Sie alles sich selbst überlassen, übernimmt der göttliche Funke die Arbeit. Er nimmt Ihnen Ihre Last ab. Der Kampf um die Kontrolle ist nun vorbei. Sie werden feststellen, dass alles Leben sich in seinem ureigensten Rhythmus bewegt. Alles hat seine Zeit. Wenn Sie das verstanden haben, können Sie sich voll und ganz entspannen und das Leben genießen.

NEUE ENERGIE

Wenn Sie die oben stehenden Übungen gemacht haben, werden Sie feststellen, dass Ihr Bewusstsein sich verändert hat: Sie sehen das Leben wieder positiver und haben das Gefühl, mehr Kontrolle zu haben. Sie haben sich mit Energie aufgeladen. Halten Sie diesen Bewusstseinszustand möglichst den ganzen Tag über aufrecht, vor allem, wenn Sie mit Stress zu kämpfen haben oder Gefahr laufen, sich von neuem selbst zu quälen.

GANZ DA SEIN

Damit meine ich, dass Sie sich vollkommen lebendig fühlen. Sie sehen Ihre Ziele greifbar vor sich und setzen Sie um – gleichgültig, ob es sich dabei um materielle, emotionale, intellektuelle oder spirituelle Ziele handelt. Wenn Sie »ganz da sind«, leben Sie im Hier und Jetzt. Sie setzen die Meditation oder Visualisierung voll um.

Meditationen

MEDITATION ZUR SELBSTHEILUNG

Diese geführte Meditation schenkt Ihnen ein Gefühl des Wohlbefindens und der Ausgeglichenheit. Die Heilung berührt mehrere Ebenen zugleich, das heißt, wenn das Heilergebnis auch auf materieller Ebene nicht sichtbar sein mag, so kann es doch einen Daseinsbereich betreffen, der nur für unsere körperlichen Augen verborgen ist. Vergessen Sie nicht, dass es keineswegs genügt, die Worte vor sich hin zu sagen oder sie einfach nur zu denken. Sie müssen die Wahrheit des Gesagten bzw. Gedachten ganz und gar fühlen. Dieser Prozess ist sehr viel wirkungsvoller, wenn Gedanke und Gefühl zusammenarbeiten. Bereiten Sie Ihren Raum vor und machen Sie die oben stehende Übung zum Zentrieren, bevor Sie mit der Meditation beginnen.

Sie sitzen bereits bequem ... nun schließen Sie die Augen. Machen Sie sich Ihren Atem bewusst, Ihren Körper, Ihre Umgebung. Haben Sie es bequem? Schnattert Ihr Verstand munter vor sich hin? – Wenn ja, machen Sie sich einfach nur jeden Gedanken bewusst und lassen ihn dann vorüberziehen wie eine Wolke am Himmel. Urteilen Sie nicht über Ihr Denken ... Atmen Sie tief ein und aus, zentrieren Sie sich weiter. Gehen Sie im Geist jeden Teil Ihres Körpers durch und lassen Sie ihn sich in *nichts* auflösen. Sind Sie damit fertig, dann bleiben Sie einfach sitzen. Spüren Sie die Ruhe und den Frieden, der in Sie einkehrt.

Stellen Sie sich vor, wie Sie auf dem Ozean treiben. Es ist warm und angenehm. Mit einem Mal fühlen Sie ein strahlendes Licht auf Ihrem Körper. Die goldenen Strahlen erfüllen jede Zelle Ihres Leibes ... Spüren Sie das Licht. Stellen Sie sich vor, wie es Sie immer stärker anzieht. Es erhebt Sie in seine Höhe. Sie sind vollkommen von diesem wunderbaren Licht umgeben. Unbedingte Liebe hüllt Sie ein und heilt all Ihre Wunden. Sie berührt jede einzelne Körperzelle und bringt Sie in Einklang mit sich selbst. – Vielleicht brauchen Sie auch seelische Heilung. Fühlen Sie, wie das Licht Ihnen Ruhe und Frieden schenkt.

Lassen Sie das Licht nun in die Situation oder in das Lebewesen fließen, das Heilung braucht ... Stimmen Sie sich auf die Schritte ein, die für Vergebung und Auflösung nötig sind. Dieses gewaltige Licht schenkt Trost und Heilung, wo immer sie gebraucht werden ... Nun verschmelzen Sie mit diesem Licht. Das Gefühl des inneren Friedens wird stärker und stärker ... Genießen Sie einfach, wie Sie sich jetzt fühlen.

Sie verlassen das Licht nun wieder und betreten einen Garten, über dessen Pforte eine Tafel hängt. Auf dieser steht: »Mein Innerstes Selbst«. Im Garten sind zahllose Blumen und Bäume. Jede einzelne Pflanze symbolisiert einen Aspekt Ihres Selbst, wie es jetzt ist – hier spiegelt sich die aktuelle Situation wider. Streifen Sie langsam durch den Garten und achten Sie auf jede Einzelheit: Wie sieht der Garten aus? – Er ist ein Abbild

Ihres Innersten. Also zeigt er auch, wo Sie Heilung benötigen ... Steht dort vielleicht ein Baum ohne Früchte? Das könnte bedeuten, dass Sie im Moment »keine Frucht tragen«, das heißt, dass Sie Ihr Potential nicht ausleben. Entdecken Sie eine Blume, die verblüht ist, dann will Ihnen das möglicherweise sagen, dass Sie sich um sich selbst kümmern müssen.

Gibt es Unkräuter oder wilde Ranken, die alles andere überwuchern? – Diese können für Menschen, Situationen und Dinge in Ihrem Leben stehen, die Sie auslaugen und Ihnen die Kraft nehmen, Ihre ureigenste Schönheit zu entdecken ... Fehlen den Blumen Blütenblätter? – Fragen Sie sich: Welcher Teil meiner selbst ist nicht vollständig? Was kann ich tun, um wieder heil zu werden?

Seien Sie achtsam. Fehlt vielleicht etwas in Ihrem Garten? Gibt es dort große Löcher oder leere Flächen, auf denen nichts gedeihen will? ... Fragen Sie sich in der Meditation: Welche Blumen fehlen? Wofür stehen diese Blumen? Was kann ich tun, um meinen Garten zu pflegen? Was könnte ich ändern, damit er schöner wird?

Sagen die Antworten, die Sie erhalten, Ihnen etwas über Ihr Leben? Gibt es Lektionen, die Sie daraus lernen können? Wie können Sie zu vollem Glanz erwachen? – Denken Sie daran: Die Antworten liegen in Ihnen selbst. Sie müssen keinen anderen Menschen fragen ... Alles, was Sie brauchen, liegt in Ihnen bereits verborgen.

Nun dürfen Sie sich einen Klaps geben ... Danken Sie Ihrem Selbst, denn heute haben Sie den ersten Schritt getan, um einen wunderbaren Garten zu schaffen. Seien Sie in diesem Bewusstseinszustand. Bleiben Sie »ganz da«. Wenn Sie das Gefühl haben, am Ende zu sein, schreiben Sie alles nieder, was diese Meditation Ihnen an Einsichten gebracht hat.

MEDITATION ZUR SELBSTHEILUNG NACH EINEM SCHWEREN VERLUST

Folgende Meditation soll Ihnen helfen, Ihren Verlust zu akzeptieren, Einsicht zu erlangen und sich selbst besser kennen zu lernen – egal, ob Sie nun einen Verstorbenen zu betrauern haben, ein Haustier, einen Arbeitsplatz, eine Scheidung oder etwas anderes.

Stimmen Sie sich zuerst auf Ihren Raum ein und zentrieren Sie sich ... Sie sitzen bequem ... nun schließen Sie die Augen. Machen Sie sich Ihren Atem bewusst. Jeden Atemzug fühlen Sie immer intensiver ... Entspannen Sie sich. Sie haben jetzt nichts zu tun. Seien Sie einfach da ... Wenn Ihr Geist zu wandern beginnt, lassen Sie ihn ruhig. Versuchen Sie nicht, aufkommende Gedanken zu unterdrücken oder zu analysieren ... Atmen Sie weiter tief ein und aus. Gehen Sie Ihren Körper beim Zentrieren durch und lassen Sie jeden Körperteil ins Nichts verschmelzen ... Ruhe und Frieden breiten sich in Ihrem Inneren aus.

Nun sind Sie bereit für die Visualisierung: Sie sitzen am Ufer eines ruhigen Sees. Betrachten Sie ihn genau ... Erkennen Sie Einzelheiten? Ist das Wasser von dunklem Smaragdgrün? Oder strahlend blau wie ein Saphir? – Stecken Sie die Hand ins Wasser und fühlen Sie, wie warm es ist. Rund um den See recken hohe Tannen ihre Wipfel in den Himmel. Schwäne ziehen majestätisch an Ihnen vorüber ... Schaffen Sie aus diesen Elementen Ihr ganz persönliches Bild, mit Ihren persönlichen Details.

Sind Sie damit fertig, dann suchen Sie sich einen Punkt auf der Oberfläche des Sees. Konzentrieren Sie sich auf diesen Punkt ... Dort erscheint jetzt das, was Sie verloren haben – ein Mensch, ein Tier, eine für Ihre Verlusterfahrung charakteristische Situation ... Lassen Sie das Bild immer klarer hervortreten. Spüren Sie die Gegenwart des Verlorenen. Nehmen Sie es ganz in sich auf ... Und nun fragen Sie sich: Was hat dieser Verlust mich gelehrt? Wie hat er mein Leben verändert? – Nehmen Sie sich Zeit für die Antwort. Vielleicht möchten Sie aufschreiben, was Ihnen in den Sinn kommt. – Fragen Sie sich:

Welche Möglichkeiten eröffnet dieser Verlust mir jetzt und in der Zukunft? Lassen Sie jede Einzelne dieser Möglichkeiten in Ihrem Kopf entstehen, bis sie voll präsent ist ... Wie fühlen Sie sich dabei? Wie werden die einzelnen Schritte, die nun vor Ihrem geistigen Auge entstehen, Ihr Leben verändern? Vergessen Sie nicht: Sie setzen Ihren Lebensweg fort. Alles, was Sie jetzt mitnehmen müssen, ist die Gewissheit, dass auch dieser Verlust Ihnen ein neues Stück Weg eröffnen wird. Danken Sie dem Verlorenen für diese Gelegenheit. Danken Sie sich selbst, weil Sie Ihren Geist geöffnet und diese Information eingelassen haben. Lassen Sie los und spüren Sie, wie neue Energie Sie durchfließt.

Übungen

AUFZEICHNUNGEN

Mit dieser Methode können Sie Ihre Fortschritte auf dem Weg zu Kraft und Heilung nachzeichnen. Kaufen Sie sich einen Ordner und gestalten Sie ihn nach Ihren Wünschen. Dann nehmen Sie ein Blatt Papier, auf dem Sie Datum, Uhrzeit und die Art der gemachten Übung festhalten. Notieren Sie zuerst, wie Sie sich vor der Übung fühlen. Wenn Sie es am Anfang »komisch« finden, eine solche Übung zu machen, ist das eine absolut normale Reaktion. Für die meisten Menschen ist das Neuland. Aber vergessen Sie nicht: Diese Schritte sind für die Heilung wichtig. Nach jeder Übung halten Sie Ihre Gefühle fest und schreiben außerdem auf, was Sie mit dieser Übung in Zukunft erreichen möchten. Wenn Sie das tun und keine Übung auslassen, werden Sie sich bald über Ihre Fortschritte freuen.

ZURÜCK ZU MIR SELBST

Diese Übung will uns helfen, einen Teil unserer selbst wiederzufinden, den wir verloren oder gar nicht erst ausgelebt haben. Wir sind meist so sehr mit unserem Alltag beschäftigt, dass wir uns nur selten die Zeit nehmen, eine liebevolle Beziehung zu uns selbst aufzubauen. Statt unser Leben in die Hand zu nehmen, beschränken wir uns darauf, auf die Wechselfälle des Schicksals zu reagieren. Hier lernen wir, uns unserer selbst von neuem bewusst zu werden.

Sie brauchen etwas mehr Zeit. Sie sollten sich nicht drängen. Genießen Sie einfach, was geschieht. Sie können die Übung erst einmal machen und Sie dann von Zeit zu Zeit wiederholen. Oder Sie legen Sie gleich auf mehrere Sitzungen aus. Das hängt ganz davon ab, welche Fortschritte Sie machen wollen. Wichtig ist auch, dass Sie nicht versuchen, die Informationen, die Sie auf diese Weise erhalten, zu beurteilen oder zu analysieren.

Nachdem Sie Ihren Zeitrahmen festgelegt haben, gestalten Sie Ihren Raum so, wie Sie ihn haben wollen. Sind Sie damit zufrieden, dann können Sie mit dem Zentrieren beginnen. Halten Sie während der Übung die Augen geschlossen, es sei denn, Sie wollen Notizen machen.

Gehen Sie nun zurück in die Zeit, als Sie etwa sieben Jahre alt waren. Sie reisen jetzt in eine Situation in Ihrer Kindheit, die Sie wirklich glücklich gemacht hat: Was mochten Sie damals an sich? – Vielleicht Ihren Sinn für Humor oder Ihre Abenteuerlust? Möglicherweise gab es Menschen in Ihrem Leben, die Sie wirklich glücklich gemacht haben. Oder Sie hatten ein Hobby, das Sie über alles liebten. Versuchen Sie, möglichst viele Einzelheiten ans Licht zu holen ... Nun begleiten Sie sich im Geiste beim Heranwachsen und sehen zu, was Sie dabei über sich erfahren können: Welche schönen, lustigen Charakterzüge hatten Sie damals? Was schätzen Sie an sich im jeweiligen Alter? Was haben Sie gemacht, wenn Sie freihatten? Mit wem waren Sie am liebsten zusammen? Was war das Besondere an Ihnen? Welchen Teil Ihres Lebens lieben Sie am meisten? Welche Träume hatten Sie für Ihre Zukunft?

Lassen Sie den Film langsam vorwärts laufen ... bis Sie in der Gegenwart ankommen ... Landen Sie allmählich wieder in Ihrem Raum. Öffnen Sie die Augen und stellen Sie fest: Welche der positiven Eigenschaften sind in Ihrem jetzigen Leben noch gegenwärtig? Sind Sie noch derselbe Mensch wie damals? Oder haben Sie sich verändert? Was hat sich verändert?

Nehmen Sie die Liste ihrer positiven Eigenschaften als roten Faden, wenn Sie neu ordnen, was Ihnen wichtig ist: Welchem Charakterzug möchten Sie in Ihrem augenblicklichen Leben mehr Raum geben? Welchen wollen Sie stattdessen weglassen? Was brauchen Sie, um zu lachen und glücklich zu sein? – Schreiben Sie alles auf und lernen Sie daraus. Dann nehmen Sie eine der Eigenschaften, die Sie gern in Ihrem Leben verwirklichen wollen und denken sich zwei Möglichkeiten aus, sie umzusetzen. Spüren Sie die neue Energie, die Ihnen aus diesem Prozess erwächst. Sie sind dabei, die Schätze Ihres Lebens zu heben. Ein neues Selbst wird geboren.

MEINE HERKUNFT

Wenn man einen Verlust erleidet und das eigene Leben sich dadurch massiv verändert, kann es geschehen, dass *alle* früheren Verluste sich wieder bemerkbar machen. Wenn Sie Ihre Kraft zurückgewinnen, Ihr Leben und Schicksal selbst gestalten wollen, müssen Sie dorthin zurückgehen, wo Dinge unerledigt geblieben sind. Sind wir mit unserer Vergangenheit nicht im Reinen, dann werden die »alten« Gefühle auch unsere Gegenwart und unsere Zukunft beeinträchtigen. Ein Beispiel soll Ihnen zeigen, was ich damit meine: Hin und wieder hat man Gäste. Dann bringt man vorab meist das Haus in Ordnung. Man geht durch alle Räume, hebt Kleidungsstücke auf und Zeitschriften oder Spielsachen und räumt alles an seinen angestammten Platz. Man bringt den Abfall hinaus und wäscht das Geschirr. Man macht alles sauber, damit das Haus in einem einladenden Zustand ist, wenn die Gäste kommen. Auf dieselbe Weise sollten wir unser inneres Haus sauber halten. Wenn Sie die Reste von Wut, Angst, Schmerz und Schuld aus der Vergangenheit klären, schaffen Sie damit Raum für etwas Neues. Diese Übung hilft Ihnen dabei loszulassen, damit Sie im Leben weiterkommen und Ihre Ziele erreichen. Nehmen Sie sich auch hier genügend Zeit. Halten Sie Papier und Bleistift bereit, um aufzuschreiben, was Ihnen während der Übung einfällt ... Zentrieren Sie sich wie bei der vorigen Übung. Dann gehen Sie in den ersten Moment in Ihrer Kindheit zurück, wo Sie einen Verlust erlitten haben: Vielleicht hat Ihnen jemand ein Spielzeug weggenommen? – Versetzen Sie sich ganz in die Lage des Kindes von damals. Was empfinden Sie? Sind Sie wütend? Erschrocken? Verwirrt? Lassen Sie Ihre Gefühle aufsteigen und nehmen Sie sie bewusst wahr. Welche Schlüsse haben Sie aus dieser Erfahrung gezogen? Haben Sie versucht, sich mit Wut oder Trotz zu behelfen? Oder haben Sie sich zurückgezogen und sind ganz still geworden? Haben Sie geweint? Oder sind Sie weggelaufen und haben sich versteckt? Ist Ihnen dieses Reaktionsmuster auch heute noch geläufig? – Schreiben Sie auf, was Sie fühlten, oder sprechen Sie es laut und deutlich aus. Wenn ein Elternteil Sie verletzt hat, dann sagen Sie ihm das jetzt und sofort ins Gesicht. Drücken Sie Ihre Gefühle aus, ohne sich dafür zu verurteilen. Lassen Sie sein, was ist!

Nun lassen Sie den Film vorwärts laufen bis zu ihrem nächsten Verlusterlebnis ... Sie werden feststellen, dass die Verluste mit zunehmendem Alter immer komplexer werden. Vielleicht mussten Sie ja die Schule wechseln oder Ihre Eltern ließen sich scheiden. Was immer es auch ist, tauchen Sie ein in die Erfahrung. Lassen Sie Ihre Gefühle zu, machen Sie sie sich deutlich, um sie danach loszulassen. Arbeiten Sie sich so langsam nach vorn bis in die Gegenwart ... Welcher Verlust bewegt Sie im Augenblick? Reagieren Sie darauf wie früher, als Sie noch ein Kind waren? Vielleicht haben Sie auch mit mehreren Verlusten gleichzeitig zu kämpfen. – Schreiben Sie nieder, was Ihnen genommen wurde und wie Sie sich deshalb fühlen.

Vermutlich müssen Sie diese Übung mehrmals machen, wenn Sie wirklich alles ausräumen wollen, was Sie einst belastete. Kürzen Sie den Trauerprozess nicht ab. Ihre Gefühle sind es wert, beachtet zu werden. Lassen Sie los, um dann neue Energie zu schöpfen.

BRIEFE SCHREIBEN

Bereiten Sie Ihren Raum vor. Nehmen Sie Papier, Bleistift und einen Briefumschlag. Zentrieren Sie sich und bereiten Sie sich auf Ihre energetische Arbeit vor. Wenn Sie so weit sind, schreiben Sie an die Person, die Sie verloren haben, einen Brief. Oder an die Situation, die für Ihren Verlust steht. Beschreiben Sie ganz genau, wie Sie sich fühlen. Und seien Sie exakt in dem, was Sie den Menschen, den Sie verloren haben, wissen lassen wollen. Schreiben Sie nieder, wie dieser Verlust Ihr Leben verändert hat. Schreiben Sie alles nieder, auch Ärger und Vorwürfe, die Sie beschäftigen.

Wenn Sie damit fertig sind, lesen Sie Ihren Brief noch einmal durch, um sicher zu stellen, dass auch alles darin steht, was Ihnen nahe geht. Dann stecken Sie ihn in den Umschlag, kleben diesen zu und schreiben darauf, an wen oder was er gerichtet ist, also den Namen des Menschen, um den es geht; den Namen des Tieres oder die entsprechende Situation. – Lassen Sie einige Tage verstreichen und wiederholen Sie die Übung: Dieses Mal schreiben Sie den Antwortbrief. Verwenden Sie dieselbe Methode, stecken Sie den Brief wieder in einen Umschlag und legen Sie ihn auf den ersten Brief. – Zwei Tage später nehmen Sie beide Briefe noch einmal zur Hand und lesen sie in der Reihenfolge, in der sie geschrieben worden sind. Spüren Sie Ihren Gefühlen nach: Wie stehen Sie jetzt zu Ihrem Verlust? – Machen Sie sich klar, was sich verändert hat. Lassen Sie los und tanken Sie neue Energie.

ERSCHAFFEN SIE IHRE ZUKUNFT JETZT

Bereiten Sie Ihren Raum vor und zentrieren Sie sich. Sie werden nun einen Spielplan für Ihr neues Leben erstellen und sich neue Abläufe ausdenken. Machen Sie eine Liste, auf der Sie festhalten, wo Sie sich in den nächsten fünf Jahren sehen: Welche Veränderungen sollten sich bis dahin vollzogen haben? Welche Beziehungen hätten Sie gern? Was sollte anders sein als heute? Versetzen Sie sich in die künftige Situation und spüren

Sie sie, als wäre sie bereits eingetreten. Heften Sie diese Liste in Ihrem Ordner ab.

Nun machen Sie eine zweite Liste, auf der Sie festhalten, was Sie alles tun würden, wenn eine lebensbedrohliche Krankheit Ihre Zeit auf der Erde begrenzte. Anders gesagt: Leben Sie, als wäre morgen Ihr letzter Tag auf Erden. Was würde sich verändern? Was würden Sie noch tun wollen? Wie sähe Ihr Leben aus? – Vergleichen Sie beide Listen. Was ist gleich, was ist verschieden? Mit diesen Listen in der Hand wissen Sie recht genau, was Sie sich wirklich wünschen und was Sie brauchen. Lassen Sie los und schöpfen Sie daraus neue Kraft.

Einfache Tipps zur inneren Heilung

– Errichten Sie Ihrem lieben Verstorbenen einen Altar. Dort finden Bilder, Gedichte und Erinnerungsstücke ihren Platz.
– Fangen Sie etwas Neues an. Machen Sie etwas, das Sie immer schon tun wollten. Einen Kochkurs vielleicht oder einen speziellen Kurs fürs Gärtnern. Füllen Sie Ihre Zeit mit Beschäftigungen, die Ihnen wirklich Spaß machen.
– Erstellen Sie eine Liste von zehn Dingen, die Ihnen das Leben erschweren, und bemühen Sie sich im Folgenden, diese langsam loszulassen. Nehmen Sie sich Zeit. Auch Rom ist nicht an einem Tag erbaut worden. Ersetzen Sie die belastenden Gewohnheiten durch solche, die Ihnen gut tun.
– Pflanzen Sie einen Baum, einen Busch oder eine besondere Blume für den Menschen, den Sie verloren haben.
– Halten Sie die Erinnerung an den Verstorbenen aufrecht, indem Sie etwas tun, das er oder sie begonnen hat, aber nicht mehr vollenden konnte.
– Stellen Sie sich ein Gesundheitsprogramm zusammen, das Ihren Körper fit hält. Setzen Sie sich Ziele, die Sie anstreben können. Wie wäre es mit einem Yogakurs oder einer Gymnastik-Gruppe?
– Machen Sie sich eine Liste von zehn Dingen, die Sie zum

Lachen bringen. Der Mensch, den Sie verloren haben, möchte Sie doch gern glücklich sehen.
– Halten Sie Ihre Gefühle und Empfindungen jeden Tag in einem Tagebuch fest.
– Versuchen Sie einmal, einen ganzen Tag lang nichts Schlechtes über sich zu denken. Wie fühlt sich das an?
– Sagen Sie einem Fremden heute etwas Nettes.
– Werden Sie aktiv. So viele Gruppen und Organisationen brauchen freiwillige Helfer: Na los!
– Umarmen Sie heute jemanden.
– Lächeln Sie so viele Menschen an, wie Sie nur können.
– Richten Sie Ihr Haus neu ein. Stellen Sie die Möbel um. Werfen Sie Sachen hinaus, die Sie nicht mehr gebrauchen können, und schaffen Sie Platz für Neues.
– Werden Sie kreativ! Sie können einen Raum Ihrer Wohnung neu gestalten oder eine Geschichte schreiben.
– Trauer sollte uns heilig sein. Sie ist größer als wir. Sie werden dann weinen, wenn Sie am wenigsten damit rechnen. Das ist schon richtig so.
– Vergessen Sie nie, dass jeder Mensch anders mit seiner Trauer umgeht. Jeder von uns ist ein einzigartiges Geschöpf Gottes.
– Verzeihen Sie sich selbst, wenn Sie wütend werden. Wichtig ist, dass Sie Ihre Gefühle nicht abschneiden. Wenn jemand anders Ihren Kummer nicht verstehen kann, ist das auch in Ordnung.
– Sie sind nicht allein. Nehmen Sie Kontakt zu Menschen auf, die ebenfalls trauern oder diesen Zustand aus Erfahrung kennen.
– Schreiben Sie auf, was Sie durch Ihren Verlust lernen. Haben Sie das Leben anderer Menschen irgendwie beeinflusst?
– Machen Sie sich klar, dass Sie noch in Verbindung zu Ihren verstorbenen Lieben stehen. Eine besonders schöne Art ist hier, Geburtstage und Jahrestage nach wie vor zu feiern.
– Zünden Sie eine Kerze für den Menschen an, den Sie verloren haben. Und eine für sich selbst.
– Machen Sie sich bewusst, dass Sie allein die Verantwortung für Ihr Leben tragen.

- Versuchen Sie mehr zu schlafen. Träume übermitteln manchmal interessante Botschaften.
- Lassen Sie sich massieren.
- Trinken Sie ein Glas guten Wein.
- Lesen Sie jetzt die Bücher, die Sie immer schon mal lesen wollten.
- Leihen Sie sich ein paar Videos aus, kaufen Sie sich Cracker und machen Sie sich einen schönen Abend zu Hause auf dem Sofa.

10

Die geistige Welt

In den letzten Jahren erreichten mich Tausende Briefe von Menschen, die wissen wollen, wie sie mit ihren verstorbenen Lieben Kontakt aufnehmen und den Trauerprozess überstehen sollen bzw. ob der Schmerz überhaupt jemals vorbeigeht. Daher möchte ich in diesem Kapitel auf Fragen eingehen, die mir am häufigsten gestellt werden. Vielleicht finden auch Sie sich in der einen oder anderen wieder. Geantwortet haben meine Freunde auf der »anderen« Seite. Ich wünsche mir, dass sie Ihnen helfen mögen, sich der höheren Bedeutung von Verlust und Trauer bewusst zu werden und so ins Leben zurückzukehren.

Antworten auf Ihre Fragen

Wer empfängt uns, wenn wir unseren Körper verlassen und in die Geistwelt eingehen?
Das ist bei jeder Seele anders. Normalerweise sind es unsere Eltern, Großeltern, Kinder, andere Angehörige oder Freunde. Jede Seele, mit der Sie in Ihrer irdischen Existenz durch ein Band der Liebe und Freundschaft verknüpft waren, wird sich bei Ihnen melden. Auch unsere Geistführer kommen und helfen uns beim Übergang. Vielleicht werden außerdem andere Geistwesen spürbar, die man aus früheren Leben kennt.

Warum erscheinen Tote in unseren Träumen? Sind es dann wirklich die Verstorbenen oder bilden wir uns das nur ein?
Träume von Verstorbenen sind eine der am häufigsten vorkommenden Kommunikationsformen zwischen Menschen und der Geistwelt. Wenn wir schlafen, fallen unsere verstandesmäßigen Schranken. Zweifel und Kritik treten in diesem Zustand gar nicht erst auf. So kann die Botschaft am Verstand vorbeigeschmuggelt werden. Die Tür zu anderen Bewusstseinsebenen steht offen. Während des Schlafs reist unser geistiger Körper in die Astralwelt. Dort kommuniziert er mit seiner geistigen Familie. Unser Gehirn interpretiert diese Wahrnehmung dann als Traum.

Kommunizieren Geistwesen auch auf anderen »Kanälen«?
Ja. Häufig spielen sie mit Strom. Sie lassen das Licht in der Glühbirne aus- und angehen. Das Telefon läutet plötzlich, Radios und Fernseher schalten sich ein und wieder aus. Manchmal riecht man auch plötzlich das Parfüm oder Rasierwasser der verstorbenen Person. Das bedeutet, dass diese Seele nun bei uns ist.

Wie lange braucht die Seele, um zu merken, dass ihr früherer Körper nun tot ist?
Dabei spielen mehrere Faktoren eine Rolle. Zunächst hängt es ganz davon ab, wie der Übergang zustande kam. Hat ein Mensch eine lange Krankheit hinter sich, die ihn entsprechend geschwächt hat, dann braucht die Seele nach dem Übergang einige Zeit, um Energie zu tanken. Stirbt jemand hingegen plötzlich, so kommt er sozusagen schneller »drüben« an. Des Weiteren hängt es davon ab, ob der Verstorbene an ein Leben nach dem Tod geglaubt hat. Ein Mensch, der das nicht tut, hat mehr Probleme, sich in der anderen Welt zurechtzufinden. Früher oder später aber erkennt die Seele ihr früheres Heim wieder und versteht, was passiert ist. In der geistigen Dimension gibt es ja keine Zeit. Was für uns ein Tag ist, kann dort drüben ein Augenblick sein.

***Vermissen die Seelen der Verstorbenen uns ebenso sehr wie
wir sie?***
Natürlich. Die Liebe stirbt ja nicht mit dem Körper. Anders
als wir aber kehren die Geistwesen in ihre Heimat zurück,
sodass sie das irdische Leben mit anderen Augen betrachten.
Ihr Bewusstsein ändert sich, weil sie den Tod nicht mehr fürchten. Manchmal versuchen unsere Lieben verzweifelt, uns mitzuteilen, dass wir doch um ihretwillen bitte nicht trauern sollen. Sie möchten uns wissen lassen, dass sie noch da sind und
es ihnen gut geht.

***Ist es möglich, mit einem Kind Kontakt aufzunehmen, das
tot zur Welt kam?***
Das ist unterschiedlich. Wenn es bereits einen anderen Weg
gewählt hat, um geboren zu werden, ist es unter Umständen
nicht kommunikationsfähig. Andererseits habe ich schon häufig mit den Seelen von tot geborenen oder abgetriebenen Kindern Kontakt aufgenommen. Gewöhnlich geschieht das durch
einen Verwandten oder eine jener Seelen, die sich um Kinder
kümmern.

***Seit meine Frau gestorben ist, kann ich mich auf nichts
mehr konzentrieren. Wird sich das ändern?***
Ja. Sie stehen immer noch unter Schock. Diese Phase des Trauerprozesses kann eine Weile dauern. Versuchen Sie, nicht so
viel zu arbeiten. Gehen Sie das Leben etwas lockerer an und
lassen Sie sich Zeit, um über Ihren Verlust hinwegzukommen.
Ihre Gefühle sind das Vermächtnis einer Liebe, die Sie mit Ihrer
Frau geteilt haben. Mit der Zeit werden Sie sich an Ihr neues
Leben gewöhnen. Dann können Sie weiterleben. Das wird
Ihnen allerdings sehr viel leichter fallen, wenn Sie erkennen,
dass Ihre Frau immer noch bei Ihnen ist und über Sie wacht,
wenn auch in anderer Form als früher.

Warum starb unser Sohn so jung?
Zunächst einmal kennen Seelen kein Alter. Die irdische Existenz ist unsere Lehrzeit, die uns die Möglichkeit bietet, innerlich zu wachsen. Manchmal geht eine Seele »früh« von uns,

»vorzeitig« oder »unter tragischen Umständen«. Doch diese Begriffe entstammen unserem irdischen Wortschatz. In dieser Situation hat die Seele ebenfalls eine bestimmte Lektion zu lernen wie die Familie. Was hat sein Tod Sie gelehrt? Welche Möglichkeiten haben Sie dadurch erhalten? Vielleicht hat die Seele in dieser Existenz karmische Verbindlichkeiten abgetragen, die noch aus einem früheren Leben stammen. Alles, was wir während unserer Existenz hier erleben, dient dem Wachstum unserer Seele.

Wenn unsere Lieben gestorben sind und sich in einer neuen irdischen Existenz reinkarniert haben, wieso kann man dann in der anderen Welt Kontakt zu ihnen aufnehmen?
Als Geistwesen sind wir nicht auf unseren materiellen Körper beschränkt, der nur in einem bestimmten Zeitrahmen existiert. Dieser Körper ist nur einer von den vielen Körpern, die wir besitzen. Die Seele aber existiert auf verschiedenen Ebenen, da sie mehrdimensionales Bewusstsein ist. Ein großer Teil Ihrer selbst lebt also auf einer anderen Ebene. Ein »Teil« der irdischen Persönlichkeit ist hiermit immer in der Geistwelt vorhanden. Also können Sie mit Verstorbenen Kontakt aufnehmen. Da Sie zu einer »Seelengruppe« gehören, können Sie mit diesem »Teil« der Geistwelt kommunizieren.

Wann beschließt eine Seele, sich neu zu inkarnieren?
Die Seele wählt einen Augenblick, der ihr die besten Wachstumsmöglichkeiten bietet. Sie wählt also ein Leben aus, in dem sie auf Situationen stoßen wird, die ihr bestimmte, dringend benötigte Gelegenheiten zur inneren Entwicklung bieten. Die Seele entscheidet ganz allein, ob sie zurückkehrt.

Gibt es das Böse? Was geschieht mit wirklich bösen Menschen wie Hitler zum Beispiel?
Wir alle sind Teil des göttlichen Bewusstseins. Daher können wir es auch so nutzen, wie wir entscheiden. Gut und Böse entstehen dort, wo wir diese Wahl treffen. Unser Bewusstsein kann daher auch mit Begriffen wie »Licht« und »Dunkelheit« beschrieben werden. Während ihrer Entwicklung muss eine

Seele verschiedene Aspekte ihrer menschlichen Natur durchlaufen, um alle Wahlmöglichkeiten erfahren zu können, die ihr offen stehen. Sie wird also alle Situationen erproben müssen, in denen sie zum Wachstum aufgerufen ist. Auf der spirituellen Ebene gibt es aber keine derartigen Urteile, dort existiert nur reines Bewusstsein dieser Situation. Am Ende wird die Seele selbst jeden Gedanken, jedes Wort, jede Tat einschätzen. Leider aber stecken viele Seelen auf einer niedrigeren Ebene des Bewusstseins fest, die sich in einer niedrigen Gesinnung und Bosheit äußert. Wenn eine Seele Terror und Massenvernichtung verursacht hat wie Hitler, wird sie sich unweigerlich von jenem Bereich der anderen Welt angezogen fühlen, in dem ähnliche Seelen mit dieser Art von »dunklem« Bewusstsein ihre Heimat haben.

Wenn die Geistwesen mit uns Kontakt aufnehmen, wieso erzählen sie dann nicht ein paar interessantere Dinge statt der Banalitäten, die wir immer und immer wieder hören?
Nun, die Geistwesen teilen uns nur die Dinge mit, die wir auch verstehen. Wenn sie uns die geistige Welt in der Form darstellen würden, wie sie selbst sie erfahren, dann hätten wir keine Möglichkeit, sie zu verstehen. Das wäre so, als würden sie eine fremde Sprache sprechen. Außerdem greifen die Geistwesen auf den Teil des Bewusstseins zurück, den Sie beide kennen. In der Geistwelt gibt es keinen linearen Zeitablauf. In dieser mentalen Welt geht alles viel schneller als hier und es ist viel komplexer. Sie versuchen also, uns »einfache« Gedanken zuzuspielen. Einem Außenstehenden mögen diese Botschaften banal erscheinen, für die Betroffenen aber sind sie der Beweis, dass sie tatsächlich mit dem verstorbenen Menschen in Kontakt stehen.

Kann ein Medium zu jedem Wesen Kontakt aufnehmen, wenn es darum gebeten wird?
Nein. Ein Medium, das so etwas behauptet, hat Unrecht. Wie bei den Menschen sind auch die Geistwesen unterschiedlich kommunikativ. Es gibt durchaus welche, die nicht in der Lage sind, die erforderliche Schwingung zu erreichen, um Gedan-

ken zu senden. Andere mögen einfach nichts mit dieser dichten, schmerzbehafteten Welt zu tun haben, weil diese sie an ihr Todeserlebnis erinnert. Manche wollen diese Erinnerung nicht wieder aufleben lassen, vor allem, wenn sie einen traumatischen Tod starben. Wie würden Sie selbst denn reagieren? Würden Sie ein unangenehmes Erlebnis immer und immer wieder erfahren wollen?

Kommen Selbstmörder in die Hölle?

Nein. Es gibt keine Hölle in dem Sinn, dass dies der Ort wäre, an dem die Verdammten für immer und ewig im Feuer schmoren müssten. Die geistigen Dimensionen sind keine Orte im buchstäblichen Sinn, sondern Bewusstseinszustände. Wenn eine Seele nicht in der Lage ist, ihre Lektion zu lernen, und deshalb Selbstmord begeht, kehrt sie einfach nach Hause zurück. Es mag sein, dass sie dann eine Zeit lang über ihre Ziele reflektieren muss. Die Seele eines Selbstmörders wird also keineswegs verdammt oder bestraft.

Ist es möglich, auch ohne Medium Kontakt zu einem lieben Verstorbenen aufzunehmen?

Ja. Meditieren Sie täglich, um Ihre Sensibilität für die geistige Welt zu stärken. Allerdings brauchen Sie viel Geduld, wenn Sie lernen wollen, die feinen Zeichen und Gefühle der geistigen Reiche zu empfangen. Selbst im Traum können Sie Kontakt zur »anderen« Welt aufnehmen. Es gibt jedoch auch Menschen, welche die nötige Klarheit und Sensitivität nicht aufbringen, die ein Medium auszeichnen und mit Hilfe derer es die »höheren Frequenzen« der Geistwelt vernimmt.

Kann jeder Mensch ein Medium werden?

Nein. Jeder Mensch hat gewisse übersinnliche bzw. intuitive Fähigkeiten, die er auch verfeinern und entwickeln kann. Doch gewöhnlich gibt es da Abstufungen, und ein Medium ist wohl etwas sensibler für solche Botschaften als andere Menschen. Das ist wie beim Klavierspielen. Jeder Mensch kann Klavier spielen lernen, doch zum Konzertpianisten bringen es nur wenige.

Welche Auswirkungen hat Skepsis auf ein Reading?
Gedanken sind Energie. Energie ist etwas sehr Reales und schafft bestimmte Konfigurationen auf der atomaren Ebene der Wirklichkeit. Zweifel ist eine negative Energie, die eher zerstört als aufzubauen. Skeptische oder negative Gedanken schaffen Barrieren, welche die geistigen Energien fast nicht mehr durchdringen können. Ist das der Fall, so kann auch ein ausgesprochen kraftvolles Medium nichts mehr tun. Die Gedankenmuster eines Menschen, der das Reading zwar macht, ihm aber skeptisch gegenübersteht, können die Energie zu sehr verdichten. Für die Geistwesen ist es sehr viel einfacher, über eine höhere Schwingung wie zum Beispiel Liebe zu kommunizieren, da diese die allgemeinen atmosphärischen Bedingungen eher begünstigt.

Meine Mutter hat in ihrem Leben kein Wort Englisch gesprochen. Kann ein englisches Medium trotzdem mit ihr Kontakt aufnehmen?
Ja, denn die Botschaften aus der Geistwelt sind nicht an eine bestimmte Sprache gebunden. Sie erfolgen in Form von Gedanken, und diese Sprache ist allgemein verständlich.

Weiß meine tote Mutter, was ich denke?
Ja. Gerade die Welt der Gedanken steht den Geistern jederzeit offen, da sie selbst in einer geistigen Welt leben. Die Geister verstehen Ihre Gedanken und spüren Ihre Gebete.

Wo ist denn der Himmel bzw. die geistige Welt?
Sie sollten wissen, dass Ihr Körper und die physische Realität, die ihn umgibt, keineswegs so materiell ist, wie unsere fünf Sinne uns glauben machen. Die physische Welt hat ein sehr niedriges Schwingungsniveau, daher erscheint uns die Energie als fester Körper. Doch allein Radio und Fernsehen senden täglich Wellen aus, welche diese festen Körper einfach durchdringen. Die Frequenz der Energie lässt sie unsichtbar erscheinen. Unsere Körper bewegen sich also durch eine feste Welt in Zeit und Raum. Unsere Seelen aber existieren auf einer anderen Schwingungsebene, die unsere Körper durchdringt. Geist

und Seele leben also in einer geistigen Sphäre, die sie nie verlassen. Wenn wir sterben, werden wir uns einfach nur dieser anderen Dimension der Existenz, der »Geistwelt«, bewusst. Wenn wir sagen, dass der Himmel mit uns ist, heißt das, dass die Geistwelt bereits in und um uns existiert. Sie ist kein »Ort«, den wir erst aufsuchen müssen.

Was erzähle ich meinem Kind über den Tod?

Kinder lernen viel leichter, mit dem Tod zu leben, als Erwachsene. Und sie verstehen weit mehr, als wir glauben. Am wichtigsten ist daher, dem Kind zu vermitteln, dass es schon in Ordnung ist, wenn man um den geliebten Menschen trauert bzw. weint. Sie sollten das Kind durch die verschiedenen Stadien des Trauerprozesses geleiten. Lassen Sie es ruhig wissen, was auf es zukommen kann. Lügen Sie es nicht an. Machen Sie ihm keine falschen Hoffnungen. Mit Liebe und Zuspruch kann man Kindern viel erklären. Erzählen Sie ihm, das Leben sei wie eine Schule, in der wir alle unsere Lektionen zu lernen hätten. Manchmal gehöre es auch dazu, dass man einen geliebten Menschen verliert. Und schließlich sollten Sie dem Kind versichern, dass es ihm irgendwann wieder besser gehen wird und dass der geliebte Mensch auf einer anderen Ebene immer noch bei ihm ist.

Ich habe meinen Mann verloren und mit ihm meinen Lebenswillen. Was soll ich tun?

Ich verstehe, dass Sie in einer schwierigen Phase des Trauerprozesses stecken. Wahrscheinlich fühlen Sie sich manchmal vollkommen am Boden zerstört. Jetzt wäre es wichtig, dass Sie jemanden finden, mit dem Sie sprechen können. Wenn Sie dann etwas ruhiger geworden sind, sollten Sie Ihre momentane Situation einzuschätzen versuchen. Fragen Sie sich, was Ihr Mann sich jetzt von Ihnen wünschen würde: Hätte er gewollt, dass Sie alles aufgeben? Oder hätte er Sie nicht vielmehr ermutigt, ein neues Leben zu beginnen? Ihr Leben hat sich enorm verändert. Sie werden diese Situation niemals vergessen, doch sie wird auch nicht ewig andauern. Sie werden weitermachen und neue Erfahrungen gewinnen. Nehmen Sie sich Zeit, um sich besser kennen zu lernen. Was Sie dabei herausfinden, wird Ihnen helfen.

Mein Sohn starb bei einem Flugzeugunglück. Litt er Schmerzen? Woher weiß ich, dass es ihm gut geht?
Ich habe mit vielen Menschen gearbeitet, deren Angehörige unter tragischen Umständen ums Leben kamen. Dabei berichtete die Seele stets, sie habe das Bewusstsein verloren und könne sich an den Absturz oder Aufprall nicht erinnern. Ich glaube, dass Gott sich das ausgedacht hat, um uns zu helfen. Ein Teil unseres Bewusstseins kapselt sich in einem solchen Fall ab, damit der Mensch keinen Schmerz empfindet.

Seit sein Vater starb, mache ich mit meinem halbwüchsigen Sohn eine ziemlich schwierige Zeit durch. Er will gar nicht darüber sprechen. Was kann ich für ihn tun?
Ermutigen Sie ihn, mit seinen Freunden zu sprechen. Versichern Sie ihm, dass Sie ihn nicht verlassen werden und dass Sie für ihn da sind, wenn er bereit ist, mit Ihnen zu reden. Wenn er das weiß, wird er sich gleich sehr viel weniger einsam fühlen. Fragen Sie ihn auch, ob er mit jemandem außerhalb der Familie sprechen möchte, einem Therapeuten zum Beispiel. Wenn er nicht darüber reden kann, gibt es auch noch andere Möglichkeiten: Musik, Malen, Sport, ein Hobby. Gestehen Sie ihm zum Trauern die Zeit zu, die er braucht. Denken Sie daran, dass jeder Mensch Trauer auf seine Weise verarbeitet.

Ich hatte nicht mehr die Gelegenheit, meinem Vater zu sagen, wie sehr ich ihn liebe, bevor er starb. Jetzt habe ich Schuldgefühle. Wie kann ich ihn wissen lassen, was ich empfinde?
Sie können mit ihm sprechen. Sagen Sie ihm laut oder in Gedanken, wie es Ihnen geht. Die Geistwesen können unsere Gedanken hören. Sie können Ihrem Vater auch einen Brief schreiben, in dem Sie Ihre Gefühle ausdrücken. Am wichtigsten aber ist, dass Sie aufhören, sich Vorwürfe zu machen. Gehen Sie in dieser schwierigen Zeit liebevoll und achtsam mit sich um.

Wie lange trauert man gewöhnlich?
Jeder Mensch trauert anders, je nach seiner emotionalen Bindung an den Verstorbenen und seinem eigenen Gefühlsleben. Wenn der Ehepartner stirbt, trauert man anders, als wenn man sein Haus verliert. Erwarten Sie jedoch nicht, dass es über Nacht vorbei ist. Das wäre wirklich sehr unwahrscheinlich. Trauern ist ein lang andauernder Prozess. Wenn Sie das akzeptieren, lernen Sie am meisten daraus.

Gibt es für die Angehörigen der unterschiedlichen Religionen jeweils einen anderen Himmel?
Der Himmel besteht aus vielen Ebenen. Die Ebene, in die wir nach unserem Tod eintreten, ähnelt unserem irdischen Leben meist sehr. Dort sind unsere menschlichen Glaubensformen immer noch existent. Sie halten uns aufrecht. Seelen gleicher geistiger Verfassung ziehen einander an und bleiben auf dieser Himmelsebene zusammen. Am Ende aber entwickeln die Seelen sich weiter. Sie erkennen, dass Religion etwas Menschliches ist, das sie auf den höheren Ebenen nicht mehr brauchen. Dort ist die einzige »Religion« die Liebe.

Ist es einfacher, Kontakt zu Seelen aufzunehmen, wenn sie erst kürzlich verstorben sind?
Im Allgemeinen schon. Allerdings gibt es eine Zeit der »Eingewöhnung«. Seelen von Menschen, die »drüben« gerade erst angelangt sind, sind vielleicht noch damit beschäftigt, die jüngsten Geschehnisse zu begreifen, und stehen für eine Kommunikation mit ihren Lieben auf der Erde noch nicht zur Verfügung. Umgekehrt: Je länger eine Seele in der Geistwelt weilt, desto weniger identifiziert sie sich mit ihrer letzten Inkarnation. Dann wird es auch schwierig, mit ihr Kontakt aufzunehmen.

Ist eine religiöse Einstellung von Vorteil?
Religionen sind Pfade des Lichts. Sie helfen den Menschen, ihr Herz zu öffnen und sich auf höhere Bewusstseinsebenen, auf das Gottesbewusstsein, einzustellen. Die meisten Religionen entstehen aus guter Absicht. Vermischt die Religion sich aller-

dings mit den Einflüssen des menschlichen Ego – mit Machtgier zum Beispiel, der Lust daran, andere Menschen zu kontrollieren, oder materiellem Reichtum –, dann wird das Licht von der Angst verdeckt und religiöse Führer herrschen mit Hilfe dieser Angst über ihre Anhänger. Eine Religion, die auf dieser Ebene arbeitet, ist wie ein gefallener Engel. Sie spricht nur das niedrigste Bewusstsein im Menschen an.

Verwenden Sie die Bibel, wenn Sie anderen Menschen helfen?
Ich glaube, die Bibel ist ein wunderbares Hilfsmittel für den Menschen. Das Schwierige ist nur, ihre wahre Bedeutung zu verstehen, ihr nicht unsere irrigen Interpretationen überzustülpen. Dabei sind einfache Wahrheiten häufig der Königsweg zur Spiritualität. Goldene Regeln wie:»Was du nicht willst, dass man dir tu, das füg auch keinem anderen zu« stammen ursprünglich aus der Bibel. Auf diese Formen der Weisheit beziehe ich mich immer wieder, wenn ich mit anderen arbeite.

Ist es schlecht, das Ouija-Brett zu benutzen?
Wenn es richtig, vor allem mit der richtigen Motivation, benutzt wird, ist das Ouija-Brett ein ausgezeichnetes Instrument, um sich seines spirituellen Selbst bewusst zu werden. Statt Papier und Bleistift benutzt man dabei ein Brett, auf dem die Zahlen von Null bis Neun, das Alphabet und die Worte Ja und Nein aufgedruckt sind. Man legt die Finger leicht auf eine so genannte»Planchette« – einen herzförmigen oder dreieckigen Zeiger mit Füßchen –, die dann zu den einzelnen Zeichen wandert und dabei Worte entstehen lässt und Fragen beantwortet. Das Ouija-Brett ist kein Spielzeug. In falscher Absicht benutzt, kann es gefährlich oder zumindest irreführend sein, damit zu arbeiten. Denken Sie daran, dass Sie sich bei der Arbeit mit dem Ouija-Brett Dimensionen öffnen, die Ihnen fremd sind. Bevor Sie sich also auf übersinnliche Erfahrungen einlassen, sollten Sie genauestens wissen, was Sie tun.

Wie kann man schlechtes Karma auflösen?
Indem Sie »bewusst« leben. Übernehmen Sie die Verantwortung für Ihre Gedanken und Handlungen auch im Alltag. Wenn Sie so leben, haben Sie Ihr Dasein in der Hand. Sie reagieren nicht mehr blind auf alles, was geschieht. Dann tun Sie in jeder Situation das Richtige. Nur so können Sie das »schlechte« Karma ausgleichen. Denken Sie daran, Karma ist Reaktion. Alles, was Sie aussenden, kommt in der einen oder anderen Form zu Ihnen zurück. Wie wir aber reagieren, liegt ganz bei uns. Wir selbst schaffen das »Gute« oder »Schlechte«.

Mein Sohn war während seiner irdischen Existenz seelisch krank. Wird er das auch in der anderen Welt sein?
Der Geistkörper ist vollkommen. Seelische Krankheiten sind ein Aspekt dieser Welt. Eine Seele wählt diese Existenzform entweder, um sich selbst weiterzuentwickeln oder um anderen die Gelegenheit zu geben, etwas über Liebe zu lernen.

Meine Tochter starb an einer Überdosis Drogen. Ich fühle mich so schuldig. Immer habe ich das Gefühl, ich hätte das verhindern können. Ich mache mir Vorwürfe, weil sie gestorben ist. Wie kann ich darüber hinwegkommen?
Hören Sie auf, Gott zu spielen. Sie haben unter den gegebenen Umständen vermutlich getan, was Sie konnten. Ihre Tochter ist selbst verantwortlich für das, was sie tat. Als Eltern können wir unsere Kinder zwar lehren, die Gefahr zu meiden, dann aber müssen sie ihre eigenen Entscheidungen treffen. Es ist verständlich, dass Sie sich fragen, was Sie hätten unternehmen können, um diese Tragödie zu verhindern. Besser wäre es allerdings, Sie dächten an all die Dinge, die Sie für Ihre Tochter getan haben. Machen Sie sich klar, wie wichtig Sie für ihr Leben waren. Sie hatten das Glück, einen Teil des Lebensweges gemeinsam zu gehen. Sie wird in der geistigen Welt weiterwachsen. Beenden Sie Ihr Werk hier auf der Erde. Wenn es dann an der Zeit ist, werden Sie sich wieder sehen.

Verlieren Menschen, die unter Drogen-, Alkohol- oder
Nikotinsucht gelitten haben, diese verhängnisvolle Neigung,
wenn sie in die geistigen Reiche eingehen?
Nicht sofort. Die Seele kommt zunächst mit genau derselben
geistigen Einstellung »drüben« an, die sie auf der Erde hatte.
Dann allerdings erkennt der Geist langsam, dass er diese Dinge nicht braucht, um glücklich zu sein. Und jedes Geistwesen
erlangt diese Erkenntnis zu genau dem Zeitpunkt, der für es
richtig ist.

Meine Frau und ich haben durch ein Feuer unser Haus
verloren. Wir sind sehr wütend darüber. Was können wir
tun, um darüber hinwegzukommen?
Machen Sie sich klar, dass es vorübergehen wird. Versuchen
Sie, Ihre Wut positiv zu nutzen. Es gibt viele Menschen, die
eine Tragödie, wie Sie sie erlebt haben, so ins Positive zu
wenden verstehen, dass sie damit vielen anderen Menschen
nutzen. Denken Sie an die Frauen, die *MADD* gegründet haben – *Mothers Against Drunk Driving* (Mütter gegen Alkohol am Steuer). Lassen Sie sich einfach Zeit, um sich an
die neue Situation zu gewöhnen. Nichts verändert sich über
Nacht. Ihre Erinnerungen gehen Ihnen nicht verloren. Freuen
Sie sich auf den Tag, an dem Sie ein neues Heim einrichten
werden, das neue Erinnerungen für Sie bereithält.

Wenn man nicht an ein Leben nach dem Tod glaubt, was
geschieht dann, wenn man stirbt?
Diese »ungläubigen« Seelen werden von einem Geistführer
empfangen, der ihnen hilft, sich an die neue Dimension des
Lebens zu gewöhnen. Häufig muss er ihnen erst beweisen, dass
sie tatsächlich tot sind, und geleitet sie dann zu ihrer eigenen
Beerdigung. Diese armen Seelen versuchen oft verzweifelt, zu
ihren Angehörigen Kontakt aufzunehmen. Wenn sie merken,
dass die sie weder hören noch sehen können, resignieren sie
und sehen langsam ein, dass sie ihren Tod »überlebt« haben.
Erst allmählich können sie akzeptieren, dass sie jetzt auf einer
anderen Ebene weiterexistieren. Dann tut es ihnen meist Leid,
dass sie auf der Erde so verbohrt waren, weil sie erkennen,

dass sie dadurch gute Gelegenheiten verpasst haben. Doch es gibt Geistwesen, die diesen »verlorenen« Seelen Führung und Liebe zuteil werden lassen.

Wie würden Sie Gott beschreiben?
»Gott« ist ein Begriff für reine und bedingungslose Liebe. Die universelle Kraft, die alles umfasst. Diese Kraft wirkt in jedem einzelnen Elementarteilchen. Sie ist der höchste Ausdruck des Lebens selbst. Jeder von uns ist ein Funke von diesem göttlichen Licht. Daher ist es uns unmöglich, in unserer energetisch dichten, begrenzten irdischen Form Gott vollkommen zu erfassen. Liebe ist wohl das, was dieser Kraft am nächsten kommt.

Zu guter Letzt

Ich habe dieses Buch geschrieben, weil ich Ihnen helfen will, mit bestimmten Umständen in Ihrem Leben besser fertig zu werden. Es ist kein Universalheilmittel gegen den seelischen Kummer, den eine Verlusterfahrung mit sich bringt, aber es sollte Ihnen helfen, das Geschehene etwas klarer zu sehen. Das Leben ist eine Reise durch Höhen und Tiefen. Wie wir auf eine bestimmte Situation reagieren, bringt uns entweder weiter oder es wirft uns zurück. Jeder von uns kommt auf diesen Planeten in der Absicht, im Kontakt mit anderen Menschen etwas über sich zu lernen. Wir bringen uns selbst häufig in schwierige, ja unerträgliche Situationen, aber gerade durch sie lernen wir am meisten. Ihre Verluste sind Ausdruck Ihrer Lebenserfahrung. Machen Sie sich bewusst, dass sie Ihnen ein ganz neues Verständnis Ihrer selbst vermitteln. Und nutzen Sie diese neu gewonnene Bewusstheit, um anderen zu helfen, denn das ist unsere Natur. Die schwierigen Umstände, in denen Sie jetzt stecken, sind Stufen zur inneren Entwicklung. Machen Sie etwas Positives daraus. Bringen Sie den Mut auf, noch einmal von vorn anzufangen. Schenken

Sie so viel Liebe, wie Sie können. Jetzt ist der Moment gekommen, um aus Ihrem restlichen Leben das Beste zu machen.

Tipps und Hinweise

Folgende Gruppen können Ihnen im Trauerprozess behilflich sein:

Deutsche Hospiz Stiftung
Im Defdahl 5-10
44141 Dortmund
Tel.: 02 31/7 38 07 30
Hier erhalten Sie Auskunft über Hospize an Ihrem Wohnort, über Möglichkeiten der Krankenbetreuung und der Palliativmedizin. Außerdem sind freiwillige Helfer jederzeit gern gesehen.

Verwaiste Eltern in Deutschland e.V.
Fuhrenweg 3
21391 Rippenstedt
Tel.: 0 41 31/6 80 32 32
www.veid.de
Dieser Verein bietet Ihnen Unterstützung, wenn Sie ein Kind verloren haben.

Infoline für Gewaltopfer: 08 00/6 54 65 46ˉ
Unter dieser Telefonnummer erhalten Sie Kontaktadressen von Selbsthilfegruppen, die sich mit dem Thema »Gewaltsamer Tod« auseinander setzen.

GEPS – Gemeinsame Elterninitiative Plötzlicher
Säuglingstod e.V.
Rheinstr. 26
30519 Hannover
Tel.: 05 11/8 38 62 02
www.sids.de
Dies ist eine Vereinigung von Eltern, die sich mit dem *SIDS*
auseinander setzen.

Verwitet.de – Verein für verwitwete Männer und Frauen
c/o Kurt Schömann
Tel.: 0 65 35/9 42 30
www.verwitwet.de
Der Verein bietet Hilfestellung bei den praktischen und seelischen Problemen nach dem Tod eines Partners. Im Internet finden sich Kontaktadressen, ein Chatforum und viele Tipps und
Hinweise für verwitwete Menschen.

Tiertrauer München GmbH
Riemer Str. 268
81829 München
Tel.: 0 89/9 45 53 70
Bereitschaft: 01 71/6 16 43 30
www.tiertrauer.de
Hier können Sie Ihr Tier bestatten lassen. Auf der Webseite
finden Sie Erfahrungsberichte von Gleichgesinnten, die den
Tod ihres Hausgenossen betrauern.

Internetadressen

www.sterben.org – Webseite rund um das Thema »Sterben und Trauer«

www.hospiz.net – Webseite, die die Hospizbewegung vorstellt und Adressen vermittelt

www.depressions-sprechstunde.de – Hilfestellung für depressive und suizidgefährdete Menschen

www.sids.de – Unterstützung für Eltern, deren Kind am Plötzlichen Säuglingstod gestorben ist

www.altenpflege-tod-und-sterben.de – eine gute Webseite mit Informationen zur Patientenverfügung (Formular zum Herunterladen), zur Pflege eines Angehörigen, Suizidgefährdung etc.

Literaturverzeichnis

Allgemeines

Harris Lord, Janice: *Nicht einmal ein Abschiedswort. Trauer nach einem unerwarteten Todesfall*. Kreuz Verlag, Stuttgart 1999.

Kelly, Patricia: *Trost in der Trauer. Ein Begleitbuch*. Droemer Knaur Verlag, München 2001.

Ray, Veronica: *Neuer Mut zum Glücklichsein. Sich von inneren und äußeren Zwängen befreien*. Heyne Verlag, München 1993.

Ring, Kenneth: *Im Angesicht des Lichts. Was wir aus Nah-Tod-Erfahrungen für das Leben gewinnen*. Hugendubel Verlag, München 1999.

van Praagh, James: *Und der Himmel tat sich auf. Jenseitsbotschaften*. Arkana Verlag, München 2000.

van Praagh, James: *Jenseitswelten. Erkenntnisse über das Leben nach dem Tod*. Goldmann Verlag, München 2002.

van Praagh, James: *Die Weite zwischen Himmel und Erde. Entdecken Sie Ihre übersinnlichen Kräfte*. Ansata Verlag, München 2003.

White Eagle: *Vom Leben jenseits der Todespforte. Ein Buch, das Trost spendet und wahres Wissen vermittelt*. Aquamarin Verlag, Grafing 1988.

Wolf, Doris: *Einen geliebten Menschen verlieren. Vom schmerzlichen Umgang mit der Trauer.* Pal Verlag, Mannheim 2000.

Wylie, Betty Jane: *Vom Sinn der Trauer. Trauern als kreativer Prozess.* Scherz Verlag, Bern 2001.

Zum Thema »Kinder«

Canacakis, Jorgos, und Barsfeld-Schepers, Annette: *Auf der Suche nach den Regenbogentränen. Heilsamer Umgang mit Abschied und Trennung.* Bertelsmann Verlag, München 1994.

Herbert, Martin: *Tod und Trauer. Hilfe für sterbende Kinder und ihre trauernden Eltern und Geschwister.* Hans Huber Verlag, Bern 1999.

Uhle, Hans-Joachim: *Ein Geschenk des Himmels. Trostgeschichten vom Sterben für Kinder und Erwachsene.* Ernst Kaufmann Verlag, Bietigheim 2000.

Wälde, Rainer; *Bis zur Tür des Himmels. Die letzten 300 Tage mit Bettina.* Schulte und Gerth Verlag, Asslar 1999.

Zum Thema »Scheidung«

Gray, John: *Mars und Venus neu verliebt. Nach der Trennung den Mut für eine neue Liebe finden.* Goldmann Verlag, München 2001.

Webb, Dwight: *Ab heute ohne Dich. 50 Tipps für ein Leben nach der Trennung.* Ariston Verlag, München 2001.

Dank

Ich habe das Glück, nicht nur mit den Engeln des Himmels zu arbeiten, auch hier auf der Erde begegnen mir immer wieder solch himmlische Gestalten. Einige von ihnen haben mir geholfen, dieses Buch für Sie zu schreiben:

Allan van Praagh – Danke, Paps, dass du an mich geglaubt hast und mir gezeigt hast, dass Liebe und Mitgefühl der einzige Weg sind, um unser Herz wachsen zu lassen.

Lynn, Michael und Maura – Jeder von uns geht seinen eigenen Weg, aber es ist schön zu wissen, dass wir ein gemeinsames Schicksal teilen.

Linda Carwin Thomchin – Deine Geduld, dein Wohlwollen und deine Stärke haben mir Kraft gegeben. Danke dafür, dass du meinen Worten immer einen besonderen Klang verleihst.

Brian Preston – Du bringst mein Herz zum Singen. Danke für den Frieden und die Liebe, die du meinem Leben schenkst.

Bill und Donna Moller, Marie Levine, Joerdie und Eric Fisher – sie alle sind Mitglieder der Organisation *The Compassionate Friends* – und all den Eltern, die mir Einblick in ihren tief empfundenen Schmerz gaben, möchte ich danken. Sie sind für viele Menschen eine Quelle der Kraft, des Mutes und der Weisheit geworden. Ich danke Ihnen, dass Sie mir helfen, die ewige Botschaft des Himmels zu verkünden.

Peter Redgrove – Du bist ein wahrer Freund und Lehrer. Danke, dass du mir immer geholfen hast, fest daran zu glauben, dass nichts unmöglich ist.

Eby »Jorge« Kaba – Deine Freundschaft, Treue und Hingabe kann nur mit dem Strahlen der Sterne verglichen werden. Nur du weißt, wie man sie zum Leuchten bringt.

Joan Miller – Danke für deine Hilfsbereitschaft und vor allem für dein Lächeln, das immer zur rechten Zeit kam.

Dorothea Delgado – Du bist meine »Seelenschwester« und meine »Erdmutter«. Danke, dass du dich entschlossen hast, diese Existenz mit mir zu teilen.

Wendy Rosenthal – Mein Leben ist nicht mehr dasselbe, seit du es mit deinem freudigen Enthusiasmus und deinem unendlichen Lebenshunger erfüllst.

Allen Menschen, die ich bei Readings, Lesungen, Signierstunden, Seminaren, Reisen und Vorträgen kennen gelernt habe, sei Dank. Und ich danke nicht zuletzt euch, ihr liebevollen Seelen, dass ihr euch mit mir in Verbindung gesetzt und so die Wahrheit in eurem Inneren akzeptiert habt.